Platão: Uma Poética para a Filosofia

Coleção Debates
Dirigida por J. Guinsburg
(*in memoriam*)

Equipe de Realização – Revisão: Érica Alvim, Iracema A. de Oliveira e Paulo Butti de Lima; Produção: Ricardo W. Neves e Sergio Kon.

paulo butti de lima

PLATÃO: UMA POÉTICA PARA A FILOSOFIA

PERSPECTIVA

Título do original em italiano
Platone: Esercizi di filosofia per il giovani Teeteto

Copyright © 2002 by Marsilio Editori s.p.a. in Venezia

Dados Internacionais de Catalogação na Publicação (CIP)
(Câmara Brasileira do Livro, SP, Brasil)

Lima, Paulo Butti de
Platão : uma poética para a filosofia / Paulo
Butti de Lima. — São Paulo : Perspectiva, 2004. —
(Debates ; 297)

Bibliografia.
ISBN 85-273-0692-1

1. Filosofia antiga 2. Platão - Crítica e
interpretação 3. Poética I. Título. II. Série.

04-2162   CDD-184

Índices para catálogo sistemático:
1. Filosofia platônica 184
2. Platão : Filosofia grega antiga   184

Direitos reservados à
EDITORA PERSPECTIVA LTDA.

Praça Dom José Gaspar, 134, cj. 111
01047-912 São Paulo SP Brasil
Tel.: (11) 3885-8388
www.editoraperspectiva.com.br

2025

SUMÁRIO

Prólogo 9
Abreviaturas 19

1. Tantas Histórias 21
2. Os Escravos..57
3. A Multidão 79
4. Uma Fala Servil 105
5. Narração e Verdade 133
6. Uma Fala Livre 157

Bibliografia 181
Índice das Fontes...193

PRÓLOGO

Nada num diálogo platônico, mesmo que aparentemente tão ridículo e insensato, é sem significado. *

M. Heidegger, *Zu Platons Theätet.*

1

Um pretexto qualquer para começar: um encontro no ginásio, um passeio fora dos muros da cidade, uma visita a um amigo, uma tentativa de sedução. Em todo caso, um "pre-texto" que já é *logos*: o exercício, a iniciação, o diálogo. Se todo início é também imersão, a "narração" dos diálogos platônicos é mais do que um artifício. Entre os modos de discurso que são, para o filósofo, objeto de discurso (já seriam por isso filosofia?), o início destes diálogos fala do que teremos agora que aprofundar: a *situação* na qual o discurso que se

---

*. "*Nichts in einem Platonischen Dialog, sei es auch scheinbar noch so lächerlich und unsinnig, ist ohne Bedeutung*".

quer iniciar será possível. Podia-se começar de outra forma, mas não por isso o percurso é casual.

Do nosso lado, manteremos neste trabalho como "pretexto" o diálogo *Teeteto*, em páginas que não pretendem tornar-se comentário, mas onde as questões evocam livremente os vários textos de Platão, incluindo, às vezes, os textos aristotélicos. Inútil justificar agora o que deve ficar claro segundo as exigências da argumentação. Basta dizer que um fim não secundário das análises seguintes é aproximar o que em Aristóteles mostra-se como modo preciso e distinto do *logos* – a retórica, a história, talvez a filosofia – do que era tecido por Platão entre as histórias "populares" dos antigos e as palavras "comuns" de seus contemporâneos.

2

O *Teeteto* de Platão é um diálogo de iniciação filosófica, que, no entanto, pressupõe, em seu leitor uma preparação não leve, pouco condescendente com quem, por princípio, não deveria estar habituado com os problemas levantados. Trata-se de uma iniciação filosófica "ideal": pode contar com um interlocutor como o jovem Teeteto, que possui em si a disposição natural para sofrer as "dores" filosóficas e é capaz de sugerir ou acompanhar várias teorias que se opunham na Grécia entre o século V e IV a.C. Neste percurso de iniciação, pouco linear e, segundo alguns, nem sequer acabado do ponto de vista compositivo, não só se anunciam temas determinantes da investigação filosófica – da relação entre percepção e verdade à questão dos "elementos", que interessará os teóricos modernos da linguagem –, mas se configura também uma reflexão sobre o lugar do discurso filosófico relativamente aos outros discursos da cidade. Considerações "externas" – quem é o sábio, como se apresenta a palavra do filósofo em meio aos interesses comuns dos homens – e considerações "internas" – a questão mesma do conhecimento – são relacionadas de modo muito mais estreito do que foi em geral considerado. O procedimento dialógico e narrativo de Platão – com a "situação de intriga" dominante, Sócrates condenado à morte – torna claro que os problemas socráticos surgem continuamente da vida dos homens, das relações que mantêm em sociedade, das formas comuns de discurso.

Seria fácil – vista a proximidade entre discurso e prática social – a passagem para uma "antropologia" dos discursos, se não fôssemos continuamente advertidos pelo filósofo sobre a "literariedade" de seus procedimentos. A distância entre o verdadeiro sábio e as práticas comuns espelha-se na distância entre o autor e o seu leitor: o texto não se deixa reduzir a fins pedagógicos ou edificantes, ou, em todo caso, está sempre pronto a transformar estes fins em meios bem mais "perigosos". Quem quisesse situar o *logos* na sua referência ao que lhe está "fora" correria o risco de ficar desconcertado com o deslocamento dialético, com a ironia e o olhar do filósofo sobre todo modo de elocução. Permanecendo no interior do texto, podemos procurar recompor a sua difícil trama. Todavia, o fascínio que oferecem as sutilezas dos percursos e das contínuas mudanças de posição do autor traz o risco de nos emaranhar, mesmo no terreno seguro da obra e seguindo o caminho interno das "intenções" e ressonâncias.

Talvez de modo mais ingênuo e, com certeza, menos reverente, partiremos de algumas imagens esboçadas no *Teeteto* e transferiremos para outras situações as questões que o texto coloca. Como e com quem fala o filósofo? Como pode dirigir-se à cidade? Com quais palavras aos cidadãos, quais aos escravos? Só aparentemente movemo-nos à margem do discurso filosófico. No momento em que se alude a modos precisos de sabedoria, a reflexão se detém nos discursos e no problema do conhecimento. A distância representada nas imagens do diálogo evoca a distância que é própria à reflexão. Estamos num momento de formação, mesmo para quem dirige o olhar para além do mundo antigo, mas o contexto, as alusões, o fundo se desvanecem com a retomada posterior dos temas e das imagens, na própria tradição que torna este momento "inaugural".

3.

Um diálogo entre Sócrates, o geômetra Teodoro e o jovem Teeteto é contado por Sócrates, pouco antes de sua morte, ao seu amigo Euclides, o filósofo de Mégara. Euclides toma nota, interroga Sócrates, elabora depois o que foi anotado, corrige-o junto à Sócrates, até reproduzir com precisão o relato. Após algum tempo, a pedido de seu amigo Terpsion, Euclides dá ordens ao seu escravo para que leia o resultado final da transcrição. Esta leitura constitui, para nós, o diálogo *Teeteto*, com o subtítulo "sobre o conhecimento" (*perì epistémes*).

Com uma solução relativamente simples de apresentação temos um resultado singular: um diálogo narrado, ou uma narração sob forma de diálogo, em que Sócrates é o personagem principal e o primeiro narrador, seguido por outros narradores, Euclides, com o seu escravo, e, naturalmente, Platão. É significativo que logo o diálogo no qual, graças à imagem da maiêutica, a forma "dialógica" parece ser mais claramente indicada como condição da investigação filosófica, seja conseqüência de repetidas narrações.

Este fato suscitou a perplexidade de Heidegger, que, em algumas notas deixadas às margens de seu curso sobre o *Teeteto*, questionava o porquê desta "introdução". A atenção pelo prólogo do *Teeteto* não era nova: ele já tinha interessado um antigo comentador do diálogo, talvez do primeiro século antes de Cristo ou dos primeiros séculos da era cristã, de cuja obra sobreviveram alguns fragmentos em papiro. Notava-se aí a circulação de uma dupla versão do prólogo e indicava-se o original. Em tempos mais recentes, alguns estudiosos partiram desse comentário para questionar o fim de uma tal apresentação, que podia parecer "postiça", talvez "posterior" ao diálogo na sua primeira versão. Para Heidegger, porém, o problema possuía implicações diferentes, pouco consoantes com os fins do antigo comentário. Dificilmente pode-se entender a sua perplexidade se não olharmos para o que tinha escrito, alguns anos antes do curso platônico, na sua obra maior. Se, em *Ser e Tempo*, Platão representa ainda o papel – freqüentemente junto a Aristóteles – de filósofo por excelência, isto acontece também pela contraposição, evocada mais do que uma vez, entre filosofia e narração, filosofia e história. A pergunta sobre os entes, no seu aparecer, nas suas relações "ônticas", por assim dizer segundo uma sucessão exterior e inessencial, constitui os vários discursos científicos, mas é, antes de mais nada, forma da *Erzählung*, ou seja, da narração histórica. Questão de estilo, questão de língua, forma primária de distinção da filosofia dos outros discursos. Não a filosofia, porém, mas estes vários discursos do mundo recebem assim a caracterização do gênero, ao passo que em Platão, filósofo por excelência, é antes a filosofia que parece tornar-se possível através do diálogo. Para fazer filosofia não é preciso "contar histórias", *mûthón tina diegeîsthai*, diz Heidegger, citando Platão. Mas a passagem platônica – do diálogo *Sofista* – não parece adaptar--se completamente ao caso. O tom normativo heideggeriano é pouco adequado à paródia, que em Platão não aproxima das narrações "poéticas" (ou, digamos, narrativas) os *outros* discursos, mas uma parte dos discursos filosóficos anteriores. Todavia, a citação heideggeriana recebe força e consistência da imagem platônica: ao se referir adiante ao arrojo da própria linguagem, à dificuldade da própria escrita, Heidegger não hesita em contrapor o estilo de Platão e Aristóteles (e, portanto, o próprio estilo) ao do historiador Tucídides[1].

Não se deve contar histórias... Várias vezes, porém, o filóso-fo ateniense sentiu a exigência de referir estes "contos", *mythoi*, tantas vezes, além do mais, dedicou sua atenção a explicitar a própria forma de expressão, mesmo quando diferente do diálogo.

---

1. As citações de Heidegger se encontram em *Sein und Zeit*, pp. 8, 13 s. (para os diferentes discursos científicos) e 52 (Tucídides) (edição italiana: pp. 21, 25 s. e 59). Do discurso que se mantém no nível dos entes diz-se "über Seiendes erzählend zu berichten" ("informar sobre os entes narrando"); a comparação é feita entre as seções ontológicas do diálogo *Parmênides*, ou entre o capítulo quarto do livro zeta da *Metafísica* aristotélica e uma "passa-gem narrativa" ("erzählenden Abschnitt") qualquer de Tucídides. A citação platônica provém do *Sofista*, 242 c: trata-se do conhecido momento em que Sócrates aproxima as teorias anteriores sobre a multiplicidade do ser das narrações mítico-poéticas, dizendo que seus autores contam histórias "como se fôssemos crianças". O curso de Heidegger sobre o *Teeteto*, proferido no inverno 1931-1932, está contido no volume 34 das obras completas, sob o título *Vom Wesen der Wahrheit. Zu Platons Höhlengleichnis und Theätet*. Heidegger retoma o *Teeteto* sucessivamente, no curso invernal de 1933-1934 (agora publicado no volume 36/37 das obras completas, Frankfurt am Main, 2001). O texto do *Comentário Anônimo do Teeteto*, cuja primeira edição apareceu nos "Berliner Klassikertexte", II, Berlin, 1905, editado por H. Diels e W. Schubart, encontra-se em Bastianini – Sedley (1995), pp. 227-562, com amplo comentário. Sobre o problema do duplo prólogo, ver a bibliografia aí citada, p. 486.

Se não há momento na obra platônica que seja "destituído de significado", mesmo se ridículo ou insensato, como adverte Heidegger nas lições sobre o *Teeteto*, o que dizer então do prólogo do diálogo, nada mais do que "anotações de uma *narração* de Sócrates" (o itálico é de Heidegger)? Logo a forma de discurso que indica o perder-se entre as coisas, utilizada por quem devia indagar o seu ser? Existe nisso algum significado? *Deve* haver aí algum significado? Pergunta Heidegger: "por que esta complicação e concatenação"?[2] Estas anotações iniciais do *Teeteto* retomam cada *topos* pertinente às narrações: o relato de quem estava presente aos "fatos", o interrogatório das "testemunhas", a transcrição das notas, a sua elaboração sucessiva num momento de calma, o controle. Além do mais, a atenção até mesmo redundante pela forma de discurso: não se reproduz a narração de Sócrates "no modo em que a narrou", mas com "ele dialogando com quem dialogou" (143 b-c). Um procedimento que, ao mesmo tempo, torna verídico e distancia o momento da narração, sublinhando os seus vários "níveis de realidade". "Eu escrevo que Homero conta que Ulisses diz: eu escutei o canto das Sereias". A fórmula, sugerida por Calvino, se adapta bem a vários prólogos dos diálogos platônicos[3]. Verdade e distância: a situação longínqua é re-presentada,

---

2. Cf. *Theätet*, respectivamente pp. 314 e 327 ("Wozu diese Verwickelung und Verschachtelung?").

3. Calvino (1978). Nos prólogos platônicos encontramos, às vezes, como na *República*, Sócrates que narra diretamente o diálogo para os seus leitores/ouvintes; outras vezes, como no *Eutidemo* ou no *Protágoras*, temos a narração feita por Sócrates a um amigo. Em alguns outros casos, recriam-se longas cadeias narrativas ou asserções de veracidade: no *Parmênides*, Céfalo, o narrador, conta a Adimanto e Glauco que Antifonte tinha narrado que Pitodoro contava o diálogo entre Parmênides, Sócrates, o próprio Pitodoro, e outros. No *Fédon*, o personagem homônimo conta a Equécrates o último dia da vida de Sócrates, dizendo que tinha estado junto a ele, recebendo então o pedido para fazer um relato a respeito com a maior precisão. No *Banquete*, Apolodoro conta a um amigo os discursos proferidos durante o banquete, mas indica também uma situação narrativa bastante complexa, segundo quem estava presente no encontro convival ou quem ouviu os discursos que tinham sido pronunciados. Sobre a narração de Crítias no *Timeu*, narração que é *parte* do diálogo, e não preparação a este, voltaremos no capítulo V. Sobre o prólogo do *Teeteto* ver também as leituras de Vegetti (1988), Loraux, P. (1988), e Thiel (1993), pp. 92-94; e as observações de Vidal-Naquet (1990), pp. 114 ss.

narrada, os discursos passados são considerados no seu modo próprio de elocução, tornados verdadeiros nas vicissitudes de sua sobrevivência.

Como veremos em detalhes, há algo de platônico na recusa filosófica do estilo, mas há também no seu contrário, na afirmação do "gênero" de um discurso filosófico que provém de uma espécie de filosofia do "gênero". A partir de uma característica inspiração romântica, um crítico literário amadurecerá, num longo percurso, reflexões significativas a propósito. Que, neste percurso, Mikhail Bakhtin coloque o diálogo socrático-platônico na base de uma continuidade milenar, substituindo com ele os exemplos bíblicos e antepondo-o à mais característica sátira menipéia, restitui a Platão a afirmação primeira, inaugural, da consciência dialógica do mundo. Nesta curiosa retomada "schlegeliana", que dá à noção de "sistema" uma conotação política mais imediata e teoricamente menos significativa, o diálogo socrático-platônico – que é socrático mais do que platônico, mas que em Platão encontra a formulação genial e a própria morte – aparece seja como gênero dialógico por excelência, seja como paródia dos vários gêneros. Entre a mistura dos gêneros e a forma dialógica, o sentimento carnavalesco do mundo leva a transformar este "esporte aristocrático da antiguidade" numa forma essencialmente popular[4].

---

4. Na versão do ensaio de 1929 sobre Dostoiévski, Bakhtin acreditava que a comparação entre o novelista russo e Platão fosse, quanto à forma dialógica, "inessencial" e "improdutiva". Segundo estas primeiras considerações, o diálogo filosófico platônico podia não ser completamente pedagógico e "monologizado", mas a pluralidade das vozes se apagaria na "idéia" (Bakhtin, 1988, p. 193). Parecia, então, mais pregnante a comparação com o diálogo bíblico, como o diálogo de Jó ou alguns diálogos evangélicos. Diferentemente, na versão dos anos 60, o diálogo socrático (e Platão como um seu representante) recebe uma atenção particular e põe-se, junto à posterior sátira menipéia, na origem do gênero dialógico (Bakhtin, 1968, pp. 143-147). Mas a mudança já tinha ocorrido nos anos 30, como se pode constatar nas referências a Sócrates e Platão nos ensaios publicados em Bakhtin (1979). Para a leitura schlegeliana de Platão cf. agora Suzuki (1998), cap. VII. A referência ao catequismo (ver adiante) podia, de qualquer forma, ser encontrada em Hegel, quando comenta Platão nas *Lições sobre a História da Filosofia*. Para o "esporte aristocrático", Hirzel (1895), pp. 20 e ss.

15

Para fundar completamente esta sua digressão sobre o diálogo antigo, Bakhtin deve retomar a imagem da maiêutica, puramente "socrática", mesmo se expressa (embora ele não o diga) num diálogo relativamente "tardio" como o *Teeteto*. Com a determinação do gênero, vai-se além do autor: Platão torna-se representante pouco fiel do que em seu mestre era "prática", nos discípulos "gênero". Contemporaneamente ao predomínio da forma dialógica, Bakhtin notava a paródia dos gêneros. Todavia, podemos perguntar, não há oposição entre a afirmação suprema do diálogo e a retomada paródica de gêneros diversos? E este comportamento paródico-carnavalesco não pode engolir o próprio diálogo na sua voracidade crítica e *vulgar*? Encontraríamos, assim, sob os despojos de Sócrates, os de seu carrasco, o próprio Platão, que abandona o diálogo e abre o caminho para o futuro catequismo.

Digamos agora, a partir de Bakhtin, algo que Bakhtin não tinha notado. Na base do gênero dialógico socrático permanecem não somente as transcrições, feitas pelos discípulos, dos diálogos mantidos com Sócrates, mas também as narrações do mestre, que devia contar – como fez com Euclides – os próprios diálogos. Sócrates olha a si mesmo no ato da palavra, representa-se na mediação do gênero. O Sócrates que vemos no *Teeteto* assemelha-se nisto aos seus discípulos: ama *contar* –, assim como o Sócrates do *Fédon* lê fábulas e escreve poesias. Já seriam estes sintomas de sua velhice?[5]

Bakhtin parece não ver que o diálogo não só conduz, de forma liberatória, à palavra, mas também faz calar. Permanece essencial, para o diálogo socrático, não só o fato de levar a falar os interlocutores (o que Bakhtin indica como procedimento de *sýnkrisis* e *diákrisis*, o ato de opor pontos de vista diferentes e provocar as palavras alheias), mas também a refutação, *élenkhos*, que mais freqüentemente cala o inter-

---

5. Um Sócrates "platônico" – como, além do mais, o de Bakhtin, *malgré lui* – e, em todo caso, "verossímil". Mas esta verossimilhança, arma da retórica, não seria aqui uma armadilha platônica? Desta armadilha, mesmo adiante, em tudo o que diz respeito à questão socrática (que não poderíamos agora recolocar em discussão), não saberemos nos desvencilhar.

16

locutor hostil. Além do mais, a imagem mesma das derrotas na disputa dialógica se apresenta veemente, aplicada a cada interlocutor, Sócrates ou seus antagonistas: o indivíduo calado ou gaguejante como uma criança, tonto e com a boca aberta. O Sócrates "dialógico" do segundo *Dostoiévski* parece ter perdido esta sua força refutatória, que, no entanto, o aproxima, como veremos, da comédia.

Digamos, enfim, o que em Bakhtin era pouco preciso: se para ele a forma popular do diálogo podia opor-se à retórica, elevada e oficial, dificilmente o mesmo vale para o mundo grego antigo, onde, em último caso, é a forma elevada, o diálogo, que se opõe ao "esporte popular" (parafraseando Hirzel), a retórica pública – política e judiciária. E depois, ao menos para o Sócrates platônico, as histórias, mais do que os diálogos, eram "populares" – contos de velhas, de amas, contos para o povo como os dos filósofos antigos, narrados para fazer entender o que de outra forma não seria percebido pela multidão. E ainda: o Sócrates platônico não só menciona estas histórias, mas as usa; e não só na forma falsamente ingênua dos grandes *mythoi* de alguns diálogos, mas também, por exemplo, na leitura de Esopo, na retomada dos temas délficos e das múltiplas tradições arcaicas, nas contínuas referências épicas.

Aumentam assim as nossas perplexidades. Por meio de Heidegger perguntamos em qual medida esta "fundação" da filosofia não se revela também narração e enraizamento, ao mesmo tempo que diálogo e distância; por meio de Bakhtin, constatamos que o mesmo gênero que "lembra sempre o seu passado", e que, assim, insere o autor nesta continuidade, aparece como um jogo destinado a marcar a ruptura, mais do que a ligação. Proximidade e distância não são somente os temas em torno dos quais se desenrola o *Teeteto* – que é, essencialmente, um diálogo da distância –, mas os parâmetros com os quais se pode considerar toda forma de expressão: parâmetros do que, na retomada da antiga sabedoria, mostra-se, enfim, como "gênero" de discurso e, ao mesmo tempo, modo de vida.

* * *

Na preparação deste trabalho pude contar com a ajuda de amigos e estudiosos, dos quais recebi críticas e sugestões. Mais do que todos, devo agradecer aos dois primeiros leitores do texto. Aldo Schiavone deu mais uma vez demonstração de grande disponibilidade; com a sua leitura fina e aguda notou aspectos centrais para a minha reflexão. Maria Michela Sassi releu todo o trabalho e, com grande competência, em cada página, ofereceu indicações e fez correções. Devo agradecer a estes meus primeiros leitores não só pelos seus conselhos, mas também pelo interesse com que acompanharam o desenvolvimento desta pesquisa.

Recebi observações preciosas de vários estudiosos, quase todas aceitas no texto. Agradeço a Pierre Vidal-Naquet, Luc Brisson, Diego Lanza, Giuseppe Cambiano e Maria Grazia Ciani. Na lembrança de Giuseppe Nenci conservo a gratidão também pela leitura e apreciação destas páginas.

Tive vários momentos de discussão com Márcio Suzuki, Roberto Bolzani e Paula da Cunha Correa, em particular quando me convidaram, em 1997, para dar um curso na Universidade de São Paulo. Foi então que, reelaborando pesquisas lexicográficas platônicas e aristotélicas, dei forma a este trabalho, traçando um percurso na esteira de imagens sugeridas no *Teeteto* de Platão. Não só nesta ocasião tive o que aprender com Maria Sylvia de Carvalho Franco.

Um agradecimento especial a Luciano Canfora, pelas muitas ocasiões de diálogo e pelos conselhos. Agradeço, enfim, por vários motivos, mas em particular por terem propiciado condições ideais para esta pesquisa, a Maurice Aymard, François Hartog, Jacques Revel e Salvatore Settis.

Esta edição brasileira corrige, integra e aperfeiçoa a edição italiana. Ela não teria sido possível sem a amizade e a leitura competente de Trajano Vieira.

Na transliteração das palavras gregas, adotei critérios diferentes de acentuação quando o termo aparece isolado ou inserido em expressões ou frases, sacrificando a homogeneidade da solução com o fim de facilitar a leitura do texto.

ABREVIATURAS

FGrHist: F. Jacoby, *Die Fragmente der Griechischen Histo-riker*, Berlin, 1923-1930; Leiden, 1958.

K.: T. Kock, *Comicorum Atticorum Fragmenta*, Leipzig, 1880-1888.

K.-A.: R. Kassel – C. Austin, *Poetae Comici Graeci*, Berolini et Novi Eboraci, 1983 ss.

RE: Pauly-Wissowa, *Real-Encyclopädie der Classischen Altertumswissenschaft,* Stuttgart, 1893 ss.

D. K.: H. Diels – W. Kranz, *Die Fragmente der Vorsokratiker*, Dublin-Zürich, 1951-1952 (1972-1973).

1. TANTAS HISTÓRIAS

*E se este nosso discurso (logos) se perdesse como
um conto (mythos) e nós nos salvássemos com um
desvario (alogías) qualquer?**

PLATÃO, *Filebo*, 14 a

1

    Deioces, homem justo e sábio, primeiro rei dos Medas,
toma o poder graças à sua habilidade em se fazer reconhecer
como justo. Sendo convocado como árbitro em um número
cada vez maior de questões, a sua fama se difunde, e no
momento em que tantos males afligem a comunidade, talvez
também com manobras adequadas de seus amigos, é "escolhido" tirano. Tomando o poder por meio desta combinação de
justiça e astúcia, ele o conserva, com a mesma habilidade, no

---

*. *"kápeith'hemîn hoútos ho lógos hósper mûthos apolómenos oíkhoito,
autoì dè soizoímetha epí tinos alogías?"* (cf. Crates fr. 21 K.= 25K.-A.;
Cratino fr. 59 K.= 63 K.-A.).

isolamento, na separação: no centro de seu palácio, impondo rituais que marcam sua distinção e o afastam do olhar alheio, diferente, assim, dos que eram seus iguais por nascimento e educação (Heródoto, I, 96-100).

Sálmoxis, escravo trácio de Pitágoras (assim dizem, mesmo se Heródoto não o crê), ganha a própria liberdade e volta à sua terra natal, levando consigo uma habilidade em se fazer reconhecer como sábio que poderíamos, talvez, atribuir ao seu dono e mestre. Circundando-se de cidadãos de alta posição (os "primeiros"), em cerimônias de condivisão e igualdade como são os simpósios, promete-lhes o privilégio da imortalidade. Ao mesmo tempo, constrói, sob a terra, uma habitação. Quando este refúgio é completado, ele aí se transfere por três anos, retirando-se do convívio humano, e, "morto", é compadecido pelos trácios. Passados três anos, Sálmoxis habilmente "renasce", levando a crer no que tinha anteriormente afirmado (Heródoto, IV, 94-96).

Também Sólon, sábio por excelência, retira-se da "vista" dos cidadãos e parte em viagem para "ver". Graças à sua ausência, suas leis não serão alteradas. As suas viagens de conhecimento, signo de sua sabedoria, mais do que preparação para esta, são também um "sábio" pretexto, que impõe justiça na cidade. Sólon parte para o Egito, mas também para a Ásia, onde se apresentará em Sardes, na corte de Cresos. Com o soberano manterá um célebre diálogo, no qual recusará atribuir, ao homem mais poderoso, o melhor atributo: a felicidade. Uma recusa dirigida logo a quem via, no legislador ateniense, o sábio que percorre muitas terras com o fim de conhecer (*hos philosophéon gên pollèn theoríes heíneken epelélythas*) (Heródoto, I, 29-33).

Estas histórias, algumas das mais conhecidas entre as que são contadas por Heródoto, falam de uma sabedoria que é característica inicial dos indivíduos (no caso de Sálmoxis referida a Pitágoras) e habilidade em se fazer reconhecer na própria diferença. Um reconhecimento que parece, porém, ser toda vez desmascarado pelo narrador, num jogo, diferentemente regulado, entre formas de visão e ocultamento. É difícil, por isso, dizer se o que pode aproximar tais histórias é a sabedoria dos atores ou a estratégia da narração. Trata-se, porém, só de algumas das narrações de "sabedoria" que Heródoto escuta e refere, acentuando talvez a própria desconfiança, ou tomando distância da sinceridade de seus personagens[1]. Poderíamos acrescentar a estas histórias várias outras não referidas pelo historiador, recompondo um substrato de narrações mais ou menos "populares", analisando-as na sua lógica ou na sua geografia. Mas conhecemos os riscos desse procedimento: além da impossibilidade de datá-las com precisão e determinar a originalidade de cada narrador (numa seqüência de narradores que vemos chegar até Plutarco, pelo menos), há o perigo de exprimir com o ambíguo adjetivo "popular" o que era, em parte, pesquisa e forma culta de expressão.

É possível colocar estas histórias de Heródoto num contexto mais vasto, indicando o que as une a outras histórias, o que as aproxima de narrações não presentes no historiador, não tanto para sugerir uma origem, mas, principalmente, para assinalar percursos diferentes de difusão. Por um lado, temos o que é "comum" na caracterização do sábio, *sophós* ou *sophistés*, termos referidos a personagens antigos (para Heródoto), em relação aos quais o atributo aparece também como "ressonância" (e não simples expressão de Heródoto). Por outro lado, temos o que é recriado nas narrações posteriores, através das quais pode-se procurar o "substrato" que tornou possível a invenção. Sabemos, por meio de Heródoto, que

---

1. Quanto a Sálmoxis, a desconfiança já estava nas narrações escutadas, nas quais um suposto "sábio" trácio parece opor-se ao verdadeiro *sophistés* grego: Heródoto aqui desconfia dos seus informantes. Quanto ao "pretexto" de Sólon, este parece de qualquer forma implícito na própria narração reproduzida. No relato de Deioces, permanece difícil saber se a afirmação do estratagema de seus companheiros deva ser atribuída à "particularidade" da narração referida ou à "experiência" do historiador como ouvinte de tantas histórias (para a "particularidade" da história de Deioces e sua suposta conexão com o debate persa sobre a melhor forma de governo, relatos com um forte tom "sofista", Aly, 1921, pp. 47 e 288; cf. além do mais, sobre Deioces, De Vido, 1997, pp. 110-115). O contexto délfico das informações relativas ao encontro entre Cresos e Sólon foi tratado já por Regenbogen (1920). Uma análise crítica dos estudos em Schneeweiß (1975); Asheri (1988), com. *ad loc*. Sobre a figura de Sálmoxis ver, em particular, Burkert (1962), pp. 156-161; Hartog (1980), pp. 102-125; Jedrkiewicz (1989), pp. 152-156.

Sardes era o lugar de encontro de "todos os sábios (*sophistaí*) da Grécia" (I, 29), mas o historiador não agrupa estes sábios no tradicional número de sete, que é atestado pela primeira vez, para nós, em Platão, no *Protágoras* (343 a). Em Plutarco, são os sete sábios que se encontram (mas agora na corte de Periandro, em Corinto), e parece natural que já fosse assim, antes dele e também de quem tinha recolhido estas histórias, como Demétrio de Falero. Na impossibilidade de seguir com detalhe o percurso destas tradições, podemos atestar a antiguidade de seus traços mais gerais e destacar algumas características de sua difusão, como o fato de que elas tivessem sido elaboradas em relação ao centro da sabedoria, Delfos. E é o próprio Heródoto quem nos informa sobre as relações dos soberanos da Ásia com Delfos[2].

Estamos sempre diante de informações bem conhecidas, sobre as quais não convém agora nos determos. Devemos somente notar algumas peculiaridades desta noção de sabedoria, que podem ser vistas também nas histórias de Heródoto que mencionamos, mesmo tratando-se de histórias referidas a personagens diferentes, em épocas e regiões não tão próximas. É significativo que muitas dessas tradições tenham em comum a convergência no grupo de sete sábios e em lugares precisos de sabedoria, como Sardes ou Delfos. São lugares e personagens nos quais conflui toda forma de elaboração da sabedoria, toda tópica sobre a figura do sábio, nas suas relações com os outros, no conteúdo e no modo de seu saber. Todo extremo é assim colocado em contato, seja no contraste entre figuras diversas que se encontram (o sábio, o homem de poder, o escravo), seja na seqüência temporal – peripécias na vida de um personagem –, que conduz mais tarde à forma do romance ou da biografia. É, portanto, significativo notar que não só as histórias sobre os sábios mudam freqüentemente a característica da sabedoria

---

2. Para as consultas de oráculos e ofertas a Delfos por parte dos soberanos orientais veja-se, por exemplo, Heródoto, I, 13,1; 25,2; 46,2. Cf. Mazzarino (1947), pp. 167 ss. Sobre os sete sábios, Hirzel (1895), II, pp. 132-148; Barzowski (1923); Schmid (1929), pp. 371-374; Snell (1952); Santoni (1983); Jedrkiewicz (1997); dando uma atenção particular aos problemas cronológicos, Mosshammer (1976), e, cético sobre a antiguidade das tradições, Fehling (1985); ver, enfim, as precisações de Martin, R.P. (1993).

(como veremos no caso de Tales), mas também que, aos sábios "tradicionais" sejam aproximados personagens diferentes ou divergentes quanto à sabedoria. No *Banquete dos Sete Sábios*, Plutarco acrescenta, aos sete personagens (grupo, porém, do qual só quatro nomes permanecem invariados na tradição), alguns outros significativos, entre os quais uma mulher sábia, Cleobulina, filha do igualmente sábio Cleóbulo, e um escravo, Esopo. Estes encontros – e estas comparações de histórias e tradições – não pertencem necessariamente a Plutarco; as inversões ou combinações que ele realiza estavam implícitas em relatos anteriores. Sem poder medir a inventividade dos autores, podemos notar, em parte, a série significativa de conexões e trocas que são realizadas em relação a uma tradição sempre recomposta[3].

A menção de Esopo adquire, em tal situação, uma importância particular. O encontro do fabulista com os sete sábios parece preanunciado em informações mais antigas: não se trata, portanto, de uma invenção de Plutarco ou de outros au-

---

3. Como, por exemplo, o fato de que Esopo, escravo pelo menos num primeiro momento, estivesse sentado junto a Sólon, talvez de modo semelhante ao do ex--escravo Fédon, sentado junto a Sócrates (Plutarco, *Banquete*, 150 a) (Defradas 1985, nota *ad loc.*; mas, contra, Jedrkiewicz, 1997, p. 87 nota 21). Em Plínio (*História Natural*, VII, 151) e Valério Mássimo (VII, 1, 2; cf. Pausânias, VIII, 24, 13), o homem mais feliz torna-se o camponês Aglaus de Psófis, em oposição a Giges (mas para Pausânias Aglaus vivia no tempo de Cresos; cf. Wilamowitz (1918-1920), II, p. 431. Na fábula de Fedro, III, 3, encontramos Esopo como personagem, ao passo que o mesmo episódio, contado no *Banquete* de Plutarco (149 d-e), representa Tales como personagem principal: trata-se, de qualquer forma, como veremos, de trocas recorrentes. Os Sete Sábios na corte de Cresos são mencionados também por Diodoro de Sicília, IX, 26 ss.: Esopo não está presente neste encontro, mas teria criticado a relação dos sábios com o tirano; em Plutarco, ao contrário, Esopo era um enviado de Cresos em Corinto (*Banquete*, 150 a; cf. também *Sólon*, 4; note-se que na suposta fábula de Sócrates, segundo Diógenes Laércio – ver adiante –, Esopo teria se apresentado como orador diante do povo em Corinto). "Obras" de Esopo e testemunhos estão recolhidos em Perry (1952) (mas veja-se também as edições de E. Chambry, *Aesopi Fabulae*, Paris 1925, e A. Hausrath – H. Hunger, *Corpus Fabularum Aesopicarum*, Leipzig 1959-1970). Sobre Esopo cf., em particular, *La fable* (1984); Luzzatto (1988) e (1996); Jedrkiewicz (1989) e (1997); Holzberg (1992). Lembre-se, enfim, que *Kleoboulinai* era o título de uma comédia de Cratino (frr. 85-94 K.= 92-101 K.-A.). Sobre os personagens "de fronteira" postos em contato com os sábios, ver Hartog (1996), pp. 118-127 (sobre Anacarsis).

tores de época tardia. Este encontro permanece implícito, seja na representação da sabedoria de Esopo, uma sabedoria particular, com características divergentes em relação à dos sábios (no seu humor, na sua "pragmática"), seja nos contatos entre o fabulista e alguns sábios, como Tales. Tradição esópica e tradição sapiencial circulavam provavelmente juntas já nos séculos V e IV a.c.[4] Poderíamos, talvez, dizer que nos interessa mais o que não é "verdadeiro" nestas tradições (caso fosse possível esclarecer os limites da verdade em cada um destes relatos) e que, por isso, nos mostra o elemento tópico da sabedoria na sua conjunção com a particularidade das narrações. Que Esopo fosse um escravo trácio, como Sálmoxis, é só uma das versões sobre a sua vida, provavelmente não a mais verídica, que o reconduz a Frígia[5]. Esta versão, porém, se aproxima do que é contado pelo próprio Heródoto (II, 134 s.), que fala de Esopo em Samos (terra também de Pitágoras), companheiro de servidão de Ródopis, escrava trácia[6]. Quanto às relações

4. A própria fábula de Tales no *Teeteto* (referida adiante p. 37) é testemunho dos "encontros" e contraposições entre Esopo e os sábios (mesmo se não é assim considerada pelos estudiosos), ao menos, se, como parece provável, a presença de uma serva *trácia* conduz, de algum modo, a um contexto "esôpico". Os testemunhos estão em Perry (1952), *Testimonia vetera*, 33-38, pp. 223 s. Uma datação mais antiga dos encontros de Esopo com os sábios não pressupõe a existência, já então, da imagem do banquete, como representada por Plutarco. A esta datação "alta" propendem Momigliano (1971), p. 36, e West (1984). Ver, porém, Jedrkiewicz (1989), pp. 137 e ss.

5. A tradição trácia é significativamente referida num fragmento aristotélico da *Constituição dos Sâmios* (Aristóteles, fr. 573 e 611, 33 Rose; na *Constituição dos Delfos*, Aristóteles teria falado das aventuras de Esopo na cidade sagrada: fr. 487 Rose); já para Heródoto, Esopo teria vivido em Samos (II, 134 s.; origem de Esopo: Perry, 1952, *Testimonia vetera*, 4-7, pp. 215 s.).

6. Ródopis chega no Egito, segundo Heródoto, conduzida por Xantes de Samos; na tardia *Vida de Esopo*, fala-se de um Xantos como filósofo e dono do fabulista, um "sábio" reconhecido que é continuamente enganado por seu escravo. Informações sobre Xantos em Perry (1952), *Testimonia vetera*, 13, p. 218 nota (e, além do mais, Perry, 1965, p. XXXVII; Momigliano, 1971, pp. 32 s.). Schmid (1929), pp. 673 nota 7 e 707, sugeria que Xantos, proprietário de Esopo, pudesse ter sido confundido com Xantos, historiador dos Lídios, talvez como autor de histórias sobre os magos, quem sabe "no lugar" de Pitágoras. Independentemente dos possíveis cruzamentos e misturas de informações e tradições, considerem-se as seguintes correspondências: Esopo, escravo trácio do filósofo Xantos de Samos; Sálmoxis, escravo trácio de Pitágoras de

de Esopo com Delfos, Heródoto é somente o nosso primeiro informante. Não à toa o fabulista estava entre as leituras de Sócrates, que o menciona momentos antes de morrer, lembrando, então, as próprias composições dedicadas ao deus de Delfos[7]. Esopo era bem conhecido no século V a.C. em Atenas. As suas fábulas provavelmente já circulavam nesta época, junto, talvez, com informações sobre sua vida[8]. A vida de Esopo é o lugar em que cada extremo se conjuga com a "sabedoria". Podemos citar alguns exemplos, tirados em particular da *Vida de Esopo* (que não necessariamente reproduz as tradições mais antigas)[9]. Esopo é escravo de um filósofo, como Sálmoxis, e mostra-se mais sábio do que o seu dono. É, além de escravo, feio e repugnante, por muito tempo não será reconhecido na sua sabedoria, por não ser capaz de falar. Esopo, de escravo, torna-se livre e cidadão entre os primeiros, conselheiro político em Samos. Encontra o homem mais poderoso, Cresos, vai ao lugar mais sagrado, Delfos. E, podemos acrescentar (mesmo se não o diz a *Vida*), encontra também os homens mais sábios, Sólon, por exemplo, e Tales, já para Aristófanes modelo de sabedoria[10]. Brevidade da fábula e sabedoria gnômica são aspectos que deviam aproximar Esopo dos sábios. Que muitas destas histórias tenham sido reunidas de forma diferente e tardia, freqüentemente com um tom artificial, por vezes de modo contraditório, revela não só o percurso natural de cada narração, mas também que o personagem do escravo fabulista era o ponto ao qual reconduzir toda forma

Samos; Esopo, Sálmoxis e Pitágoras "ressuscitam" (ressurreição de Esopo: Perry, 1952, *Testimonia vetera*, 45-48, p. 226).

7. *Fédon*, 60 c-61 b. Sócrates teria posto em versos *logoi* de Esopo e o "proêmio" a Apolo. Esopo e Sócrates: Luzzatto (1988); Jedrkiewcz (1989), pp. 111-115; 368-378; Schauer – Merkle (1992).

8. Aristófanes, *Aves*, 471; *Vespas*, 566; 1259 s.

9. Para a *Vida de Esopo* cf. Perry (1952), pp. 35-208; mas veja-se também a edição de Ferrari (1997). Note-se que as tradições sobre as relações de Esopo com os sábios não confluem na *Vida*, exceto no que diz respeito ao encontro com Cresos.

10. *Nuvens*, 180; *Aves*, 1009. Cf. Dover (1968), p. XXXVI; Guidorizzi (1996), *ad loc*. Sobre as tradições sobre Tales como sábio, Classen (1965), col. 931-935.

de inversão e reviravolta, a partir dos extremos iniciais da escravidão e da sabedoria.

2

O *Teeteto* platônico, diálogo *perì espistémes* ("sobre o conhecimento" e "sobre a ciência", uma dupla tradução que deve ser sempre considerada), não se limita à investigação sobre o conhecimento, mas se baseia na identificação, não evidente, entre conhecimento e sabedoria. Esta identificação dá sentido a todo o diálogo e é explicitada logo no início, numa passagem pouco notada pelos comentadores[11]. Teeteto é discípulo de Teodoro, e, portanto, *aprende* com o velho matemático. Sócrates, curioso, nota logo que aprender equivale a tornar-se mais sábio no que se aprende (145 d). E acrescenta, de modo oracular: "creio que os sábios sejam sábios pela (sua) sabedoria" (*sophíai dè g'oîmai sophoì hoi sophoí*). A aparente tautologia nos conduz do campo do conhecimento – em que se torna mais sábio enquanto se aprende – ao da sabedoria, com implicações bem diferentes. Por conseguinte, Sócrates pode identificar sabedoria/*sophía* e conhecimento/*epistéme*, segundo esta progressão: do "aprender" ao sábio/*sophós*, e assim à sabedoria e ao conhecimento. Nesta troca inicial de considerações, aparentemente banal e, em todo caso, breve, põe-se o problema mesmo do diálogo. Da pergunta sobre o conhecimento passa-se, a cada momento, à pergunta sobre o sábio/filósofo, tornando indissolúvel a ligação entre a questão "exterior" do discurso filosófico e o problema do conhecimento. Com a afirmação da sabedoria vai ser possível refutar a suposta tese relativista de Protágoras. Na interpretação platônica, afirmar que o homem é "medida de todas as coisas" equivale a dizer que "o que é para cada um [no campo da percepção e da opinião, uma aproximação que se

---

11. Ver, porém, Friedländer (1960), p. 137; Runciman (1962), pp. 10-12; 26 s.. Goldschmidt (1947) considerava "inquietante" que os interlocutores parecessem confundir sabedoria e conhecimento (p. 82); para Bostock (1988), a questão "não tem nenhuma importância para o resto do diálogo" (p. 32 nota 31). Cf. também a argumentação em Xenofonte, *Memoráveis*, IV, 6, 7.

revela fundamental], isto para cada um é verdadeiro". Deste modo, a presença do "sábio" – como parecia ser o próprio Protágoras – torna-se problemática pelo relativismo de sua tese. Mas se somos conduzidos, assim, da questão da sabedoria à questão do conhecimento, no final do diálogo teremos o percurso inverso: a aporia final sobre o que é o conhecimento terá por resultado desviar nosso olhar sobre o *procedimento* da investigação filosófica e sobre o filósofo na sua condenação iminente. A investigação sobre o conhecimento não pode ser separada do problema da sabedoria e implica, por conseguinte, a questão da filosofia na sua identificação com a sabedoria.

O jovem Teeteto, discípulo do velho Teodoro, é apresentado a Sócrates e iniciado no procedimento filosófico[12]. Já no princípio, o diálogo torna claro este processo de iniciação. A primeira tentativa de resposta do rapaz ao problema do conhecimento leva-o ao mundo da multiplicidade dos saberes e das habilidades, logo recusado (146 c-147 c). Trata-se de "situar" o problema filosófico na procura da unidade, através da definição, e a isto conduz a capacidade matemática do jovem interlocutor e sua experiência das questões socráticas, até então insuspeita (147 d-148 e). Se a investigação filosófica supera a afirmação da multiplicidade, o procedimento socrático se esclarece por meio de sua relação com a sabedoria (ou "não sabedoria"), graças à imagem da maiêutica: imagem mais conhecida – Sócrates "parteiro" e estéril, que faz nascer o saber em seus interlocutores –, entre as tantas imagens que tornarão o *Teeteto* um repertório de *loci* filosóficos tradicionais[13]. Preparado o campo de investigação com estas primeiras considerações, pode-se passar à "iniciação" ao problema do conhecimento

---

12. O *Teeteto*, enquanto diálogo de iniciação, apresenta claras semelhanças com outros diálogos "socráticos", tais como o *Cármides* e o *Lísis*, a começar pela sua ambientação em ginásios e pelas questões socráticas que dão origem à conversa (Friedländer, 1960, pp. 133 s. e 448, nota 7).

13. A imagem da maiêutica é apresentada em 148 e – 151 d. Note-se ainda o *thaumázein* como comportamento inicial filosófico (155 d), a apresentação da memória como impressão na cera (191 c ss.), a imagem do pombal (197 d ss.) etc.: independentemente de sua origem, estas imagens nos são transmitidas, pela primeira vez e de modo claro, pelo *Teeteto*.

29

com a refutação das três respostas que dará Teeteto. Cada resposta é retomada por Sócrates, explorada, equiparada a respostas e imagens "alheias" (às vezes identificadas de modo genérico), e, finalmente, abandonada pelos interlocutores. Assim, em sucessão, define-se o conhecimento como percepção (*aísthesis*), opinião verdadeira (*alethès dóxa*), e, enfim, opinião verdadeira "acompanhada" pelo *logos*. Através destas três respostas, o caminho é ascendente: da percepção à opinião, da opinião ao *logos*. Mas são níveis nunca claramente distintos, e cada resposta retoma temas anteriormente mencionados.

Uma análise mais cuidadosa dos percursos do diálogo revela, com efeito, que esta sua tripartição é só aparentemente regular, e não se mantém sem retornos e circularidades. Sócrates mesmo vai notá-lo, individuando, nos seus comentários, a particularidade do procedimento filosófico, longo e repetitivo, sempre com o risco de aporia. A iniciação de Teeteto não se resume à investigação sobre o conhecimento, ao que nasce do procedimento dialógico socrático, mas consiste também em pôr à mostra esta investigação, em indicar um procedimento como modo de sabedoria. Se, por um lado, a questão do conhecimento será continuamente situada *em outra parte*, longe dos lugares que normalmente lhe são atribuídos (e vai ser notado que o diálogo *Teeteto* parece colocar-se como "comentário filosófico", repropondo e recusando a todo momento as teses filosóficas alheias), assim também a sabedoria será afastada de seus lugares reconhecidos e vai se afirmar somente através desta distância[14].

A análise socrática da primeira resposta oferecida por Teeteto à questão do conhecimento torna clara a não linearidade do percurso filosófico e a importância da reflexão a respeito. Não se pode falar da sabedoria senão através do lugar onde esta não está, a opinião, *doxa*, que recebe uma atenção particular em todo o diálogo. A análise da percepção, *aísthesis*, não será separada da análise da opinião, que aparecerá na segunda e

---

14. Para o *Teeteto* considerado como "comentário", ver Joly (1974), p. 153. Sobre o percurso argumentativo do diálogo voltaremos adiante, capítulo 5, pp. 146-152.

terceira respostas com o atributo da "verdade". A ligação entre percepção e opinião torna-se particularmente fácil graças às formas verbais utilizadas: para referir-se a este "aparecer" Platão usa seja *phaínesthai* (por assim dizer, no campo da percepção), seja *dokeîn* (no campo da opinião)[15]. Com duas conseqüências: em primeiro lugar, a tese de Protágoras tomará o aspecto de uma teoria da percepção, que Sócrates recusará na forma de idéias que atribui a Heráclito e aos seus discípulos: o conhecimento não se "resolve" na imediatez dos dados sensíveis. Em segundo lugar, vai ser possível deste modo distinguir verdade e "reconhecimento". "Ser reconhecido pelos outros" – fazer depender a verdade de sua aceitação pelos homens ou pelas cidades – traz novamente à cena o problema da sabedoria. O desenvolvimento deste aspecto da primeira resposta à pergunta sobre o conhecimento – ou seja, que conhecimento é percepção – permite a Platão desenvolver, no meio do diálogo, uma longa digressão sobre o filósofo e suas relações com a cidade (172 c-177 c).

As considerações feitas por Sócrates nesta digressão foram freqüentemente acusadas de serem extrínsecas à ordem das questões examinadas no diálogo[16]. Não é possível percorrer aqui, novamente, cada passagem que as torna ne-

---

15. Assim, em 170 a, a tese de Protágoras é expressa com *dokeîn* (*tò dokoûn hekástoi toûto kaì eînaí phesí pou hôi dokeî?*), que conduz logo ao problema da opinião, *doxa*, e à possibilidade do juízo, *krísis*. Note-se que o termo *kritérion*, que será presença determinante na recepção filosófica da tese de Protágoras, como, por exemplo, em Sexto Empírico (*Esboços Pirrônicos*, I, 216; *Contra os Matemáticos*, VII, 60 ss.; etc.), aparece só uma vez no *Teeteto* (178 b), de qualquer forma relacionado à *krísis* e ao campo da *doxa* (cf. 160 c, 170 d, 178 b-e), ou seja, no seu contexto social e "público" (178 e: "para o tribunal").

16. Wilamowitz (1918 – 1920), I, pp. 413 ss., II, p. 230 e nota 1 ("ein Fremdkörper"; cf. Friedländer, 1960, p. 151). "The pretext for this is slight", diz Guthrie (1978), V, p. 89. Para McDowell (1973), *ad loc.*, a digressão tem a mesma função que numa obra moderna teriam as notas ao pé de página ou um apêndice. Ver também Gigon (1986) (sobre a digressão, pp. 41-68). Cf., diversamente, Campbell (1883), p. LX; Bruns (1896), pp. 296-305; Apelt (1920), pp. 166 s.; Cornford (1935), pp. 82 s.; Barker (1976); Babut (1982), 49-86; Niehues-Pröbsting (1982); Burnyeat (1990), pp. 34-39; Rue (1993); Narcy (1994), pp. 72 ss. Para a retomada da digressão na antiguidade basta remeter para Eusébio, *Preparação Evangélica*, XII, 29; Jâmblico, *Protréptico*, 14.

31

cessárias, cada momento que as anuncia e as requer durante a análise do problema do conhecimento. Podemos somente mencionar alguns nexos que associam, de modo estreito, a digressão à concatenação das argumentações filosóficas, nexos muito mais fortes de quanto possa transparecer numa primeira leitura.

O problema da sabedoria não só é claramente enunciado no início do diálogo na sua conexão com a ciência, mas reaparece em cada momento da análise da tese de Protágoras, quando, progressivamente, se esboça a distinção entre sabedoria "verdadeira" e "aparente". Duas contraposições permitem a Sócrates operar uma inversão na imagem da sabedoria, a partir da tese do sofista: a que se verifica entre o "sábio" (Protágoras, sábio reconhecido pelos outros) e o "não sábio" (Sócrates que não é portador de nenhum saber, que é *ágonos sophías*); e a contraposição entre o que é sabedoria "escondida" e palavra pública. A partir destas distinções, evocando, a todo momento, imagens anteriores de sabedoria, Platão fará aparecer a figura do filósofo. Já na apresentação da maiêutica, Sócrates conduz a própria excentricidade, o seu ser *atopótatos* para os outros, ao fato de não ser sábio (149 a). Protágoras, ao contrário, é sabio, *sophós*, antes, sapientíssimo, *pássophos*, e por isso se dirige com enigmas à multidão, revelando, em segredo, a verdade aos seus discípulos (152 c). A verdade "escondida" tem, portanto, o tom das palavras e ritos sagrados: o enigma, a iniciação. Sócrates procurará mostrar que este enraizamento numa antiga sabedoria é ilusório. Diferentemente do que se apresentava no início, a sabedoria de Protágoras pressupõe o próprio reconhecimento por parte dos outros, neste seu "fazer-se diferente": é, assim, palavra pública, discurso para a multidão. Não se encontra no seu "livro sagrado" nada mais do que uma fala para o povo (161 e-162 a). A "distância", que se supõe peculiar ao saber sofístico, não é senão um modo para obter o favor do público. Os temas, retomados da tradição sapiencial, agora se distinguem. Em particular, tudo o que é habilidade, forma pública e procura de reconhecimento será afastado por Platão do campo da verdadeira sabedoria.

Esta separação é exasperada na digressão sobre o filó-sofo. O tema da sabedoria reaparece com a análise da forma "reelaborada" da tese de Protágoras. Constatada a contradição entre a afirmação da sabedoria e o relativismo da tese do sofista, o diálogo repropõe diferentemente esta tese. Pode-se, com efeito, aceitar que alguns valores – o belo ou o justo – dependam de cada indivíduo ou cidade: estes seriam, assim, sujeitos à opinião, sem deixar espaço para a figura do sábio. Todavia, não por isso tal figura é inútil ou inexistente. É possível perceber uma diferença entre os indivíduos na determinação do que é "verdadeiramente" *útil* (critério ao qual se submeteriam valores como o belo ou o justo) (172 a-b). Se a primeira e radical interpretação da tese de Protágoras, refutada, não dava espaço à questão da sabedoria (cada um é determinação da própria verdade), esta segunda interpretação pressupõe a existência do sábio na determinação da *utilidade* das decisões (fala-se de *symphéronta* em 172 a; *tà agathá* e *ophélima* em 177 d): um sábio ao qual pode corresponder a figura do médico, para o indivíduo, ou do conselheiro, para a cidade. A digressão platônica sobre as relações entre o sábio/filósofo e a comunidade dos indivíduos se insere, no *Teeteto*, no momento em que o problema da sabedoria possível é relacionado ao problema da opinião comum e da vida civil. Sabedoria e aparência de sabedoria, sabedoria e reconhecimento: a pergunta sobre o conhecimento conduz diretamente à representação do sábio; a figura do filósofo (sábio em oposição à cidade) é fundada na sua diferença do sofista (sábio aparente em função do reconhecimento da cidade). A cesura é radical e distancia a sabedoria de toda forma de habilidade. A digressão sobre o filósofo deve, por isso, dar conta não só da imagem do sofista, mas da própria tradição da sabedoria antiga. Sócrates retoma os temas desta tradição, tece novamente a sua trama, narra.

3

A sobreposição dos argumentos (172 b: *lógos ek lógou*) leva à digressão – liberdade filosófica na condução dos temas e na disposição do próprio tempo – e a conclui, visto o perigo de sepultar deste modo os interlocutores, em ausência do guia seguro do discurso inicial (177 b-c).

Quem se dedicou por longo tempo às questões filosóficas mostra-se um orador ridículo quando se apresenta nos tribunais (172 c). Assim Sócrates abre a digressão: põe, no início de um contexto "literário" por excelência, o elemento biográfico paradigmático, e introduz um tema, o riso e o escárnio, que atravessará todo o texto. Teodoro pede-lhe explicações e recebe como resposta o contrário da imagem: os homens que, quando jovens, transcorrem a vida nos tribunais, correm o risco de se mostrar, diante de quem se ocupa de filosofia e atividades semelhantes, como servos diante de homens livres (172 c-d). Enquanto "livres", os filósofos dispõem do próprio tempo, da *skholé*: podem, portanto, mudar livremente os seus discursos como fazem, agora, Sócrates e Teodoro, segundo o prazer. Os outros, ao contrário, sofrem a constrição dos tribunais: têm limites de tempo e argumento aos quais conformar as próprias palavras e devem submeter-se como os escravos ao seu dono. A formação servil se reverte no modo da elocução – cuja característica é a tortuosidade e a adulação – e torna os homens "hábeis e sábios" (*deinoì kaì sophoí*) (172 d-173 b) – expressão com a qual Platão se refere, aqui como em outros diálogos, aos sofistas. Já em princípio a "sabedoria" dos sofistas é indicada na sua radical e insuperável diferença – habilidade e servidão – diante do verdadeiro saber, o saber filosófico[17].

A digressão põe-se no plano da *representação*, permitindo aproximar a imagem do teatro à do tribunal. Sócrates propõe-se a falar sobre os que "pertencem ao nosso coro" (173 b) e Teodoro concorda, visto que não estão sob nenhuma constrição, nem de juiz, nem de espectador, "que deseja e comanda" (173 c). Mas como falar de um coro que não possui espectadores? O problema da comunicação dos filósofos

---

17. O próprio Protágoras é indicado como "hábil e sábio" (*deinòs kaì sophós*) em *Protágoras*, 341 a. A definição do sofista oferecida por Protágoras – *tòn tôn sophôn epistémona* (*Protágoras*, 312 c) – evoca os termos da questão da sabedoria, colocados no início do *Teeteto*, e conduz à constatação da capacidade própria ao sofista de tornar os outros "hábeis" na fala (312 d). Cf., além do mais, *Hípias Maior*, 373 b; *Teeteto*, 154 d; *Sofista*, 230 a (diversamente, "hábil" é contraposto a "sábio" em *Fedro*, 245 c). A expressão já aparece em Heródoto V, 23, 2.

34

aparece tacitamente já nesta imagem inicial. Sócrates retoma e precisa: o discurso não tratará do coro no seu conjunto, nem de cada um de seus participantes, mas somente dos principais, os corifeus (173 c)[18].

Entre o filósofo e os que participam da vida pública há separação, ruptura. Os filósofos, quando jovens, não conhecem o caminho da praça, do tribunal, do Conselho ou de todo outro lugar público de reunião. Não vêem, nem escutam as leis e os decretos, quando escritos ou anunciados. Nem em sonho se dão às disputas de facções pelos cargos (*arkhaí*), nem participam de encontros, banquetes e reuniões com flautistas. Não sabem o que acontece na cidade ou se a alguém deriva algum mal dos antepassados, não mais de quanta água exista no mar[19]. E não sabem que não sabem, pois não se comportam assim em vista de um reconhecimento qualquer (*toû eudokimeîn khárin*): só o seu corpo permanece e vive na cidade, ao passo que a mente considera estas coisas de pouco valor (173 c-e). A distância entre o filósofo e a cidade reflete a distância

18. Um "coro" de sofistas é representado em *Protágoras*, 315 a-b. Convém notar que somente uma vez encontramos na digressão a palavra "filósofo", e, ainda assim, de forma relativizada (175 e: Sócrates a Teodoro: o que *consideras* um filósofo). Diversamente, usam-se expressões como "os que se dedicam à filosofia".

19. O tema da quantidade da água do mar (v. *Eutidemo*, 294 b): provável referência ao oráculo délfico dado em resposta a Cresos (Heródoto, I, 47,3). Cf. A. Y. Campbell (1931-1932) e Asheri (1988), com. *ad loc*. Mas considere-se também Píndaro, *Olímpicas*, XIII, 45 s.; e Aristóteles, *Meteorológica*, 355 b 20-25, que se refere a uma *arkhaía aporía*. O tema pode, de qualquer forma, ser aproximado de um contexto proverbial mais amplo. Tanto Plutarco (*Banquete*, 151 a-d; 153 e), quanto a *Vida de Esopo* (68-73) mencionam a proposição do enigma – que remontaria, para Plutarco, a Amasis – sobre como beber toda a água do mar. Já Ésquilo, *Agaménon*, 958, falava do "esvaziamento" da água do mar; entre os autores latinos, cfr., por exemplo, Plauto, *Poenulus*, 432 etc. Para a tradição paremiográfica (Leutsch-Schneidewin, 1839, Z VI, 48; App. IV, 58) cf. Spyridonidou-Skarsouli (1995), pp. 159-161. Neste caso trata-se de "fazer coisas impossíveis" – mas note-se que a interpretação dada pelo escólio ao texto platônico é diferente ("saber muito"), referida também nos *corpora* paremiográficos (Leutsch-Schneidewin, 1839, GCL II, 76; cf. Mac. C IV, 64). Já as reuniões com flautistas evocam um tema convival platônico de amplo significado: veja-se *Banquete*, 176 e, e *Protágoras*, 347 d. As *hetairíai* comparecem também em *República*, II, 365 d, um trecho imerso em recriações poéticas que apresenta muitos pontos de contato com a digressão.

35

própria ao conhecimento. Citando Píndaro, Sócrates acrescenta: o filósofo voa em todos os lugares, considera o que está na terra – e Sócrates interpreta: medindo as superfícies – e o que está no céu – e Sócrates: observando os astros –, vê a natureza no seu conjunto e em cada parte. O conhecimento implica distância, afastamento. Sócrates pode concluir: o pensamento (*diánoia*) dos que se dedicam à filosofia nunca desce em direção ao que está próximo (173 e –174 a).

Píndaro é só uma entre as muitas referências literárias desta digressão, a única, de qualquer forma, explícita. Através do seu exemplo, associa-se a distância das atividades da cidade à distância como função de conhecimento: geometria, astronomia. A astronomia, em particular, conotará a atividade do filósofo, como já fazia com o sábio. Por isso, a figura de Tales, sábio e astrônomo, poderá em seguida ser tomada como paradigma. A citação de Píndaro não faz nada mais do que lembrar a imagem, talvez, mais difundida do sábio, da sua distância e particularidade: a atenção pelos astros, o olhar distante, o "caminhar pelo ar". Eis, porém, que atrás da caracterização comum e recorrente, aparece também a referência mais direta: é Aristófanes quem, nas *Nuvens*, relaciona este comportamento distante da terra à figura de Sócrates[20]. Se o

20. Com efeito, em Aristófanes, *Nuvens*, 188 ss., encontramos os temas tratados aqui por Platão: a geometria e a astronomia; e o tema que Platão mencionará adiante, na digressão: o olhar sobre toda a terra (ver adiante, p. 39 e nota 24). Para Píndaro, cf. fr. 292 Snell-Maehler (= fr. 249 Turyn, o qual indica a tradição posterior a Platão; cf., além do mais, *Píticas*, III, 22 e 60; X, 62; *Ístmicas*, VIII, 12; Sófocles, *Édipo Rei*, 130 s.; etc.). Note-se também como a imagem é apresentada na *Apologia*, 23 d: *tà metéora kaì tà hypò gês* (cf. 18 b e 19 b-c). Nas *Nuvens*, cf. ainda vv. 225 ss.; 333; 360 (sobre as correspondências entre o *Teeteto* e as *Nuvens* ver Ambrosino, 1984-1985, p. 68 nota 81; e Nevola, 1988-1989). Mas talvez não se tratasse só de Aristófanes: também Éupolis, que ataca Sócrates mais do que uma vez (fr. 352 K. = 386 K.-A.; 361 K. = 395 K.-A.), critica o trabalho de quem se ocupa das "coisas celestes", talvez referindo-se a Protágoras: fr. 146 K. = 157 K.-A. (ver os comentários *ad loc.*); cf., além do mais, Aristófanes, fr. 672 K. = 691 K.-A.; Sófocles, fr. 737 Radt. Para a investigação "sob a terra" pôde-se pensar não somente à física ou à geometria, mas também ao Hades e ao destino das almas (cf. Friedländer, 1960, p. 152 nota 39). Cf., enfim, *Corpus Hippocraticum, De prisca medicina*, I, 3 (*perì tôn meteóron è tôn hupò gên*): a única "citação" explícita de Píndaro na digressão parece corresponder a um *topos*, à mais direta e aparentemente difundida representação do sábio.

discurso sobre os filósofos se anunciava como um discurso sobre os corifeus, pouco a pouco vemos que este coro – sob o signo "trágico" do filósofo no tribunal, com o qual a digressão se inicia – aproxima-se dos termos da comédia, que de fato não tinha exitado em mostrar ao público ateniense um "coro de pensadores"[21].

Após a citação de Píndaro, Sócrates prossegue com uma de suas representações mais significativas da relação entre o filósofo e os "outros". Apesar de podermos encontrar em momentos diversos imagens platônicas igualmente conhecidas, nunca esta situação é indicada, como aqui, precisamente no elemento da exclusão; nunca se afirma, como aqui, uma distância aparentemente insuperável entre o filósofo e a cidade. Retomemos, mais uma vez, a narração socrática:

> Assim, Teodoro, quando Tales observava os astros e olhava para o alto, caiu num poço. Diz-se que uma servazinha trácia, perspicaz e graciosa, zombou dele, pois querendo conhecer o que estava no céu, ele se esquecia do que tinha diante de si e entre os pés.

Conclui Sócrates (como "moral" desta sua "fábula"):

> Este motejo vale para todos os que vivem na filosofia. De fato, alguém assim se esquece de seu próximo e vizinho, não só não sabe o que este faz, mas por pouco nem mesmo se se trata de um homem ou um outro animal. Mas o que é o homem e no que, por natureza, se diferencia dos outros, quanto ao que faz ou sofre, isto ele investiga e examina com afã (174 a-b).

A distância entre o "filósofo" e "os outros", esboçada na história de Tales, se generaliza. Não só Tales é equiparado a "todos os que vivem na filosofia", mas o escárnio da serva passa a ser o de toda multidão (174 c). Esta generalização distingue o filósofo dos demais na compreensão do que os circunda, e diferencia os modos de discurso. Sócrates continua até o fim da digressão ressaltando estas diferenças. São, aparentemente, anotações sobre o já dito, desenvolvimentos

---

21. Assim no *Conos* de Amípsias (frr. 7-12 K. = 7-12 K.-A), comédia apresentada no mesmo ano das *Nuvens*, e à qual se deve, talvez, relacionar as menções de Conos em Platão (*Eutidemo*, 272 c; 295 d; *Menexeno*, 235 e). Cf. Patzer (1994), p. 63.

de tom literário, mais do que acréscimos importantes do ponto de vista da argumentação filosófica. Mas a apresentação destas famosas imagens da vida filosófica acompanha o desenho geral da digressão: trata-se de determinar uma "sabedoria" que se afirma na *distância* – distância, em particular, das práticas comuns, civis, diante da habilidade que caracteriza o saber sofístico e que se pretende, por sua vez, "sabedoria". Seria possível estabelecer uma distinção a propósito: por um lado, as formas de um discurso dirigido aos cidadãos, caracteriza-do pela habilidade dos oradores-sofistas; por outro lado, as formas de discurso e interesse das pessoas "comuns", dos não filósofos. Mesmo se não há uma clara separação entre as duas esferas, a dos discursos *para* os cidadãos e a dos discursos *dos* cidadãos, pode-se, em todo caso, notar a diferença entre o interesse da multidão – o que é palavra "comum" – e o que é, ao contrário, discurso de quem procura o próprio reconheci-mento como "sábio" – palavra que procura obter a aprovação comum. Sem que a digressão leve a uma esquematização das diferenças entre as formas de discurso, podemos dizer que, partindo do discurso tradicional sobre a sabedoria, ela tem como resultado a distinção entre a filosofia, por um lado, e a retórica e a sofística, por outro[22].

Não é casual que as primeiras considerações que seguem a anedota de Tales se refiram a dois aspectos fundamentais da retórica, relacionados por Platão a elementos da representação "literária" da sabedoria: o filósofo mostra-se sempre ridículo (*geloíos*) diante dos outros porque não consegue entender suas injúrias (*loidoríai*, termo quase técnico na oratória judiciária); mostra-se, ao contrário, desatinado (*leródes*) porque ri dos elogios (*epaínoi*) que escuta na cidade. O elogio não é somente elemento essencial da retórica, mas também traço de ligação com as tradições antigas retomadas por Platão na caracterização da sabedoria. Sócrates move-se entre estas tradições, prosseguindo a sua reflexão. Quando alguém elogia um tirano ou um rei, o filósofo considera que

---

22. Pode-se ver a consciência platônica da distinção entre retórica e sofís-tica, com a tentativa concomitante de aproximar estes termos, em *Górgias*, 465 c; 520 a-b. Cf. Cassin (1997), pp. 824-826. A importância da retórica na digressão é marcada também por Niehues-Pröbsting (1982).

38

fala da felicidade de um pastor qualquer – de porcos, ovelhas ou vacas –, tendo muito o que ordenhar. Mas o filósofo crê que os animais que tiranos e reis devem apascentar e mungir são mais difíceis e arredios, de modo que, por falta de tempo (*askholía*), eles se tornam necessariamente tão rudes e incultos quanto os pastores, circundados pelos muros (como os de seus palácios ou cidades) de um estábulo na montanha[23]. Distante dos elogios dos poderosos, o filósofo se afasta também das ostentações dos ricos: cada propriedade, cada riqueza, por maior que sejam, parecem pequenas para quem está acostumado a olhar para toda a terra[24]. Enfim, o filósofo se distancia das presunções de nobreza: considera obtuso e de pouca visão quem decanta a própria genealogia – quem se crê nobre porque teve sete ancestrais ricos: gente inculta, que não vê que é impossível contar os inumeráveis ancestrais que cada um teve, ricos e pobres, reis e escravos, bárbaros e gregos (174 d-175 a).

Cada um destes temas e expressões participa da recriação do contexto "antigo" a partir do qual a digressão é construída. Um aspecto que é acentuado ainda mais com a menção das genealogias, com as quais Sócrates prossegue. Alguém procura se distinguir dos outros recorrendo a um catálogo de vinte e cinco ancestrais, que remonta até Héracles, filho de Anfitrião: para o filósofo são minúcias sem sentido, pois o próprio Anfitrião terá tido um seu vigésimo quinto ancestral tal qual o acaso lhe concedeu, e assim o quinquagésimo a partir deste. Mostra-se ridículo quem não é capaz de fazer estas contas e não sabe libertar a própria alma destas tolices (175 a-b).

23. A mais singular retomada desta imagem foi feita pelo imperador Marco Aurélio, *A Si Mesmo*, X, 23 (mas já Sêneca citava esta digressão, no que diz respeito às genealogias: *Cartas a Lucílio*, 44,4). A imagem do pastor relacionada ao comando e aos soberanos orientais está presente também em Xenofonte, *Ciropedia*, I, 1, 2. Ela recorre em Platão e representa um papel importante, na *República*, no *Político* e nas *Leis*, para a apresentação de uma reflexão sobre a *política*.

24. Note-se que, nas *Nuvens* de Aristófanes, após os versos citados acima (vv. 200 ss.) – com o tema da distância do filósofo, que é retomado por Sócrates na citação de Píndaro –, segue a cena em que o discípulo de Sócrates mostra a Estrepsíades um mapa geográfico. Parece que o tema era sentido como "socrático": em Eliano, *Histórias Várias*, 3, 28 (retomado em Estobeu, 3, 22, 33), vemos Sócrates que mostra o mapa da terra a Alcibíades.

39

O percurso platônico retoma palavras e narrações que poderíamos atribuir a Heródoto[25]. Também quando se trata dos interesses do filósofo encontramos uma situação semelhante. Sem se ocupar do particular, das alturas em que se encontra, o filósofo considera não as injustiças cometidas ou sofridas (novamente problemas de âmbito judiciário), mas a justiça ou injustiça em si, o que são e no que se diferenciam entre si e de todo o resto. E também questões como "se o rei que possui tanto ouro é feliz" não lhe interessam, pois se ocupa da felicidade ou infelicidade humanas (175 b-c)[26]. A resposta que, segundo Heródoto, Sólon dava à questão formulada por Cresos dependia da consideração segundo a qual o destino dos homens pode alterar-se até os últimos momentos da vida. Sócrates aplica esta "sabedoria" em direção contrária: as gerações precedentes são tais como ocorreram aos homens e incluem todos os revezes possíveis nas situações humanas. O *paradoxo* socrático funda-se na distância da *doxa*, no despre-

25. Muitos comentadores, porém, procuraram oferecer uma interpretação literal do texto platônico, desde Rohde (1901), pp. 256-308, que manteve uma discussão com Zeller sobre a referência às vinte e cinco gerações, com respeito às quais procurava-se determinar o objeto da eventual polêmica platônica (cf. também Bruns, 1896, pp. 304 ss.; Wilamowitz, 1918-1920, I, p. 416, nota 1), até Popper (1986), que entreviu na crítica aos valores tradicionais presente na digressão a indicação de uma visão "liberal" do *Teeteto*, ao seu ver um critério para considerá-lo entre os diálogos de juventude, e portanto "socrático" (pp. 433 ss.). As genealogias, relacionadas ao nome de Héracles, devem naturalmente ser consideradas junto aos demais momentos em que Platão as menciona (no *Lísis* ou no *Timeu*, cf. adiante) e junto à narração de Heródoto sobre Hecateu e os sacerdotes egípcios (II, 143; cf., além do mais, Isócrates, *Busiris*, XI, 8 e 36-37): independentemente de qualquer suposta referência contemporânea, era um *topos* literário precedente (mais do que uma vez referido na digressão) que unia o deus grego ao tema genealógico. Cf., adiante, p. 52, nota 45. Genealogias em Platão: Thomas (1989), pp. 174 s.

26. 175 c: *ei basileùs eudaímon kekteménos taù* (ou *t'aù*) *khrysíon. taú* (cf. Hesíquio s.v. *taús*) é uma conjectura de Madvig (1871), pp. 100-102 (aceita por Wilamowitz, 1918-1920, I, p. 416, nota 2; II, p. 329, nota 3; a nova edição Oxford segue Burnet – *t'aù* –, incluindo no aparato a hipótese Madvig), e concorda com o *polý* da citação de Eusébio (*Preparação Evangélica*, XII, 29,12) e Jâmblico (*Protréptico*, 14): esta conjectura justificaria a suspeita de que se trate de uma citação de um texto anterior, e não uma simples retomada de um *topos*. Já Campbell (1883), *ad loc.*, notava que estas palavras são "possivelmente adaptadas de algum poeta". Cf. também adiante, p. 52, nota 46.

40

zo pelos valores comuns, a tal ponto que, diferentemente de Sólon, recusa a própria questão que lhe é dirigida.

A digressão prossegue num crescendo, aproximando cada vez mais o filósofo dos deuses e distanciando-o da vida comum dos homens. Os temas que marcarão o platonismo nascem do entrelaçamento das tradições literárias: afirma-se, assim, a inevitabilidade do mal e a semelhança com os deuses de quem procura a verdadeira sabedoria (176 a-b). Sem que possamos nos deter nestas passagens, basta agora notar que também esta vida em beatitude baseia-se num comportamento de tom tradicional: o sábio, distante dos outros, passará o próprio tempo "cantando" (*hymnésai*) a vida dos deuses e dos homens felizes (175 e-176 a). Parece pouco adequado este modo da *poesia* à elocução socrática, embora o *Fédon* nos fale do filósofo poeta[27]. Diante do gênero pio e elevado, vão se calar as formas baixas de elocução. Se um dia fossem conduzidos diante do filósofo, e fossem então confrontados com o gênero (de discurso e de vida) mais divino, os outros homens calariam e abandonariam os próprios discursos. Discursos comuns, discursos da cidade, aos quais Sócrates se refere, desta vez, com o termo "retórica" (177 b).

4

Detenhamo-nos ainda um momento neste percurso da digressão, no distanciamento do filósofo e na sua vingança, após um início que o via "desajeitado" no tribunal. Já então apareciam algumas questões que se tornam mais evidentes no decorrer do discurso: por que se *supõem* estas relações, estas tentativas de comunicação entre os filósofos "livres" e os outros, "escravos"? Não devia ser este o terreno da separação,

---

27. Cf. *República*, X, 607 a; *Leis*, VII, 801 e-802 a: os hinos aos deuses e os encômios aos homens virtuosos como modos "permitidos" da poesia. Em *Protágoras*, 317 a, o sofista diz que a multidão "canta hinos" ao que proferem, em sua presença, os que sabem (cf. também *Teeteto*, 174 e, em senso negativo). Sócrates poeta : *Fédon*, 60 c-61 b.

da ausência de contatos, da ruptura total relativa aos interesses e à vida de cada um? A única comunicação possível parecia ser entre iguais, entre os que se dedicam à filosofia, ou talvez, ao contrário, entre os outros homens, que têm interesses e discursos "de escravos". Todavia, a própria digressão não se limita à constatação da diversidade, à tomada de distância entre os indivíduos, mas termina com uma forma de "persuasão" que leva quem é persuadido a abandonar o próprio modo de expressão ("aquela retórica"). Sigamos este percurso singular, mas talvez só aparente, de persuasão filosófica.

Os discursos nos tribunais – era esta a primeira imagem que Sócrates oferecia – são sempre discursos de companheiros de escravidão dirigidos a um senhor. Numa disputa em que se põe em risco a própria vida[28], estes escravos tornam-se tensos e astutos: sabem adular o senhor com palavras e satisfazê-los com atos, tornando-se pequenos e falsos na alma. Quando jovens, a escravidão impede seu crescimento, a retidão e o caráter livre, obrigando-os a agir tortuosamente, conduzindo almas ainda tenras a grandes perigos e temores; incapazes de se conduzir segundo justiça e verdade, desviam-se imediatamente para a mentira e acusações recíprocas. Bloqueados e deformados na educação, sem nada de são na mente, tornam-se adultos hábeis e sábios (*deinoí te kaì sophoí*), segundo o que crêem ser (172 e-173 b).

A partir do estado inicial de escravidão temos uma descrição cada vez mais intensa, relativa a um processo educativo próprio a escravos, caracterizado pela astúcia e tortuosidade, signos da retórica e da sofística[29]. O sofista, homem hábil segundo as constrições da própria condição inferior, não é nada mais do que o resultado de uma situação inicial de adulação, que é a situação retórica. Quando deverá falar da incapacidade do verdadeiro homem livre de desempenhar as incubências servis, Sócrates enumerará estas tarefas baixas: a arrumação

---

28. *perì psykhês ho drómos*: cf. Homero, *Ilíada*, XXII, 161; e também Aristófanes, *Vespas*, 375 s.

29. Para o raciocínio "tortuoso", ligado à astúcia própria à sabedoria arcaica, ver Detienne – Vernant (1984), *passim* (em particular pp. 16-37).

de uma bagagem de viagem, a preparação da comida... ou de um "discurso adulatório" – em oposição ao comportar-se como homens livres ao vestir-se... ou na composição de discursos (175 e)[30]. Tornando servil o que, de fato, era prerrogativa de homens livres, Sócrates parece afastar toda possibilidade de contato e troca. Com efeito, a comunicação entre o filósofo e os outros cidadãos é excluída por princípio, até reaparecer, paradoxalmente, no aceno a uma possível *persuasão*.

Reagimos, inicialmente, com surpresa à observação de Teodoro após estas considerações socráticas: "se tu persuadisses todos como a mim, com o que dizes, haveria mais paz e menos males entre os homens" (176 a).

Ficamos agora perplexos: não tinha sido falado de nenhuma tentativa de persuasão. As palavras socráticas pareciam simplesmente descrever uma situação de fato. "Se tu persuadisses...": persuadir quem e do quê? Tratava-se, talvez, de um discurso apologético, sob a aparência da forma descritiva – uma apologia da vida filosófica? Não estavam claras nem mesmo as intenções de tom edificante que Teodoro parece transformar no fim último das palavras do filósofo.

---

30. Mais uma vez parecem ecoar aqui temas "literários", retomados, talvez, da comédia. A expressão *anabállesthai... epidéxia*, provavelmente referida ao vestir o manto sobre o ombro direito (vejam-se ainda as considerações de Campbell, 1883, *ad loc.*), pode ser comparada com Aristófanes, *Aves*, 1567 s., onde Poseidon se dirige ao "bárbaro" Tribalo: "o que fazes? Colocas (o manto) no (ombro) esquerdo? Mas não jogues o manto sobre o direito?" O escólio (v. 1567) acrescenta: "como os trácios". O manto de Sócrates era tema da comédia de Amípsias (Diógenes Laércio, *Vida dos Filósofos*, II, 27-28 = fr. 9 K.= 9 K.-A; ver *Banquete*, 219 b; *Protágoras*, 335 d). Cf. Patzer (1994), pp. 60 ss. Como vimos acima, no *Conos* de Amípsias é presente um "coro de pensadores" (Ateneu, V, 218 c = fr. 11 K.= t. II K.-A), como o que é referido por Sócrates no início da digressão (173 b; cf. adiante, capítulo 6, p. 178). E o "tecido com o qual enrolar a bagagem" – *stromatódesmon* (sobre o qual se veja a nota de Wilamowitz, 1926-1936, II, pp. 130 s.) – era termo usado – na forma masculina – pelo próprio Amípsias (fr. 38 K.= 39 K.-A) e por Aristófanes (fr. 253 K.= 264 K.-A), assim como por Ferécrates (fr. 185 K.= 199 K.-A) (lembre-se que Platão menciona os *Ágrioi* de Ferécrates em *Protágoras*, 327 d). É, enfim, significativo notar que a retomada do tema em (Aristóteles) *De mundo*, 398 a, é acompanhada por histórias de reis orientais...

43

A resposta de Sócrates é igualmente singular, excluindo qualquer possibilidade de estender a todos – a toda a comunidade – a validade das suas proposições: o mal é inevitável, diz, haverá sempre, necessariamente, o contrário do bem. Não, porém, junto aos deuses: o mal circula, obrigatoriamente, junto à natureza mortal e neste lugar (terreno). Até que ponto, também agora, são retomados os temas de uma literatura mais antiga? Sem uma possível "redenção" comum, Sócrates, porém, não renuncia à persuasão individual: não é fácil convencer alguém (quem?) do fato de que não contam os motivos oferecidos pela multidão para fugir do mal e procurar a virtude – motivos que são ligados ao aparecer (o filósofo, lembremos, evita toda procura de "reconhecimento" junto aos outros). Este é, como se diz, um conto de velhas (*ho legómenos graôn hýthlos*) (176 a-b). A forma do conto evoca agora a distância do que é verdadeiro: a ética comum – da multidão, dos *polloí* – funda-se na aparência, em "fazer ver" num determinado modo. Em contraposição a esta, Sócrates repropõe, com veemência, a verdade (*tò dè alethès hôde légomen*). Na distância do reconhecimento comum afirma-se a proximidade ao deus, ao qual se assemelha o homem justo. Diante da habilidade sofística, eis a verdadeira "habilidade": o conhecimento da verdade e da virtude. O que, ao contrário, parece "sabedoria e habilidade" (particularidade da sofística, como vimos), é, na realidade, na política e nas técnicas, próprio às ocupações "baixas", que se dizem *phortikái*, no que se refere ao campo da política, *bánausoi*, no campo das técnicas, das atividades artesanais (176 c-d).

O restante do discurso de Sócrates – filósofo particularmente loquaz nesta interrupção do diálogo filosófico – torna-se normativo. Não se deveria nunca admitir que esses homens sejam *hábeis* na sua astúcia, que esta possa ser uma garantia para a sua salvação (é sempre o tema da condenação socrática que retorna). A habilidade é somente o que eles *crêem* possuir. Eles pensam nas penas corporais, na condenação à morte, mas não na pena da qual não se pode fugir. Dois são os modelos, diz, enfim, Sócrates: um, próximo aos deuses, mais feliz, outro, distante e infeliz. E estes homens astutos "não vêem que é assim" (176 d-e). Sócrates afirma a verdade e eles não se dão conta, eis a dificuldade da persuasão do filósofo. "E se dissermos a eles que se não se libertarem daquela habilidade..." Sócrates *fala* com os sofistas e procura *convencê-los*, inultilmente. Estes, *deinoì kaì panoûrgoi* (hábeis e... maus, no lugar do habitual "sábios", *sophoí*), escutar-nos-ão – aos filósofos – como indivíduos insensatos. A comunicação, a persuasão do filósofo parece impossível e a sua vingança deverá ser adiada para o "lugar purificado dos males" (177 a).

A derrota do filósofo na cidade é exemplar: ele cai de poço em poço, é zombado por todos[31]. Já os hábeis sofistas obtêm reconhecimento e salvam-se das punições graves e das condenações à morte. O filósofo procura falar e persuadir, mas quanto mais falará, menos será considerado pelos outros. Entre "livres" e "escravos", esta dificuldade, ou impossibilidade, de comunicação podia parecer normal[32]. Eis, no entanto, apresentar-se, em conclusão, uma possível vitória do filósofo, sem que ele tenha que se contentar com as regiões divinas. Quando o filósofo e os sofistas se encontram em privado, distante dos espaços públicos, e devem trocar discursos – *lógon doûnai kaì déxasthai* (palavras que indicam o procedimento filosófico-dialético)[33] –, ou seja, quando se encontram no espaço próprio ao filósofo e dialogam sobre o que condenam, detendo-se aí por muito tempo (a atenção ao tempo é uma constante, como veremos), sem fugir de modo vil, então estes "hábeis" não permanecem mais contentes com o que diziam (são, portanto, convencidos pelo filósofo!), extingue-se "aquela retórica" e acabam por assemelhar-se a crianças (177 b-c)[34].

A digressão termina com esta possibilidade, somente acenada, de persuasão filosófica. Não nos diz, é claro, de que

---

31. O tema do filósofo ridículo na sua atividade pública é lembrado também pelo *Górgias*, 474 a; 484 d-e; *República*, VII, 517 a. A figura de Sócrates tolo é tratada por Lanza (1997), pp. 65 ss.; 213 ss.

32. Cf. adiante, capítulo 2, pp. 61-69.

33. Cf., por exemplo, *Laques*, 187 d; *Protágoras*, 336 c; *República*, VII, 531 e; *Político*, 286 a; *Leis*, IV, 720 c, etc.

34. Contrariamente ao que afirma Guthrie (1978), V, p. 92, este calar-se não tem nada em comum com o fascínio "infantil" sentido por Alcibíades diante de Sócrates, em *Banquete*, 215 e-216 a.

45

modo os hábeis sofistas seriam obrigados a se apresentar no espaço próprio ao filósofo, retirando-se das situações públicas a que estavam habituados. É um sucesso filosófico que já se mostra improvável considerando as tentativas anteriores, fracassadas, de persuasão. Se, porém, a comunicação permanece uma espécie de miragem – enquanto durar a condição servil dos homens – é também porque quem o diz fracassou no próprio esforço de persuadir; a menos que torná-lo explícito não fosse ainda – mas parece tarde demais – uma última tentativa de persuasão.

5

Ao compor a digressão sobre o filósofo no *Teeteto*, Platão retoma narrações antigas, mudando-as, apresentando-as no desenho da verdadeira "sabedoria", na preparação do percurso socrático. Mas qual a proveniência destas várias narrações? Quais os textos lidos, parafraseados, parodiados, na composição da figura do sábio/filósofo? Não parece possível dar uma resposta precisa a esta pergunta. Retomar, porém, um tal contexto narrativo, mesmo se de forma genérica, não vale somente como curiosidade.

O tom da "fábula" não é estranho para Sócrates, que, como vimos, lia Esopo antes de morrer[35]. "Fábula" assume, com freqüência, o sentido mais geral de "pequena história", breve conto com tons morais, como encontramos no fabulista mais conhecido. Diógenes Laércio (*Vida dos Filósofos*, II, 42) informa-nos sobre o que teria sido uma fábula de Sócrates: nela Esopo, orador público (*demégoro*) em Corinto, diz que

---

35. A fábula da raposa contada por Arquíloco é lembrada na *República*, II, 365 c. Voltaremos adiante à menção de Esopo em Platão. Nem sempre, porém, a "explicação" do mito conduz à narração de fábulas. A história de Leôncio (*República*, IV, 439 e-440 a) conclui-se com a máxima final: "esta história significa..." (*ho lógos semaínei...*). Mas trata-se de uma expressão recorrente e não necessariamente serve para "explicar" uma história: cf. *Górgias*, 511 b; 527 e; *Fédon*, 66 e; *República*, I, 334 a. No próprio *Teeteto*, o "mito" em 156 a-c tem um "significado" (*boúletai légein*): não se trata, porém, de uma "moral", mas da explicação do que era dito somente aos "iniciados" nos mistérios.

não se deve julgar a virtude com a sabedoria do povo. O escravo mostra-se, agora, como orador na assembléia, mas exprime um parecer de tom "socrático". Diante dos jogos e deslocamentos das figuras, permanecem, constantes, os elementos que compõem a lógica das narrações. Na coleção de fábulas transmitidas sob o nome de Esopo, apresenta-se, de forma despojada e anônima, o episódio de Tales:

> Um astrônomo (*astrológos*) saía habitualmente toda noite para observar os astros. Assim um dia, quando vagava pelos arredores da cidade e dirigia toda sua atenção para o céu, distraído, caiu num poço. Visto que ele se lamentava e gritava, um transeunte escutou os seus gemidos, aproximou-se e se informou do acontecido; e disse-lhe: "logo tu, que procuras observar o que está no céu, não vês o que está sobre a terra?"[36]

Hans Blumenberg dedicou-se a explorar a conexão entre esta versão da "fábula" e a outra, com Tales personagem, contada por Sócrates, e principalmente a sua transmissão e modificação sucessiva, segundo o esquema pré-estabelecido da relação entre "mundo da vida" e "teoria"[37]. Sem percorrer novamente o mesmo caminho (e fazendo, em parte, uso destas reflexões), devemos somente reconduzir a "fábula" socrática ao contexto da digressão do *Teeteto*, para depois voltarmos ao âmbito das várias tradições que nesta convergem. Com efeito, a particularidade da digressão não se encontra no quadro singular de uma narração paradigmática, mas na recomposição de um contexto narrativo "antigo", que permite a Platão apresentar a imagem por excelência do sábio/filósofo.

---

36. Esopo, fábula 65 (Chambry) = 72 (Halm) = 40 (Perry, Hausrath-Hunger). A "moral" da fábula apresenta-se assim: "esta história é útil para os que se vangloriam da própria diferença, mas não são capazes de realizar nem mesmo o que é comum aos homens".

37. Blumenberg (1987); mas cf. já Blumemberg (1976). A discussão, no mesmo volume, pp. 429-444. Para variantes e releituras da fábula na antiguidade cf. também Sternbach (1887-1889), ns. 319 e 349; Classen (1965), col. 933. A importância das figuras de sábios para a elaboração de um "ideal" filosófico tinha sido notada por Jaeger (1928), *passim* (o qual acreditava, porém, que era possível constatar no *Teeteto* uma figura diferente de filósofo, ligada à matemática e à investigação da natureza). Uma outra versão da fábula – relevante também no que diz respeito à sua recepção moderna – encontra-se em Diógenes Laércio, *Vida dos Filósofos*, I, 34. É, porém, difícil estabelecer qual a fonte desta informação.

Antes de mais nada pode-se notar, em relação às análises de Blumenberg, que não necessariamente a versão platônica representa a elaboração da fábula esópica como a conservamos na coleção[38]. Nem terá sido Platão quem inseriu o nome de Tales no esquema da fábula anterior. Entre Esopo e Tales, entre escravidão e sabedoria, as relações eram tais que dificilmente havia necessidade de esperar Platão para inscrever, na fábula do escravo, com a zombaria da serva trácia, o nome do astrônomo de Mileto.

Convém, além do mais, destacar que não há, na história como retomada por Sócrates, nenhuma suposição da relação com o "mundo da vida": são as "outras" histórias (e as formas aparentes de sabedoria, como a sofística) que se opõem à "teoria" do filósofo. E o que se mostra em oposição à "teoria" (ou seja, à verdadeira sabedoria) é logo identificado, a partir do riso da serva trácia, com as atividades cívicas em geral – e com as atividades políticas em particular. O quadro socrático se insere no interior da contraposição entre liberdade e servidão dos discursos, enunciada no início da digressão: há uma relação estreita entre serva trácia e servidão "civil"[39].

38. Pode-se, com efeito, perguntar qual versão seja anterior. Blumenberg parece fazer derivar as suas considerações também da ordem "lógica" das histórias, da menos elaborada (na coleção de Esopo) à versão platônica mais elaborada. Já os estudiosos da fábula antiga costumam derivar a fábula da coleção esópica da história platônica: Alfonsi (1950) (o qual se referia até mesmo ao ambiente de Isócrates); Adrados (1984), p. 167; (1979-1987), vol. III, p. 64; Jedrkiewicz (1989), pp. 140 s.; 377; Dijk (1997), p. 671 (com ulterior bibliografia). A ordem de complexidade suposta por Blumenberg não é certamente necessária, mas seria de qualquer forma singular que da fábula "platônica" derivasse a esópica, que retoma uma "moral" recusada por Platão. Deve-se, principalmente, notar que a história platônica possui em si o tom da fábula, seguida pela moral, e que o filósofo provavelmente reelaborava material precedente, como faz em outros momentos da digressão; além do mais, a serva trácia leva a pensar em Esopo e no ambiente que viu a elaboração de sua "lenda". Deste modo, o *Teeteto* pode servir de testemunho indireto do interesse pelas fábulas "esópicas" entre o século V e IV a.C.

39. Para a concepção da "Lebenswelt" em Blumenberg cf., em particular, Blumenberg (1996). No *Teeteto*, a palavra comum é identificada com a sofística; ou melhor, a sofística (elaboração "teórica" e não narrações do mundo da vida) é rebaixada a palavra comum: em todo caso, nada que torne "supérfluo o pensamento como relação condicional de pergunta e resposta", como seria no "mundo da vida" (Blumenberg, 1996, p. 85).

48

Sócrates efetua duas generalizações na "fábula". A primeira, como vimos, é relativa ao escárnio da serva, que vale não somente para Tales, mas para todos os que se dedicam à filosofia. A segunda diz respeito ao acidente e aos que zombam do protagonista. O que aconteceu em privado ao sábio da "fábula" acontece também em público, nos tribunais e em outros lugares; tendo de falar do que está aos seus pés e diante de seus olhos, o filósofo torna-se motivo de riso não só para as servas de Trácia, mas para toda multidão, caindo em cada poço e em cada dificuldade por causa da sua pouca experiência (174 c-d). A relação entre Tales e a escrava torna-se, assim, a relação entre o filósofo e a multidão. A leitura platônica, que perde na tradição sucessiva esta sua característica essencial, não opõe somente o sábio aos "outros", mas essencialmente o filósofo (Sócrates) aos cidadãos. A inversão platônica equipara atividade de cidadãos e atividade servil, atividade filosófica e atividade livre.

Ao compor a figura do sábio/filósofo, Platão recorre, portanto, a Esopo e às tradições sobre os sábios; utiliza uma das imagens mais imediatas que podia encontrar na tradição, e o faz numa direção precisa: retirando desta tradição toda idéia de *habilidade*, que, como sabemos, era parte essencial da antiga sabedoria. Retoma, dentre as versões sobre Tales, a que o representa na sua falta de habilidade, diferentemente de outra versão, que conhecemos por meio da *Política* de Aristóteles, que o mostra pouco interessado na riqueza, mas capaz de obtê-la graças à sua sabedoria[40]. Fica claro, pois, que não foi Platão quem deu ao *astrológos* de Esopo o nome de Tales, figura de "sábio", como vimos, também para Aristófanes. É, além do mais, significativo que Tales compareça na *República* na sua outra versão, que identifica a sua sabedoria

---

40. *Política*, I, 1259 a 7-19. O relato de Aristóteles provém do mesmo contexto da história platônica, à qual parece oferecer uma "resposta": Tales é mencionado pela sua sabedoria e pela filosofia, em princípio inútil, dada a pobreza do filósofo. Tales teria previsto, graças à observação dos astros, uma colheita abundante de azeitonas; teria, assim, durante o inverno, comprado prensas a um bom preço, para depois, durante a colheita, alugá-las. Com a grande riqueza obtida – eis a moral da história – podia demonstrar que "para os filósofos é fácil enriquecer, se o desejam". Cf. Jaeger (1928), pp. 561 s.

41. X, 600 a (em referência às "invenções" de Tales e Anacarsis). Também

49

com a habilidade, junto ao cita Anacarsis, único não grego entre os sete sábios[41].

Platão, nestas passagens, parece seguir o fio de histórias que encontramos em Heródoto, e faz a sua paródia. Em cada momento ecoam motivos da sabedoria presente nos contos que mencionamos no início deste capítulo. Visão e reconhecimento, ocultamento, astúcia e desmascaramento são alguns dos "temas" recorrentes, que se desdobram a partir de cada narração. Se permanece, porém, difícil delimitar a "origem" destas histórias, pode ser útil notar a *particularidade*, também em relação a Heródoto, das referências platônicas. A comparação entre as várias imagens ou histórias orientais referidas ou recriadas pelo filósofo parece indicar que ele recorria a fontes diferentes das que eram seguidas pelo historiador no mesmo "contexto" de citação. O exemplo mais conhecido é o de Giges: Platão, como Heródoto, conhecia relatos referidos ao soberano lídio; todavia, a história do anel do Rei mencionada na *República* não se encontra em Heródoto, e deve, portanto, remontar a uma outra fonte[42]. Seria possível individuar na digressão sobre o conflito entre gregos e bárbaros, e, em seguida, sobre a educação dos persas, no terceiro

em Heródoto Tales é figura "hábil": cf. I, 75. A versão aristotélica apóia-se na sua capacidade de previsão, sobre a qual ver Heródoto I, 74. Note-se que Dúris, que conhece as tradições sobre os sete sábios (*FGrHist*, 76 F 74-77), menciona um astrônomo que prevê o eclipse da lua (F 85). Sobre Anacarsis entre os sábios (já em Éforo, *FGrHist* 70 F 182; Diodoro de Sicília IX, 26, 2) cf. Kindstrand (1981); Hartog (1980), pp. 82-102; *Id.* (1996), pp. 118-127.

42. *República*, II, 359 d-360 c; X, 612 b; Heródoto I, 8-12. Cf. Bickel (1921); Aly (1921), pp. 34 e 229 (que segue Bickel); cf. também Reinhardt (1940), pp. 327-332; Fauth (1970); Schubert (1997). Schmid (1929), p. 706, supõe que Platão conhecesse a história do anel de Giges da obra do historiador Xantos. Para hipotéticas relações orientais e leituras medievais cf. a nota de Hansen (1997). A história do anel, que tornava "invisível" quem o usasse, recria, no plano da justiça, a mesma relação entre visão e ocultamento (agora aparência e realidade) que as histórias de Heródoto, mencionadas acima, indicavam no plano da sabedoria e do poder. Cf. também Gernet (1968), pp. 110 ss. Uma relação semelhante de proximidade e diferença das informações, relativamente à menção de Heródoto, pode ser encontrada no *Axíoco*, 367 c-e; 368 b (Bias); 371 a ss.: mesmo se se trata, aqui, de uma reelaboração tardia, não se pode evitar a impressão de familiaridade com o contexto "platônico" destas histórias.

livro das *Leis*, tudo o que não está presente em Heródoto; ou poderíamos acrescentar que o Sálmoxis do *Cármides* é bastante diferente do mesmo personagem representado pelo historiador[43]. Mas nem mesmo a menção de Sólon que interroga os sacerdotes de Sais, no *Timeu*, nos conduz somente a Heródoto, mesmo que sob forma de paródia: não se trata somente da conjunção com os dados da história ateniense arcaica – que oferece "material" para a forma histórica parodiada –, mas do substrato oriental e do contexto sapiencial, visto que Sólon é mostrado como o mais sábio dos sete sábios (20 d), o que não é dito por Heródoto[44]. O próprio motivo da genealogia, ao qual se refere o *Timeu*, constitui um *topos* platônico, significativamente utilizado na digressão do *Teeteto* – incluída a menção da descendência de Héracles, com informações precisas sobre o número das gerações[45]. É difícil negar a proximidade entre estas várias histórias de tom sapiencial, às quais poderíamos,

---

43. *Excursus* persa: *Leis*, III, 694 a-698 a (e também 685 c-d). Sálmoxis no *Cármides*: 156 d-157 c; em Heródoto, IV, 94-96 (mencionado acima, p. 22).

44. Os sete sábios em Platão: *Hípias Maior*, 281 c (Pítaco, Bias e Tales: os antigos sábios *distantes* da política); *Protágoras*, 343 a (a lista dos sete); *República*, I, 335 e (onde, em seguida, menciona-se também Periandro, Xerxes...) etc. Para a paródia de Heródoto, Vidal-Naquet (1964), pp. 233-256; cf. também Gill (1977). Algumas fórmulas platônicas parecem, de fato, evocar Heródoto, mas é o contexto de proveniência das histórias que parece não ser o mesmo. Já para Clemente de Alexandria (*Strômata*, I, 102, St. p. 66 = *FGrHist*, 2 F 23 a), as menções do *Timeu* poderiam derivar de Acusilau. Para a suposição de uma fonte egípcia cf., por exemplo, Görgemanns (1994), pp. 107-124, o qual sugere, porém, também o nome de Quérilo de Samos (sobre elementos egípcios cf. já Gwyn Griffiths, 1985, pp. 3-28). Fehling (1985) parece crer que todas as informações sobre os sete sábios que encontramos em Platão são uma sua "invenção", além, naturalmente, do que podia ler em Heródoto. Para Brisson (1987), pp. 153-168, "parte dos conhecimentos que Platão possui do Egito parecem provir de uma leitura de Heródoto, enquanto que o resto faz parte da bagagem cultural de um ateniense culto" (p. 151); todavia, Platão "dispõe de informações minuciosas e bastante precisas sobre o Egito" (p. 167); a dependência de Heródoto parece menos clara no quadro apresentado na p.168. Sobre Platão e os *Aigyptiaká* cf. Hartog (1996), pp. 63-67. Narrações iônicas em Platão: Mazzarino (1985), p. 58.

45. O tema genealógico é recorrente em Platão, e liga-se freqüentemente aos persas, assim como aos egípcios (e, de qualquer forma, com uma constante referência a Héracles). Cf., além do *Timeu* e do *Teeteto*, *Alcibíades I*, 120 e ss.; *Lísis*, 205 c-d, no qual Ctesipo se refere genericamente aos poetas e

enfim, relacionar a menção de Tales na "fábula" e a questão do rei feliz, tema recorrente nos diálogos[46]. E se o ambiente délfico é implicado na tradição sobre o personagem Esopo, temos de acrescentar que Tales está presente junto aos sábios cujas tradições são conhecidas por Platão, e não é, nem mesmo na fábula, uma sua "invenção". Retornamos, assim, ao mesmo contexto do *logos* lídio, à presença de Cresos, cujo oráculo é citado por Platão quando trata da figura do tirano na *República*, e cuja menção seguirá a questão da sua felicidade e sabedoria (*República*, VIII, 566 c ss.): um contexto, desta vez, presente em Heródoto, ao qual, porém, pode-se relacionar o "rei feliz" e outros temas da digressão do *Teeteto*, não todos, pois, encontrados na obra do historiador[47]. Trata-se, certamente, da imagem difundida da sabedoria arcaica e tardo-arcaica, relida nos seus temas e "lugares" principais, veiculada, porém, em narrações não só transmitidas por

às celebrações nos jogos, mencionando, porém, Héracles e os seus antepassados (cf. também *República*, II, 365 e); *Hípias Maior*, 285 b-286 b. Ponto de referência "natural" para estas menções platônicas podia ser Antístenes, que escreveu não somente sobre Héracles (frr. 22-28 Decleva-Caizzi), mas também sobre Ciro (frr. 19-21 Decleva-Caizzi) (cf. também Giannantoni, 1983-1985, III, pp. 269 ss.; 283 ss.). Na ausência, porém, de informações precisas sobre estas obras (e sobre as suas fontes...), fica difícil prosseguir em tais considerações. Uma hipótese diferente em Canfora (2000), p. 75.

46. Tampouco agora estamos no meio de informações que provêm diretamente de Heródoto: segundo Élio Teon, *Progymnásmata*, 75, 2-9 (= Giannantoni, 1983-1985, III, A, 11), o diálogo *Zópiro* de Fédon contava a história de um leãozinho possuído pelo filho do Rei; em seguida, Teon compara a desventura de Cresos à do camelo que queria ter chifres. Sobre o diálogo *Zópiros* cf. adiante, p. 58, nota 1. Para a imagem do leãozinho ver também Ésquilo, *Agaménon*, 717 ss.; Platão, *Górgias*, 483 e-484 a (logo após uma referência a Xerxes); e Aristófanes, *Rãs*, 1431 ss. (referido a Alcibíades!). Cf., além do mais, (Platão), *Axíocos*, 367 c-e (e Plutarco, *Moralia*, 108 f; fr. 133 Sandbach; Cícero, *Tusculanas*, I, 113 s.): tradições não presentes em Heródoto sobre o tema do rei feliz (ver, acima, p. 41, nota 26).

47. *Cartas*, II, 311 a: Sólon e Cresos são apresentados como "sábios", relacionando-se com Ciro, o homem de poder. Que se tratasse de um rei oriental na digressão do *Teeteto* é evidente; veja-se, de qualquer modo, Díon Crisóstomo, *Oração*, III,1 s., onde se repropõe Sócrates na figura dos sábios antigos em oposição ao rei de Pérsia. O *topos* da felicidade do Rei (ou da sua riqueza ou poder) aparece também na *Apologia*, 40 d; *Lísis*, 211 e; *Eutidemo*, 274 a; *Górgias*, 470 e; *Leis*, III, 695 c-696 a.

Heródoto, mas provenientes também de fontes diferentes, que indicam, além do mais, o contexto ao qual as narrações do historiador podem ser aproximadas.

É significativo que, para apresentar o filósofo, Platão efetue uma recomposição do sábio tardo-arcaico, costurando "literariamente" as várias histórias de sabedoria. Mas o que parece limitar-se ao plano da composição literária assume, na realidade, uma relevância particular no quadro da argumentação filosófica. As formas de habilidade que eram delineadas nos "sábios" de Heródoto são excluídas dos atributos do filósofo assim "recomposto". A sua distância dos outros cidadãos será o contrário da distância exposta nos nossos exemplos iniciais: nunca feita para ser *vista*, nunca solução prática, terreno que não lhe parece ser apropriado.

Ao compor – ou recompor – a sua imagem do sábio, Platão deixa os sinais das histórias lidas, retomadas, recriadas. Negligenciadas pelos leitores modernos do filósofo, estas histórias parecem tornar ainda mais estranho este "corpo" no meio do diálogo da iniciação filosófica. Mais do que fornecer o terreno para o qual se dirigir, no distanciamento constante implicado pela prática do "saber", Sócrates parece refluir continuamente para o mundo mesmo da distância referida pelas narrações – já na narração originária, da qual nos fala o prólogo do *Teeteto*.

Não basta, porém, constatar – no encalço da leitura de Heidegger e em oposição a esta – que o texto do filósofo se escreve costurando tantas narrações. Não é, certamente, possível seguir as mudanças que estas sofreram até a apropriação platônica, que de uma delas extrai a própria imagem do filósofo. Todavia, podemos notar que, diante da história mais simples do astrônomo, confluída na coleção esôpica, a história que Platão tinha encontrado provavelmente já efetuava algumas substituições significativas. Não mais um *astrológos*, mas Tales; não um transeunte, mas a servazinha trácia, perspicaz e graciosa. Como vimos, Platão aplica a esta anedota uma nova modificação e ampliamento: o que vale para Tales vale para todos os filósofos; o riso da serva é o da própria multidão, do conjunto dos cidadãos. A fábula, assim, se adapta bem ao que era indicado anteriormente na digressão:

53

as atividades cívicas como atividades servis, as ocupações dos homens livres reconduzidas à falta de tempo livre e de educação (à *askholía* e à *apaideusía*) e a verdadeira liberdade revelada como distância das atividades dos cidadãos.

Estes temas conjugam narração e diálogo, densidade literária e prática filosófica. Não se trata do significado – ou "moral" – das narrações. A insistência platônica nestes temas – para os quais não é preciso procurar coerência com trechos de outros diálogos ou referências, mais ou menos elaboradas, às teorias do Platão "maduro" – chama necessariamente a atenção para a pregnância das relações indicadas, sem pô-las como conclusão do que permanece, de qualquer forma, *párergon* na prática dos discursos. O que é atividade servil, o que, ao contrário, é verdadeira atividade de homens livres; quais as relações entre livres e servos, quais as relações entre o filósofo e os cidadãos: estes elementos podem ser seguidos pelo que representam na digressão mesma, um modo para diferenciar o discurso filosófico de outras formas de discurso, em particular da sofística e da retórica. É o texto da digressão que nos faz ver que era esta a "intenção" do autor. Podemos, porém, ir além desta constatação, e indagar também a presença destes temas em outros momentos, quando não necessariamente são levantados, como no *Teeteto*, com o fim de constituir um quadro unitário sobre o lugar da filosofia e sobre a figura do filósofo[48].

Delineia-se, assim, ulteriormente, o percurso deste trabalho. Pode-se observar que o que conduzia, na digressão, à diferenciação entre sabedoria e habilidade sofístico-retórica é

---

48. Note-se, porém, que a digressão do *Teeteto* apresenta uma série de correspondências com outras digressões, em particular no *Górgias* e na *República*: cf., Bruns (1896), pp. 301-303; Diès (1927), pp. 414-418; Friedländer (1960), p. 153; Gigon (1986); Festugière (1973), pp. 140 s.; McDowell (1973), pp. 176 s. Pode-se, no entanto, destacar algumas diferenças essenciais: na *República*, a digressão não é "requerida" pela argumentação filosófica, mas pela proposição da *politéia* melhor; os temas "literários", por assim dizer, são menos recorrentes; e a forma "propositiva" conduz, de todo modo, a atenuar os traços de separação que trazem em si, *in nuce*, as características constrastantes da retórica e da filosofia. Sobre o problema do "gênero" filosófico em Platão, cf. também Nightingale (1995), *passim*.

retomado, de forma independente, em outros momentos e em outros diálogos. Como devem falar livres e escravos? Como fala o filósofo com os cidadãos? Como Platão apresenta as atividades dos cidadãos transformadas em atividades servis? Através destas questões não investigamos nada mais do que as relações que permitem a Platão transformar o sábio/*sophós* (na realidade *astrológos*) da fábula em *philósophos*. Procuraremos, às vezes, estender a investigação a algumas obras de Aristóteles. Na retomada dos temas revelam-se os modos de uma "economia" dos discursos que é distinção de gêneros e condição de verdade.

2. OS ESCRAVOS

Não se deve falar com todos*.

ARISTÓTELES, *Tópicos*, VIII, 14, 164 b 8.

1

Péricles possuía um escravo trácio, de nome Zópiro. Quando Zópiro atingiu a velhice, Péricles o doou como preceptor a Alcibíades.

Fédon, de quem se diz que tinha sido, ele mesmo, escravo, foi autor de um diálogo de nome *Zópiro*, do qual conhecemos muito pouco. Sabemos, porém, que tratava temas de fisiognômica, temas que aparentemente eram debatidos em ambiente socrático. A feiúra de Sócrates é mais do que uma vez mencionada no *Teeteto*, assim como a sua semelhança – nariz achatado, olhos salientes – com o jovem Teeteto. Podemos lembrar que a tradição fala com freqüência da feiúra

---

*. *"oukh hápanti dè dialektéon"*.

57

de Esopo, junto à menção de sua condição servil e de sua sabedoria. É significativo que Platão mencione Esopo no mesmo contexto em que, no *Primeiro Alcibíades*, fala de Zópiro, o escravo; e que Fédon, no seu diálogo, provavelmente contasse uma "fábula", com o Rei de Pérsia como personagem[1]. A seqüência de contatos, citações, possíveis conexões, leva-nos a pensar num procedimento de exasperação e inversão da experiência, mas faz-nos também supor relações anteriores aos discursos que as "utilizam".

Na narração platônica, no lugar do transeunte da história de Esopo, encontramos a servazinha trácia, perspicaz e graciosa. Não é necessário oferecer razões para estas anedotas, mas uma história puxa a outra, e, como vimos, Tales tinha bons motivos para ser mencionado ali, e em outros lugares, como astrônomo e sábio. Todavia, desta escrava graciosa temos menos o que contar. Sabemos que Esopo era escravo, às vezes as fontes acrescentam que era trácio. É curioso que possuísse uma companheira de escravidão chamada Ródopis, trácia, certamente graciosa, visto que, como cortesã de muita fama, obterá a própria liberdade no Egito, meta de peregrinação de todo sábio[2].

---

1. Élio Teon, *Progymnásmata*, 74,2 – 75,8 (= Giannantoni, 1983-1985, III, A, 11). Sobre o *Zópiro* de Fédon ver Wilamowitz (1879); Hirzel (1895), I, pp. 114-117; Rossetti (1980); Giannantoni (1983-1985), III, pp. 114 s. Zópiro é mencionado como escravo de Péricles em Platão, *Alcibíades I*, 122 a-b; Plutarco, *Licurgo*, 16, 6; *Alcibíades*, 1, 3 (que deriva, porém, somente de Platão). Para o diálogo *Zópiro* e a fisiognômica cf. Cícero, *Tusculanas*, IV, 80; Máximo de Tiro, *Dissertações*, 25, 3. Para a fisiognômica em ambiente socrático, pode-se lembrar que Antístenes parece ter escrito um tratado sobre o argumento. Bibliografia e observações em Giannantoni (1983-1985), III, pp. 255-257. O nome de Zópiro nos leva a pensar no mais conhecido personagem persa, que conquistou a Babilônia para Dario, do qual fala Heródoto III, 153-160 (cf. o comentário de Asheri, 1990, *ad loc.*). Todavia, a presença de Alcibíades no diálogo (ou os seus "contatos" com Fédon) parece um indício forte para conduzir a obra ao seu preceptor (Cícero, *De fato*, 10; Alexandre de Afrodísia, *De fato*, 6, 19; Diógenes Laércio, *Vida dos Filósofos*, II, 105). Para a fisiognômica antiga em geral, veja-se Sassi (1988), cap. III; e Sassi (1993b), pp. 435 ss. Sobre a feiúra de Esopo comparada com a de Sócrates cf. Schauer – Merkle (1992), p. 91, nota 16; Giuliani (1997), p. 1002 s.; nas artes figurativas, Zanker (1995), pp. 38 ss. Ver também Lanza (1997), pp. 65 ss.

2. Sobre Ródopis: Heródoto, II, 134 s.; e ainda, Diodoro de Sicília, I, 64,14; Estrabão, 17, 1,33; Ateneu, XIII, 596 b s., etc. (outras fontes em Perry,

Os atributos que são dados à serva, talvez expressos com termos semelhantes na origem da informação platônica, nos fazem imaginar algo mais do que um simples estereótipo. Todavia, não era necessário lembrar personagens tão antigos para que a narração socrática pudesse representar uma experiência que se mostrava "banal", quotidiana. Para Sócrates, que devia, além do mais, conhecer Zópiro, o escravo trácio de Péricles e preceptor de Alcibíades, estas "trácias" – e entendemos, "escravas" –, mencionadas também por Aristófanes, deviam ser personagens bastante familiares[3].

A digressão do *Teeteto* apresenta um rico vocabulário relativo à escravidão: *therapainís, oikétai, doûloi, homódouloi, douleía, douliká, hyperétai, andrápoda, tò aneleútheron*. É verdade que o desprezo de Platão, como de Aristóteles, por todas as funções inferiores, por todos os que se ocupam das "coisas necessárias" (*tà anankaía*), e que, assim, não dispõem do próprio tempo (a *skholé*), dá origem a uma certa generalidade no uso destes termos[4]. Este fato não os torna, porém, menos significativos: podemos, antes, asserir que é a equiparação dos trabalhadores livres de posição inferior (*bánausoi*) aos escravos que torna paradigmática a posição da escravidão na compreensão das relações sociais.

É necessário notar que este papel paradigmático e generalizado não impede um conhecimento preciso das várias formas de domínio e sujeição. Talvez, como já pensava

---

1952, *Testimonia vetera*, 13-19). Cf. Aly (1921), pp. 69 e 233; Miller (1920); e principalmente Bühler (1982), nota 9, pp. 98-102 ("a bela Ródopis"). Na versão apresentada por Tertuliano (*Ad nationes*, II, 4,18-19), no lugar da serva trácia encontramos, significativamente, um egípcio (cf. Blumenberg, 1987, pp. 50-56); é no discurso "egípcio" que Élio Aristides refere a sua singular versão da história de Tales e a mulher trácia: *Orações*, 36 (Keil), 85.

3. Aristófanes, *Tesmofórias*, 279 ss. (cf. Wilamowitz, 1918-1920, I, p. 415 nota 2). Veja-se também o escólio a Platão, *Laques*, 187 b. Note-se ainda o tema de Sócrates "escravo" em Dúris (*FGrHist*, 76 F 78 = Diógenes Laércio, *Vida dos filósofos*, II, 19; cf. Xenofonte, *Memoráveis*, I, 6,2): qual a relação com as notícias que oferece Dúris sobre os sábios?

4. G. E. M. de Ste. Croix já tinha notado que os gregos não davam muita atenção às formas intermediárias de trabalho: quem as exercia era freqüentemente equiparado a escravos. Cf. Ste. Croix (1981), p. 138 (e já Morrow, 1939). Note-se ainda as precisações de Meiksins Wood (1988), pp. 74-79.

Burckhardt, atrás da imagem da caverna na *República* houvesse as minas do Láurion[5]: os homens acorrentados seriam a imagem fiel da forma mais dura de trabalho servil. Em todo caso, encontramos em Platão referências explícitas aos modos particulares de escravidão, como, por exemplo, os que são derivados da submissão de populações – além, naturalmente, da escravidão doméstica, freqüentemente tomada em consideração. Em qual maneira a consciência destes modos de domínio entre os homens pode influenciar a caracterização e diferenciação do *logos* e do processo de comunicação? Retomando a digressão do *Teeteto*: além do elemento genérico da imagem, pode ter alguma importância para a construção do discurso o reconhecimento dos aspectos concretos que assumem as relações sociais?

Um duplo percurso vai nos mostrar como a presença dos escravos "condiciona" as modalidades de discurso e conhecimento, ou, em todo caso, ilustra as suas particularidades. Procuraremos, inicialmente, vislumbrar as linhas de uma discussão sobre a relação entre senhor e escravo que envolve Platão e Aristóteles, uma discussão que nos é apresentada de modo pouco explícito, pouco evidente. A generalidade dos termos que nascem da consideração das relações entre livres e escravos remete a outros âmbitos o que se apresentava num contexto específico: as formas de submissão nos falam, por contraste, da particularidade dos discursos "livres". Procuraremos, em seguida, colocar em evidência a conexão entre o uso "concreto", não figurado, dos escravos – indicações que encontramos sobretudo nas *Leis* de Platão – e os fins éticos e cognitivos que emergem deste uso.

2

Na digressão do *Teeteto*, o que caracteriza na cidade a *palavra livre* – a possibilidade para todos os cidadãos de participar das decisões políticas e judiciárias – é transformado por

---

5. Burckhardt (1898-1902), vol. I, t. I, p. 195, nota 4 (Burckhardt referia-se às minas de propriedade de Nícias).

Platão em modo de expressão servil. O caráter adulatório das palavras, nascido da constrição, torna possível esta passagem e desvia o olhar do filósofo para uma fala "de escravos". Mas a elocução servil é só um aspecto da comunicação na relação de domínio. Em outros textos, concentra-se a atenção em momentos diferentes desta relação: a palavra do senhor dirigida ao escravo, as palavras dos escravos entre si[6].

Iniciemos com lugares e funções das palavras na cidade, dirigindo o olhar para a cidade de Magnésia, cidade ideada pelos anciãos – em particular pelo Ateniense, mas são coniventes os seus interlocutores, Clínias, cretense, e Megilo, lacedemônio – como referido por Platão nas *Leis*. Mas iniciemos, também, com o lugar da diferença, no qual a verdadeira educação não parece possível e a direção da troca é fixa. O sentido da relação entre senhor e escravo é preciso: forma da comunicação é a ordem. Entre senhor e escravo não haverá nunca amizade[7]. Em vista da boa organização da cidade, o legislador deve também cuidar para que não haja troca entre os escravos: a verdadeira comunicação é prerrogativa de homens livres e entre servos é origem de subversão. E, enfim, que não brinquem entre si, livres e escravos (entre palavra e jogo são tantas as relações sugeridas). A experiência concreta, clara, da exclusão é também uma experiência do *logos*. O desprezo, a ira, a violência (*kataphroneîn, orgé, hýbris*) distanciam *da palavra* uma presença incômoda, que permanece, *na palavra*, paradigma ético e cognitivo. As formas da liberalidade calarão, depois, o que as tornou possíveis.

---

6. Na *República*, IX, 579 a, apresenta-se a situação do senhor que, afastado da cidade, deve adular (*thopeúein*) os próprios escravos para salvar sua vida: palavras de escravos e palavras dirigidas aos escravos evocam uma caracterização semelhante.

7. *Leis*, VI, 757 a (*doûloi gàr àn kaì despótai ouk án pote génointo phíloi*). Mas a divisão se instaura também entre os que detêm os privilégios da cidadania (*ibid.: oudè en ísais timaîs diagoreuómenoi phaûloi kaì spoudaîoi*). Para a amizade entre senhor e escravo ver Aristóteles, *Ética a Nicômaco*, VIII, 1161 a 32 ss., e, de maneira diversa, *Política*, I, 1255 b 12-15. Cf. Garnsey (1996), pp. 115-119.

A reflexão platônica sobre a boa manutenção da relação entre senhor e escravo nas *Leis* é acompanhada por exemplos históricos e precedida por uma advertência relativa aos debates sobre o argumento (VI, 776 c-778 a)[8]. Tudo o que pode ser *visto* nas experiências concretas de submissão (*eis hà kaì pánta tà toiaûta blépsantas*) e o que se *diz* a propósito dos escravos (*...perì doúlon legómena*) (776 d-e) constituem a base para decidir o que se *dirá* sobre eles, apesar das divergências sobre o "uso" dos escravos nas reflexões a respeito[9]. Parte-se, portanto, do reconhecimento da particularidade das formas de servidão: o caso dos hilotas espartanos, mais do que a submissão dos mariandinos em Heracléia ou dos penestas da Tessália, é matéria de dificuldade e disputa. Se se pode apelar para o exemplo concreto dos *bons* escravos, "melhores" que irmãos ou filhos, deve-se, por outro lado, pensar na natureza inferior da alma servil, segundo o que já tinha sido notado por Homero[10].

Para mediar entre a possível superioridade de alguns escravos e, de qualquer forma, a inferioridade de sua alma, o Ateniense recorre à *necessidade*, que está na base da separação, e à *evidência* dos fatos. Trata-se da "necessária distinção", de-limitação (*tèn anankaían diórisin*), inevitável "de fato" (*érgoi*), entre o escravo, por um lado, e o livre e o senhor, por outro (*tò doûlon...diorízesthai kaì eleútheron kaì despóten*)

---

8. Alguns títulos, somente, na ampla bibliografia sobre o problema da escravidão em Platão e Aristóteles: sobre Platão, Vlastos (1941); Gernet (1951), pp. CXIX-CXXXII; Morrow (1939) e (1960), pp. 148-152; sobre Aristóteles, Fortenbaugh (1977), pp. 135-139; Meiksins Wood (1988) e (1996); Goldschmidt (1979) (bibliografia: pp. 195 ss.); Smith (1983); Cambiano (1990); em geral, Schlaifer (1936); Vidal-Naquet (1971); Garlan (1984) (e bibliografia p. 145, nota 10); Paradiso (1991); Garnsey (1996), especialmente pp. 107-127. Sobre o trecho das *Leis* que tratamos aqui, veja-se, em particular, Vidal-Naquet (1971), p. 172.

9. 776 c: o que se diz (*tà legómena*) sobre os escravos, que é contrário aos usos (*enantía gàr taîs khreíais*), mas também segundo os usos (*kaì katà tàs khreías aû*).

10. Platão usa aqui (776 e-777 a) *psykhé*, e, depois, *noûs*, termos que comparecem no lugar de *areté*, presente nos versos homéricos citados (*Odisséia*, XVII, 322 s.); já a *areté* é atribuída pelo Ateniense ao escravo, segundo a visão "positiva". A "bondade" do escravo: referência a Alcidamas? Ver adiante, p. 67, nota 19.

62

(777 b). Ainda "de fato" (*érgoi*), afirma o Ateniense, é o que foi demonstrado (*epidédeiktai*[11]) quanto às revoltas dos messênios, ou no que se refere às cidades que possuem muitos escravos da mesma língua[12] e aos grupos que atravessam a Itália, realizando furtos e causando sofrimentos (777 c): são casos, estes, dos quais derivaram muitos males.

Estes os "fatos" com os quais é preciso se confrontar, estas as "provas". Considerando-os no seu conjunto (*pròs há tis àn pánta blépsas*), não se vê como agir diante de tal situação. Duas soluções, somente, são possíveis. Em primeiro lugar, não se deve possuir escravos de mesma origem (*patriótas*) e, na medida do possível, de mesma língua (*asymphónous*)[13]. Em segundo lugar, deve-se cuidar de sua formação, sem agir com violência excessiva, menos, em todo caso, da que recebem de seus iguais (777 c-d). Não a dureza, mas o desprezo para com os escravos, já aconselhava a *República*[14]. Conduzir seus sujeitos à virtude: isto é comum ao bom senhor, ao bom tirano e a quem quer que exerça domínio sobre os mais fracos, continua o Ateniense nas *Leis*. É, portanto, necessário castigar (*kolázein*) os escravos, e não admoestá-los (*nouthetoûntas*), como se fossem homens livres. É necessário dirigir-se sempre aos servos com simples *ordens* (*epítaxis*) e nunca, em nenhuma ocasião, "brincar"

---

11. Este verbo, ligado a *érgon*, indica a evidência do fato acontecido, a prova do fato histórico; não, porém, somente enquanto acontecido, mas como exemplo, índice do que acontece e pode acontecer (assim usa-se, para a revolta dos messênios, o termo *sykhnás*: contínuo, freqüente, habitual).

12. Diferentemente de Platão, Aristóteles relaciona as revoltas dos hilotas e dos penestas à inimizade entre cidades próximas, sem mencionar a origem comum dos grupos: *Política*, II, 1269 a 36 ss. Todavia, afirmará que não se devem possuir escravos de mesma origem: *Política*, VII, 1330 a 26; *Econômico*, I, 5, 1344 b 18.

13. No *Político* platônico a diferença entre as populações bárbaras é exemplo para a reflexão filosófica (divisão em gêneros): cf. 262 d (*apeírois oûsi kaì ameíktois kaì asymphónois pròs állela*).

14. A dureza (*ágrios*) para com os escravos é vista como comportamento do homem "timocrático" (guiado, talvez, pelo forte sentimento de "propriedade"), ao passo que o comportamento próprio ao homem bem educado (que, por definição, não é *ágrios*) é o desprezo (*kataphronôn doúlon*) (*República*, VIII, 549 a).

com eles, homens ou mulheres: isto tornaria difícil comandar e ser comandado, *árkhein* e *árkhesthai* (*Leis*, 777 e-778 a)[15].

Estes termos, *árkhein* e *árkhesthai*, evocam funções próprias à esfera da política, próprias ao convívio entre homens livres, pondo, assim, o problema da dupla relação de domínio, no governo da cidade e nas posses dos cidadãos. Nem sempre fica clara a diferença nos modos de comando, *árkhein*, e Platão não impede a sucessão das imagens, entre o senhor, pai, político, tirano, até a imagem divina[16]. O que, no entanto, parece distinguir a relação de domínio dos escravos da autoridade familiar é a diferença entre a ordem (e o castigo) e a admoestação.

Dar ordens (*epitáttein*) aos escravos e castigá-los (*kolázein*), admoestar (*noutheteîn*) os homens livres. Esta contraposição indica a peculiaridade da relação "necessária" com os escravos. Mas no que consiste este "admoestar", próprio a uma relação diferenciada, mas livre? De que modo se contrapõe à "ordem"? Mesmo se não se trata de uma oposição rígida no interior dos diálogos platônicos, esta é, de qualquer forma, recorrente, e orienta a resposta a um dos problemas essenciais para o filósofo: a relação entre educar e persuadir.

"Castigar" e "admoestar" são, às vezes, aproximados, mas pode ser também especificada qual é a diferença entre

15. O esclarecimento destas formas de relação poderia sugerir que Platão, aqui, tivesse em mente o escravo doméstico; o mesmo vale, em parte, para as observações seguintes. É, com efeito, no âmbito da escravidão doméstica que aparece com maior força o problema da relação (e do "contato") entre liberdade e servidão. Todavia, o fato de partir da consideração dos hilotas e de outras formas de escravidão também faz ver – de modo semelhante ao que ocorre em Aristóteles – que estas reflexões se baseiam na consideração da escravidão em geral, e não num seu aspecto determinado. Para as várias formas de *árkhein* e *árkhesthai* ver também *Leis*, III, 690 a ss. Os escravos são indicados como os antípodas da *basilikè tékhne* em *Político*, 289 c ss.

16. Sobre os deuses "senhores" dos homens ver, por exemplo, *Fedro*, 265 b-c (*despótes*) (e também 273 e, com uma imagem que deve ser aproximada da digressão do *Teeteto*, 172 d-173 b); *Fédon*, 63 a-b (*árkhon*); *Leis*, V, 726 a (*despótes*), *Parmênides*, 134 d (*despoteía*) etc.; veja-se, também, Aristóteles, *Metafísica*, I, 982 b 29-30 (*he phýsis doúle tôn anthrópon estín*). Cf. Rohde (1897), II, pp. 121 s.; Heitsch (1993), p. 186, nota 410. Sobre a ligação entre rei-deus-pai, em relação ao problema da escrita no *Fedro*, cf. Derrida (1968), pp. 271 ss. Sobre a imagem cristã dos escravos, Garnsey (1996).

estes termos: se o castigo é aplicado em crianças livres, estas não devem ser levadas à ira[17]. Outras vezes, a diferença se manifesta de modo claro: deve-se castigar "com palavras" (*dià lógon*), o que equivale à admoestação[18]. O ato de admoestar é ligado, portanto, à educação (*didakhêi kaì nouthetései ánthropon*) e seus atributos são a sabedoria e a moderação, seus correlatos a persuasão e a súplica (*República*, III, 399 b; cf. também *Protágoras*, 325 c ss.). Trata-se, pois, de uma relação que se coloca num contexto de homens livres e liga-se ao tema da formação dos cidadãos, para não falar da própria filosofia.

Com efeito, segundo o *Sofista*, há duas formas de ensino através da palavra (*tês en toîs lógois didaskalikês*): uma corresponde ao velho modo paterno, mas não obsoleto, que consiste na repreensão rude e, com tom mais doce, na exortação. A esta forma dá-se o nome de admoestação (*nouthetiké*). Opõe-se a ela a refutação (*élenkhos*), que leva à "purificação" da alma, liberando-a do que é obscuro ou contraditório: o desenvolvimento conflituoso das argumentações é um princípio tanto filosófico quanto erístico (*Sofista*, 229 e-230 e). Trata-se, aqui, da última definição do sofista oferecida pelo diálogo. Se admoestar (*noutheteîn*) aparece como modo velho de ensino, e, de conseqüência, pouco útil, é porque encontra aplicação numa situação alterada: a causa de sua pouca eficácia reside no fato de que o homem "hábil" (*deinós*) se recusa a aprender. Sabemos que a "habilidade" assim indicada é relativa à sofística: é, portanto, um fator de corrupção que impede o modo antigo de educação e faz com que o novo modo, a refutação (*élenkhos*), aproxime filosofia e erística.

Este modo da educação "filosófica" não corresponde necessariamente ao modo de educação dos cidadãos em geral. Se o momento persuasivo, apesar de sua identificação com a retórica, não é nunca completamente recusado nos diálogos, tampouco se exclui a admoestação (*nouthetiké*), que

---

17. *Leis*, VII, 793 e. Para um uso semelhante, *Górgias*, 478 e; veja-se, ainda, *Leis*, III, 700 c; *Cartas*, VII, 331 b-c.

18. Assim farão os velhos da cidade para com os jovens, procurando regular o número de filhos para tornar estável a população da cidade: *Leis*, V, 740 d-e.

o *Sofista* qualificava como modo velho e ineficaz, diante da força dos argumentos sofísticos. Nas relações entre homens livres a exclusão de tudo o que se mostra como característica do domínio dos escravos leva à recuperação, nas *Leis*, do momento persuasivo e da formação "antiquada". A ação de constrição das leis é afastada por meio de um momento persuasivo anterior, que retoma o aspecto da velha educação. Assim procedem as "leis" com quem não acredita nos deuses: admoestam e ensinam (*nouthetôn háma didáskein*), com palavras de tom paterno: "oh, filho, és jovem…" (*Leis*, X, 888 a). Nada mais distante das relações com os servos do que este advertir e aconselhar. Uma formulação posterior dirá com tom platônico: *pâs despótes doúloi monosýllabos*, do senhor ao escravo só elocuções breves (Demétrio, *De elocutione*, 7).

Podemos ler, através destes vários textos platônicos, o contexto comum no qual situar o uso de admoestar, *noutheteîn*. Ligado à educação, à relação entre velhos e jovens – distinto, porém, da verdadeira "educação" filosófica –, é natural que tivesse sido afastado dos modos indicados para o tratamento dos escravos. Podemos, no entanto, ir além na leitura destas afirmações. Se toda relação de educação passa através do *logos*, ao incluir, no *Sofista*, a refutação, *élenkhos*, no processo educativo, Platão transforma todo *logos* num modo de "educação". Desta maneira, a restrição do *logos* entre os escravos e entre senhor e escravo, nas *Leis*, adquire um novo sentido. O que passava por explicação de ordem prática, especialmente na administração doméstica, possui, ao contrário, um sentido próprio na ordem dos discursos e do processo de conhecimento.

Aristóteles se detém nessa oposição entre admoestar e dar ordens quando, na *Política*, critica a passagem platônica sobre a relação entre senhor e escravo (sem citá-la explicitamente). Aristóteles opõe a ordem, e não o castigo, à admoestação, pois se interessa em caracterizar a relação segundo o modo da comunicação verbal. Entre senhor e escravo não deve haver participação a nível de discurso: o senhor será responsável pela *virtude* do escravo, sem ter de lhe ensinar as tarefas servis (*Política*, I, 1260 b 3-5). Este ensino levaria a compartilhar com os escravos atividades e noções estranhas aos senhores.

Por isso, continua Aristóteles, erram os que "privam os escravos de *logos*" (*diò légousin ou kalôs hoi lógou toùs doúlous aposteroûntes*) e dizem que devem somente receber ordens (*kaì pháskontes epitáxei khrêsthai mónon*) (I, 1260 b 5-7). Invertendo o preceito platônico, Aristóteles pode concluir que a admoestação é mais adequada aos escravos do que às crianças (*nouthetetéon gàr mâllon toùs doúlous è toùs paîdas*).

As considerações platônicas, como vimos, eram dirigidas à exigência de evitar uma *comunidade* entre senhor e escravo. Platão coloca-se entre os que "privam os escravos de *logos*", se por isto entendermos a limitação dos *discursos* na relação de domínio[19]. Já Aristóteles considera a "comunidade" necessária nessa relação – fala de uma "comunidade de vida" (*Política*, I, 1260 a 40) – e afirma o interesse e amizade recíprocos entre senhor e escravo (1255 b 13). Partindo desta proximidade (pensada verossimilmente a partir da figura do escravo doméstico), deve recolocar, num outro nível, a *diferença* na qual se baseia a dominação: o nível da competência, da esfera de ação e conhecimento. Platão "privava" o escravo do *logos*, pois fundava no *logos* todo processo educativo, e só assim podia falar da "diferença necessária" entre livres e dominados. Já Aristóteles estabelece, em princípio, esta diferença, na base dos discursos e das ocupações: por um lado, o que compete aos escravos, por outro, o que é próprio aos livres (diferença que funda o uso do adjetivo "livre" ou "liberal" que usa amplamente na sua obra). Aristóteles distingue da "competência" do escravo a responsabilidade do senhor pela sua virtude. O senhor será *aítios*, "responsável", mas não *didáskalos*, "mestre". Por isso, dar ordens relativas a funções servis é, para Aristóteles, elemento negativo: há uma diferença entre níveis e formas de discurso que é relacionada às diferenças sociais. O filósofo nota, em outro momento,

---

19. Note-se, porém, que também Platão, ao discutir o problema da escravidão, referia-se a *tà legómena*: fica difícil afirmar, com segurança, qual fosse a referência imediata do discurso aristotélico. Para a questão dos hilotas, pode-se, talvez, pensar em Alcidamas, segundo o testemunho da *Retórica* aristotélica (I, 1373 b 18; outros textos em Radermacher, 1951, pp. 132 ss.).

que o problema não é tanto distinguir qual a vida melhor entre o homem livre e o político (questão também platônica), mas, antes, entre o homem livre e o senhor (*Política*, VII, 1325 a 24-27). A vida do livre é melhor que a do senhor, pois não lhe diz respeito ocupar-se com as pequenas incumbências que possui o senhor na relação com os seus escravos. *Dar ordens* sobre as coisas necessárias, *tà anankaía*, não faz absolutamente parte do que "é belo" (*ibidem*). A ordem não deve implicar uma forma qualquer de conhecimento do que pertence à atividade dos escravos. O senhor não deve possuir as *doulikaì epistêmai*, os conhecimentos necessários para que os escravos desempenhem as suas funções (I, 1255 b 22-30). O conhecimento próprio ao senhor, a *despotikè epistéme*, é, com efeito, diferente, diz respeito ao uso dos escravos (*he khrestikè doúlon*), sem que, com estes, se compartilhem os conhecimentos (I, 1255 b 30 ss.). Visto que não há dignidade em ser proprietário de escravos, ou melhor, em executar as funções que disso derivam, os mais ricos podem encontrar intermediários que realizem o trabalho "despótico" (*ibidem*). Das ordens sobre as tarefas servis significa, de certo modo, participar do caráter baixo destas atividades, e é esta participação que deve ser excluída da vida dos homens livres, ou, pelo menos, limitada. Todavia, permanece, no plano ético, a responsabilidade do senhor, e permanece o fato de que depende dele a virtude do escravo: o senhor deve, assim, exprimir-se não tanto segundo ordens, mas segundo admoestações, mais adequadas a esta situação que às relações com os filhos, que são homens livres.

Se há, portanto, também para Aristóteles, uma limitação da palavra entre senhor e escravo, esta é diferente da que sugeria Platão[20]. São, porém, os mesmos termos que se apresentam em Aristóteles, caracterizando ou diferenciando as relações

---

20. Também para Aristóteles há modos concretos de exclusão que regulam os percursos educativos, além das imagens genéricas. Prescreve-se, assim, que as crianças até os sete anos de idade, que passam grande parte de seu tempo em casa, permaneçam o menos possível com os escravos (*Política*, VII, 1336 a 40 ss.): deste modo, evita-se que estejam em contato com hábitos impróprios a homens livres. O mesmo acontece com o cuidado na fala: a *aiskhrología*, o uso de palavras vulgares, deve ser proibida, pois não caracteriza uma fala "livre".

políticas. Assim a *ordem*, *epítaxis*, limitada na relação com os escravos, torna-se forma primária de ação entre os cidadãos, e é, com o julgar (*krínein*), uma das funções principais da política[21]. Formas de governar e formas de conhecer são relacionadas na exclusão das atividades servis. Os ricos senhores, liberando-se da incômoda relação com os escravos por meio de intermediários, podem, enfim, dedicar-se à política ou à filosofia[22].

3

Estas considerações sobre as divisões da vida social indicam a estreita relação entre as diferenças e formas de domínio entre os homens e os vários modos de conhecimento. Há cumplicidade entre a reflexão sobre as formas concretas de submissão (como evidenciadas na análise do processo educativo) e o uso metafórico relacionado à divisão dos saberes. A conexão entre algumas propostas relativas à organização da cidade e a disposição hierárquica dos conhecimentos confere concretude a termos que, na realidade, nunca se "destacaram" das relações que estavam na sua origem.

Cair nestes erros implicará, principalmente para quem já tem uma posição de cidadão – ou seja, para quem participa das refeições públicas – penas corporais graves, por causa do comportamento de escravos (*andrapododías khárin*) (1336 b 4-12).

21. *Política*, VII, 1326 b 12-14. Cf. também IV, 1299 a 25-27: entre as funções do governo – deliberar (*bouleúsasthai*), julgar (*krînai*) e dar ordens (*epitáxai*) – é esta última que mais o caracteriza.

22. *Política*, I, 1255 b 37. E, assim, se "livre" torna-se um atributo da ciência, o termo "ordem", ou "comando", comparecerá quando vai se tratar da hierarquia entre os campos do saber e da relação com o deus: cf., por exemplo, *Metafísica*, I, 982 a 17 ss. Mas entre as formas da técnica e do conhecimento opera também a imagem da relação de domínio entre senhor e escravo: *Ética a Eudemo*, VIII, 1249 b 6-14; *Ética a Nicômaco*, VIII, 1161 a 34-35. Cf. Vlastos (1941), o qual afirma uma estreita relação entre a concepção da escravidão (principalmente em Platão, mas cf. p. 160, nota 57) e o sistema filosófico (relação cujo risco de esquematismo é, porém, notado pelo próprio autor num "postscript", pp. 162 s.); Uhde (1976). Sobre o caráter de "necessidade" do que deriva da *empeiría*, em oposição à "liberdade" da teoria, cf. *Política*, I, 1258 b 10-11.

A partir da diferença entre livres e escravos, Platão indica o "lugar" do conhecimento, evocando, ao mesmo tempo, os elementos fundadores da ordem política. Por um lado, reconhece, no procedimento "de escravos", a forma negativa de aprendizado e manifestação do que se aprendeu: o que se opõe ao saber propriamente dito. Por outro lado, recorre à figura do escravo quando tem de considerar os aspectos éticos relativos ao processo cognitivo: trata-se da figura do *outro*, com a qual é preciso se confrontar na difícil questão do contato *necessário* com o que é negativo.

Como vimos, a ordem, *epítaxis*, apresenta-se em Platão como "redução" do *logos*, relacionada à constrição, à violência, à necessidade. Em oposição a ela e como característica de homens livres, afirma-se uma relação que passa pelo *logos* e que não coincide com a constrição. A diferença que assim se estabelece, entre relações próprias a cidadãos e relações próprias a escravos, permitirá a singular afirmação, nas *Leis*, do discurso *persuasivo*.

Trata-se de um tema que atravessa todo o diálogo, freqüentemente mencionado por meio da expressão "com a persuasão e a violência", que caracterizará a ação das leis[23]. Podemos, aqui, somente mencionar uma tal questão, que confere, à última obra platônica, a sua particularidade. Na cidade ideal, as leis poderão receber uma dupla redação: uma, "simples", consiste na pura afirmação da proibição, da constrição; a outra, "dupla", antepõe à constrição um *proêmio*, no qual procura-se evitar o ato resolutivo e violento (IV, 718 a-724 b). O resultado desta possibilidade de uma "dupla" redação é singular: para dizê-lo em breve, esta põe em primeiro plano o papel persuasivo das leis, valorizando, assim, o que é essencialmente momento "retórico" do discurso[24]. Sucessivamente, o próprio diálogo consistirá, em parte, na exposição das leis e de seus "proêmios", de modo que a sua função persuasiva participará da "persuasão", por parte do Ateniense, de seus

23. Para o uso desta expressão fora das *Leis* (por exemplo, *Político*, 304 d; *República*, VIII, 548 b), cf. Motte (1981).

24. Görgemanns (1960), especialmente pp. 30-56; Bobonich (1991). Sobre a importância da avaliação do momento persuasivo nas *Leis* ver também Trabattoni (1994), pp. 194-199.

70

interlocutores. A "retórica" das leis, que devia ser dirigida aos futuros habitantes da cidade de Magnésia, evoca a relação entre os interlocutores do diálogo, que são *persuadidos* pelo estrangeiro de Atenas; e evoca, enfim, a relação de persuasão entre o autor e os leitores do diálogo, também estes persuadidos pela "voz" das leis.

O que torna possível a presença do momento persuasivo nas *Leis* é uma imagem que funda na diferença social as diversas formas de comunicação e conhecimento. Trata-se do modo distinto com que agem os médicos livres e seus servidores (*hyperétai*)[25]. Estes servidores podem ser livres ou escravos (720 b), mas esta possível liberdade é logo abandonada: o que interessa é a particularidade servil no modo de praticar a arte[26]. A posição social destes servidores não é, para Platão, necessariamente não livre, nem de fato, nem em princípio; mas na argumentação do filósofo esta torna-se tal, e somente enquanto "servil" a imagem mostra-se apropriada[27]. Como homens não livres, tais servidores não atingem a *epistéme*. A sua formação profissional realiza-se por meio de ordens (*kat'epítaxin*) – o que está de acordo com a normalidade das relações entre senhor e escravo –, e também através da observação e da experiência (*kaì theorían kaì kat'empeirían*)[28]. À arte assim adquirida – com a ordem, a observação, a experiência, formas inferiores que trazem

---

25. *Leis*, IV, 720 a ss. Cf. Wehrli (1951); Joly (1974), pp. 233-246; Jouanna (1978); Gastaldi (1984); Yunis (1996), pp. 217-223. Sobre a medicina em Platão cf. Vegetti (1995).

26. Assim, em 720 b, fala-se de livres (*eleuthérioi*), por oposição; em seguida (720 b-c), faz-se referência a servos (*doûloi*) e livres (*eleuthérioi*).

27. É, em outras palavras, "ideológica", pois sobrepõe à diferença social um significado não necessariamente pertinente nem mesmo segundo a consideração do filósofo. Sobre os *hyperétai*, cf. as observações de Meiksins Wood (1988), p. 78 (*hyperétes* como todo tipo de servidão: Platão, *Político*, 289 c ss.); p. 122, nota 22 (*hyperétes* para Aristóteles significa escravo, *doûlos*, na esfera da ação, *práxis*, e não da produção, *poíesis*; o escravo "típico" é o servo doméstico: Aristóteles, *Política*, I, 1254 a 8). Cf. também Ste Croix (1981), pp. 74-79.

28. Note-se que neste caso é a *theoría* que é rebaixada com a aproximação à *empeiría*. Nem sempre, porém, a *empeiría* se liga às formas servis: em II, 659 d, Platão relaciona velhice e *empeiría*, reconhecendo o caráter justo do princípio educativo.

a marca da submissão – contrapõe-se a arte que se obtém segundo natureza (*katà phýsin*), própria a homens livres, que aprendem por si mesmos e ensinam os jovens (720 b). Ao praticar a arte, a diferença vem à tona: o escravo age de modo presunçoso como um tirano, sem se dedicar a cada caso singular. Ou seja, sem "dar e receber razões", expressão que serve, como vimos, para caracterizar o procedimento dialético[29]. Agindo de forma contrária, o servidor dará ordens ao doente, de acordo com o que crê através da experiência (*prostáxas d'autôi tà dóxanta ex empeirías*), como se se tratasse de um conhecimento seguro (*hos akribôs eidós*) (720 c)[30]. De modo diverso, o médico livre realizará inicialmente uma investigação necessária sobre a doença (*exetázon ap'arkhês kaì katà phýsin*); e, depois, segundo um procedimento contínuo de informação, realizará, antes de dar ordens, um trabalho de persuasão (*kaì ou próteron epétaxen prìn án pei sympeísei...*) (720 d)[31].

A expressão das formas "livres" de conhecimento, segundo esta imagem, mesmo se acentua a singularidade do momento persuasivo, não é tão distante do procedimento dialético e da exigência de investigação (*exetázein*). Já a relação de domínio apresenta-se conforme os esquemas cognitivos que tínhamos constatado em outras passagens das próprias *Leis*. A ordem se apresenta novamente como elemento negativo, seja quando é vista como particularidade da relação entre senhor e escravo, seja quando é colocada como modo exclusivo de comunicação entre os escravos. No outro extremo, o que se opunha à ordem como modo positivo de expressão – a admoestação – transforma-se no ato persuasivo, sempre revestido do mesmo tom paterno (como nas palavras

---

29. *lógon doûnai kaì apodéxasthai* : cf. acima, p. 45, nota 33.

30. Não é a única vez em que, para Platão, o que é verdadeiro corresponde, segundo o jogo de contraposições, ao que é particular (*hekástou*). Cf. adiante, capítulo 5, pp. 133 ss.

31. Cf. *Leis*, XII, 966 b, onde a impossibilidade de demonstração racional (*tèn éndeixin tôi lógoi adynateîn endeíknysthai*) é caracterizada por Clínias como própria a escravos (*andrapódou… héxin*). Cf. também as imagens "servis" em *Górgias*, 465 b; 518 a (*…douloprepeîs te kaì diakonikàs kaì aneleuthérous eînai*).

das leis dirigidas aos que não crêem nos deuses), precedido agora por um momento de investigação: uma combinação singular entre o que no *Sofista* era indicado como o modo antiquado de educação e o procedimento filosófico, distinto dos artifícios erísticos. O comando "político" – que diz respeito à organização da cidade segundo as leis –, se é separado da função persuasiva, torna-se despótico. O fim paradigmático da imagem servil conduz à representação, não necessariamente transformada em "teoria", das relações entre os homens livres na cidade.

Através das várias atribuições do adjetivo "servil", discernimos as formas livres da política e do conhecimento. A relação com os escravos permite indicar o lado negativo do aprendizado e da aplicação da "técnica" (*tékhne*), numa relação direta com a experiência (*empeiría*) que não se constitui em ciência (*epistéme*). Mas os escravos, como em posição diversa os estrangeiros, não representam somente a face negativa das relações sociais, mas são também uma presença inevitável. Como figura "concreta" e "imagem" de submissão, podem servir para a "composição" das formas de conhecimento e a sua fixação no interior da cidade.

Com efeito, ao menos num caso, nas *Leis*, escravos e estrangeiros possuem uma função ativa na formação dos cidadãos. O problema levantado é bastante grave, em particular se considerado a partir do que tinha sido enunciado no início do diálogo, mesmo se num contexto diferente (I, 635 b ss.): excluir da vida dos livres tudo o que é negativo significa torná-los ignorantes dos males e, portanto, presa fácil dos indivíduos que sofreram estes males. Isto foi percebido pelos lacedemônios e cretenses, que levam as crianças a passarem por dores e temores para que, no futuro, não devam submeter-se (*douleúsein*) a outros por ignorância destes males; e note-se que aqui, como no exemplo sucessivo, trata-se de "conhecimento" ou exercício, "ginástica". Todavia – o argumento em discussão são os momentos em que se bebe, como os banquetes e as festas –, tanto os lacedemônios quanto os cretenses excluíram "os grandes prazeres e jogos", sem se dar conta de que também nestes aspectos aquele princípio permanece válido: ou seja, que, ignorando os prazeres, os cidadãos podem, quando adultos, tornar-se inferiores a quem os conhece. É necessário, portanto, considerar no processo educativo não somente as dores, como fazem os lacedemônios e os cretenses, mas também os prazeres "negativos". Um grave problema, porém, é deste modo levantado, e permanece não completamente resolvido: como é possível evitar que este "exercício" (*gegymnasménous*) do negativo torne-se parte integrante da formação e do caráter dos cidadãos?

Olhemos agora para o que é dito em relação a um problema diferente, proposto, porém, em termos semelhantes (*Leis*, VII, 816 d-e). O estrangeiro de Atenas considera a necessidade de observar e conhecer (*theásasthai kaì gnorízein*) tudo o que diz respeito ao cômico e ao ridículo na cidade, nas palavras, nos cantos, na dança, nas representações cômicas. Visto que se trata de formas negativas, deveriam ser excluídas da educação dos jovens cidadãos; por outro lado, o não conhecimento, como vimos, é um fator de fraqueza. Para que o indivíduo torne-se sábio, *phrónimos*, ele deve conhecer os opostos. Não é possível, por isso, aprender as coisas sérias, *tà spoudaîa*, sem conhecer o seu contrário, o que é relativo ao riso, o que é *géloios*. Todavia, como participar da virtude, se se toma parte, ao mesmo tempo, do sério e do ridículo? É necessário, por isso, obter um *conhecimento* que evite a *participação*. Diferentemente do que podia ser pensado para os banquetes, onde a própria prática – o ato de beber – parecia tornar-se necessária, deve-se agora garantir a *distância*. Serão, assim, os escravos e os estrangeiros, estes pagos, que deverão representar os papéis cômicos, de modo a evitar a participação dos homens livres na comédia, mas não o conhecimento do cômico. A virtude dos cidadãos se constrói repondo na exclusão uma sobrecarga de significado negativo. Escravos e estrangeiros permitem manter a *distância*, a *estranheza* (816 e: *kainón*) de um conhecimento que é, porém, necessário.

Encontramos, no final destas considerações, os mesmos elementos que nos tinham conduzido a elas: o riso e os escravos. A solução que as *Leis* oferecem para os cidadãos da cidade futura poderia se adaptar ao próprio filósofo do *Teeteto*, o qual desconhece os aspectos negativos da vida civil, e, por isso, mostra-se ridículo diante dos outros cidadãos (174 c-d).

Mas as *Leis* não anunciam uma lição para o filósofo desastrado. Ao contrário, na cidade de Magnésia, este filósofo teria a sua desforra: não mais zombado pelos servos, nem pelos outros cidadãos (agora reeducados pelas próprias leis), mas, junto a estes, rindo dos escravos. Já os escravos, por sua vez, são observados, distanciados na cena, excluídos e tornados depositários do *sentido* da exclusão.

4

Também Aristóteles, desenvolvendo o aspecto "estilístico" da diferenciação na prática dos discursos, sabe que é necessário tornar "estranhas", *xéna*, as coisas negativas, vis (*tà phaûla*)[32]. Com efeito, no que diz respeito ao cômico, seguindo o que dizia Platão, Aristóteles esclarece: as formas do cômico são duas, e enquanto a ironia (*eironeía*) é própria ao livre (Platão tinha esquecido de considerar esta forma "socrática" no gênero cômico), a bufonaria (*bomolokhía*) não (*Retórica*, III, 1419 b 6-10)[33]. Questão de estilo: com efeito, não é apropriado ao escravo o estilo elevado, poético, como não o é tampouco ao jovem (*Retórica*, III, 1404 b 15-16). Mas questão também de "conteúdo", se, diferentemente do que acontece em relação ao escravo, a educação do jovem livre conduz, pouco a pouco, à aquisição da experiência, base para a filosofia[34].

32. *Política*, VII, 1336 b 34-35. Mas o papel positivo que pode revestir o que é "estranho" no estilo é mencionado em *Retórica*, III, 1404 b 5 ss.

33. Note-se, de qualquer forma, que a referência ao cômico neste contexto é limitada ao seu uso nas disputas judiciárias: Aristóteles remete aqui ao segundo livro da *Poética*, perdido, para o que diz respeito ao problema do cômico em geral. Segundo a *Ética a Nicômaco*, IV, 1128 a 4-7, torna-se *bomolókhoi* e *phortikoí* quando se exagera o que é objeto de riso. Ver Degani (1993), pp. 1 ss. Para a comédia em Aristóteles cf. Halliwell (1986), pp. 266-276, o qual vê na *Poética* "ecos da concepção de Platão sobre a comédia" (cf. também o quadro comparativo com textos platônicos na p. 333).

34. O problema da educação reaparece na consideração deste tema na *Ética*: no que se diz ou se escuta por brincadeira distingue-se não só o livre do escravo (*toû andrapodódous*), mas também o homem educado do não educado (*pepaideuménou kaì apaideútou*) (*Ética a Nicômaco*, IV, 1128 a 19-22).

O processo educativo não se apresenta, porém, somente através de exclusões: para evitar as formas de submissão, este processo deve também direcionar os seus fins e determinar os seus limites. Se o fim da ação (ou do aprendizado) diz respeito a outros, este fim se mostra inferior, servil (*thetikón* e *doulikón*), ao passo que próprio a homens livres (*ouk aneleútheron*) é agir em relação a si mesmos, aos amigos ou à virtude (*Política*, VIII, 1337 b 19-21). Quanto aos limites do aprendizado, trata-se de não ir além de certos conhecimentos necessários (*tà anankaía*) (1337 b 4). Tanto Platão quanto Aristóteles freqüentemente caracterizam de modo negativo, como próprio a homens "não livres", o excesso de conhecimento, a procura de precisão[35]. A restrição da *akríbeia* liga-se, portanto, à ética do discurso, entre distinção social, atenção pela forma e construção interna do saber.

E convém notar, em conclusão a este "apêndice" aristotélico, que a retórica mesma põe-se, para Aristóteles, nos termos em que se falava, em Platão, das reuniões convivais e da comédia: a possibilidade do "negativo" deve justificar-se como conhecimento, ou, se quisermos, consciência. A prática da "falsidade" – a possibilidade que oferece a retórica da persuasão dos contrários – deve ter por fim o conhecimento do

---

35. Para Platão, ver *Teeteto*, 184 c, onde a pesquisa da precisão, *akríbeia* é chamada "não livre", *aneleútheron* (ver também *Górgias*, 487 c, referido a Cálicles). Para Aristóteles, ver *Política*, VIII, 1337 b 15-17: não é *aneleútheron* dedicar-se, até um certo ponto, aos conhecimentos próprios a homens livres, *eleuthériai epistêmai*, mas é nocivo "ocupar-se com demasiada precisão" (*tò dè prosedreúein lían pròs akríbeian*). Ver também *Metafísica*, I, 995 a 10-12, sempre relacionando a precisão à falta de liberdade; e, em contextos diferentes, *Retórica*, III, 1414 a 8-11; 1418 b 1; *Política*, I, 1258 b 34-35 etc. Naturalmente, nem sempre a precisão é negativa. Platão, *Filebo*, 57 c-58 c, aproxima a clareza (*tò saphés*), a precisão (*tò akribés*) e "o mais verdadeiro" (*tò alethéstaton*) na caracterização da investigação filosófica. Na *República* (I, 340 e), Trasímaco caracteriza o procedimento dialético socrático com o verbo *akribologeîsthai* (e veja-se ainda *Górgias*, 487 c). No *Parmênides*, 134 d, fala-se da "dominação mais precisa" (*he akribestáte despoteía*) e do "conhecimento mais preciso" (*he akribestáte epistéme*) relativos ao deus. E note-se que a precisão pode ser mencionada para justificar uma análise que não deve se deter em aspectos particulares: Aristóteles, *Tópicos*, I, 1, 101 a 21.

falso e o reconhecimento da argumentação alheia (*Retórica*, I, 1355 a 29 ss.). Em qual modo, porém, esta prática "preventiva" do negativo não se transforma num seu exercício comum, *habitual*? As razões que o filósofo oferece a propósito não se mostram totalmente persuasivas: pode ser verdadeiro que também os outros "bens" permitam um uso negativo, mas a retórica não é só esta *possibilidade*, mas *prática* do que deveria ser excluído[36]. A dificuldade em justificar a retórica na sua experiência negativa não é a única ambigüidade de um discurso que, como veremos, põe-se no limite entre liberdade e servidão.

---

36. O tema já aparece no *Górgias*, 456 d-457 a. Cf. também Aristóteles, *Refutações sofísticas*, 1654 a 25-31. Voltaremos, de forma mais aprofundada, sobre a *Retórica* aristotélica no capítulo 4, pp. 128-132.

3. A MULTIDÃO

... todos se educam como escravos. *

PLATÃO, *Teeteto*, 175 d.

*A multidão se assemelha em tudo a escravos,
escolhendo viver como animais.* **

ARISTÓTELES, *Ética a Nicômaco*, I, 1095 b
19-20.

1.

A partir das considerações anteriores, podemos dizer que
as formas "livres" de discurso se afirmam não só na representação da distância, mas também como exercício de exclusão.
Não se *reflete* somente o que, de fato, era excluído, plasmando-o na esfera ética e cognitiva, mas se *determina* também tudo

---

*. *"...hos andrapódois trapheîsi pâsin".*
**. *"hoi mèn oûn polloì pantelôs andrapodódeis phaínontai boskemáton
bíon proairoúmenoi".*

o que, nas práticas comuns de cidadania, é sinal de servidão. Não se trata, simplesmente, de situar, em Platão, as formas "éticas" do conhecimento e indicar a comunidade restrita dos que acedem a este. A constituição do *logos* é sempre relacional, liga-se à exclusão que sofre e impõe, conotando-se por meio do que é afastado.

Só com o corpo permanece o filósofo na cidade, só com o corpo a habita (*tò sôma mónon en têi pólei keîtai autoû kaì epidemeî*) (*Teeteto*, 173 e). Já quando jovem não conhece o caminho que conduz aos lugares públicos. Se é zombado por todos, de todos zomba, sem compreender as palavras e os interesses habituais dos homens. A digressão do *Teeteto* desenvolve-se a partir da distância entre o "sábio" e tudo o que é cívico. Há ruptura e incompreensão entre o filósofo e seus concidadãos, os outros, a multidão. Se a serva ria de Tales, o filósofo, por outro lado, ri dos que habitam a cidade não só com o corpo e limitam os próprios interesses às atividades comuns.

Com as suas palavras, Sócrates rebaixa, como forma servil, a educação "comum" dos homens. O que caracteriza a atividade de homens livres – a participação nas assembléias, nos tribunais, nas reuniões privadas como os banquetes – é transformado em atividade de escravos, forçados pelas normas e limitações públicas ou comuns. A separação, a ruptura entre o filósofo e os outros cidadãos mostra-se completa e irreversível: como vimos, nenhuma comunicação parece ser possível entre quem é verdadeiramente livre e quem possui uma formação servil.

Todavia, olhando atentamente, nota-se que as observações sobre esta impossibilidade de comunicação, estendidas a um processo educativo que situa a origem da separação bem antes da idade adulta, funda-se na experiência de repetidas tentativas de persuasão. Tínhamos notado que o filósofo procura várias vezes, em vão, convencer os outros de suas razões[1]. Ele pode ter sucesso nesta sua tarefa somente em situações privadas. A persuasão filosófica só pode ser obtida fora dos lugares comuns de reunião, longe do que é público.

---

1. Cf. acima, capítulo 1, pp. 41-46.

É necessário lembrar que estas tentativas de persuasão, às quais se alude quando a digressão caminha para a sua conclusão, evocam a experiência repentinamente mencionada no início: o fracasso do filósofo quando deve se apresentar no tribunal. A persuasão privada, no fim da digressão, lembra-nos desta "prova" de persuasão pública. Todo momento sucessivo, referido à fuga do filósofo da cidade e à sua proximidade aos deuses, deve ser relacionado à negatividade desta experiência logo anunciada: os filósofos mostram-se ridículos no papel de oradores em tribunal. Leitores do *Teeteto*, sabemos que nem mesmo Sócrates conseguiu fugir desta situação.

A relação entre o filósofo e os outros cidadãos, vista *a posteriori*, é uma relação fracassada, uma incapacidade do filósofo posta na base de sua relação com tudo o que é público. É necessário, porém, perguntar qual o significado destas considerações não tanto a partir do que sabemos ter efetivamente ocorrido, mas a partir da consciência deste "destino" como revelado nas palavras que são atribuídas a Sócrates. Bakhtin tinha notado que a "esperada condenação à morte" de Sócrates dá a uma obra como a *Apologia* platônica – um discurso de defesa num processo do qual conhecemos as conseqüências – o caráter de um conto-confissão de um homem que está "no extremo limiar"[2]. Um discurso que traria em si a semente de um gênero que florescerá muito mais tarde. Podemos, porém, afirmar que mais do que uma relação do homem com a própria morte, com toda a "atenção" biográfica que daí pode derivar, a oração socrática apresenta-se principalmente como reconhecimento da persuasão não conseguida, a persuasão do filósofo: em vista desta *situação* constitui-se como "narração". A *Apologia* é, ao mesmo tempo, um exercício de persuasão e uma "análise" dos limites da retórica na obtenção da verdade.

A digressão do *Teeteto* traz novos elementos para a configuração deste quadro, e, podemos dizer, o complica. Somos informados, por meio deste diálogo, sobre a *consciência* que

2. Bakhtin (1968), pp. 145 s.

81

pode ter o filósofo da situação em que se encontra. Após ter afirmado que o filósofo habita a cidade só com o corpo, Sócrates completa: ele nada sabe sobre o que aí acontece, *e não sabe que não sabe* (*kaì taûta pánt'oud'hóti ouk oîden, oîden*). Se toma distância da vida comum, não o faz pensando em "aparecer" num determinado modo, ou seja, não procura obter assim o próprio reconhecimento (*oudè gàr autôn apékhetai toû eudokimeîn khárin*) (173 e).

O homem hábil, o sofista, é consciente de seu "aparecer" aos outros e procura este reconhecimento público: age, por isso, em vista da opinião comum (172 b). O seu discurso é logo caracterizado pela adulação (*thóps, thopeúein*). Visto que o sábio protagórico pressupõe o reconhecimento dos outros – dirige-se à opinião da multidão –, a sua habilidade liga-se à retórica, ou seja, à consciência da apresentação do discurso com este fim de reconhecimento (nada mais, nos termos socráticos, do que a adulação)[3]. Por esta razão, é importante notar que o filósofo não só age ou fala num determinado modo – sem se interessar pelo que interessa aos outros –, mas que o faz sem sabê-lo, sem considerar o que nos outros torna-se a sua própria "imagem". O filósofo não sabe que é *átopos*, sem lugar e país, senão poderia considerar que é este o seu "lugar", procurado e exibido. A consciência deste reconhecimento delimita o campo da retórica.

Tudo isso faz parte da narração de Sócrates, ao mesmo tempo filósofo e narrador. Como narrador, Sócrates é consciente da "situação" (a possibilidade de agir em vista do reconhecimento dos outros), mas, como filósofo, não "deveria" sê-lo. E nós o sabemos porque o refere Platão, que tem, a mais, a consciência da condenação socrática. Poderíamos

---

3. Considere-se a famosa caracterização da retórica como "adulação", *kolakeía*, em *Górgias*, 463 b. Ou ainda, a defesa que Protágoras faz de seu agir "ao aberto" em *Protágoras*, 316 c-317 c: após a lista dos "antigos sofistas", que dissimulam a própria arte, Protágoras prossegue com a menção de si mesmo, que "não se esconde". "A multidão não percebe nada, mas canta hinos (*hymnoûsin*) a tudo o que lhe é proclamado". Procurar afastar-se desta situação mostra-se porém como ação negativa, própria ao homem ruim, *panoûrgos*. Protágoras contrapõe a este comportamento a declaração aberta de ser um sofista. Ver também *República*, IX, 579 a (acima, p. 61, nota 6).

tentar esquematizar esta sobreposição de planos, que nos introduz no problema da retórica:

1. O filósofo está distante das situações comuns, públicas (lugar do discurso retórico).
2. O filósofo não sabe que está distante destas situações (ou seja, não age com fins retóricos).
3. Quem faz tais afirmações é Sócrates, o filósofo: enquanto tal, "não sabe que não sabe", mas, como narrador, sabe da possibilidade de afirmar esta distância em vista do próprio reconhecimento, do *eudokimeîn* (Sócrates está consciente da situação retórica, quando afirma que o filósofo não é consciente desta).
4. Quem atribui tais afirmações a Sócrates é Platão, o qual sabe que esta consciência socrática da situação retórica (se, naturalmente, confiamos nele, e não imaginamos que ele esteja falando através de Sócrates) foi ineficaz. Se pensarmos na retórica como consciência de uma situação de persuasão, podemos dizer que a retórica do filósofo/ Sócrates, a retórica da não retórica, não serviu no espaço "primeiro" de toda retórica, o espaço público.
5. Tudo isso nos conduz – mas estamos agora num nível diferente, dada a irremediável "consciência" – ao ponto inicial: a incapacidade do filósofo de se apresentar nos lugares públicos.

Estas seqüências poderiam ainda ser percorridas num outro nível, se quiséssemos reler a passagem do *Teeteto* a partir não mais de Sócrates, mas de Platão, "narrador" último do diálogo e "filósofo". Isto, porém, não é necessário, tampouco vale apoiar o texto na tranqüilidade (e fragilidade) das asserções biográficas[4]. Mostra-se mais interessante seguir, a partir da questão da consciência enunciada pelo *Teeteto*, a relação direta de Sócrates com os demais cidadãos, como representada por Platão na *Apologia*.

Também na sua defesa Sócrates afirma a própria distância da palavra pública por excelência: a *dikaiología*, o discurso

---

4. Veja-se, a propósito, Friedländer (1960), p. 452, nota 38, e Bruns (1896), pp. 296 ss.

no tribunal. Sócrates "se envergonha" da forma de expressão dos oradores: discursos ornados, medidos com o fim de persuadir. Declara-se incapaz disto e pede compreensão por esta sua incapacidade: ele deverá se exprimir no seu modo habitual, modo de quem é estranho ao ambiente judiciário[5]. Na tomada de distância, afirma-se a crítica à possibilidade de atingir a verdade num discurso no tribunal. Também agora, a partir de imagens, por assim dizer, "exteriores" – o lugar do discurso, a forma das palavras –, fala-se do que é "interno": a determinação da verdade. Tudo isso, porém, acontece por meio de um discurso público e deve, portanto, fazer as contas com as regras próprias deste discurso. Ao mesmo tempo em que afirma a impossibilidade de dizer a verdade no tribunal, Sócrates *deve* fazê-lo; podemos, antes, supor que a sua afirmação tivesse como único fim persuadir os juízes aos quais se dirige. O jogo está preparado, a distância "real" entre o filósofo e os seus juízes reverbera na distância do autor último do discurso, Platão, que sabe da decisão tomada pelos juízes. Cria-se, deste modo, um distanciamento entre o leitor da *Apologia*, consciente do que acontece *depois*, e a ação persuasiva do discurso no tribunal.

Ler a *Apologia* a partir destas considerações significa indagar o *tropos* de cada discurso, do discurso público e, vice-versa, do discurso filosófico. Na representação platônica da palavra pública socrática, na afirmação de inexperiência por parte de Sócrates, somos levados, a todo momento, a representar o "modo" próprio de cada elocução, e somos, ao mesmo tempo, reconduzidos ao plano imediato de persuasão[6].

---

5. *Apologia*, 17 a-18 a. Sobre o prólogo da *Apologia* voltaremos com freqüência no curso deste trabalho, em particular no último capítulo. Sobre as questões da *Apologia* aqui tratadas (e também no último capítulo), ver também Meyer (1962). Sobre a relação entre filosofia e prática jurídica na *Apologia* cf. ainda Sissa (1986); e Rutherford (1995), pp. 29-35; pouco aprofundados, a propósito, os comentários de Brickhouse – Smith (1989), pp. 48-59, e Slings – Strycker (1994). Para uma introdução à obra (e também ao *Críton*) e indicações bibliográficas cf. Sassi (1993a).

6. A própria questão socrática deve ser considerada a partir desta situação: as palavras de Sócrates, quer tenham sido "reproduzidas", quer "recriadas" por Platão, trazem de qualquer forma consigo a consciência da condenação. Sobre o problema ver também as considerações de Wolff (1998).

84

Mas este mecanismo, que nos imerge nos vários níveis dos discursos, é peculiar à expressão do filósofo? Ou esta afirmação de inexperiência, que se apresenta como crítica dos lugares públicos de decisão, vai além do autor, como parte não tanto de seu "jogo" com o discurso, mas do jogo de persuasão, elemento comum e difundido de argumentação retórica? A inexperiência declarada pelo filósofo não parece diferente da inexperiência que os oradores atribuem a si mesmos, uma técnica bem preparada, explorada por quem deverá prestar continuamente atenção nas formas de apresentação e reconhecimento público (os oradores, os mestres de retórica). Cabe-nos, portanto, perguntar: pode, realmente, o filósofo permanecer livre destes mecanismos – que, como ele mesmo evidencia no seu discurso, são não só mecanismos de estilo, mas também de racionalidade – que surgem das formas públicas de decisão?

2

As manifestações rumorosas de recusa ou aprovação do público exercem violência sobre os oradores e condicionam a apresentação de seus discursos. A freqüência destas manifestações orienta a fala das partes nos tribunais e dos cidadãos na assembléia: ou seja, estabelece modos precisos de argumentação retórica, mas conduz também à identificação da prática democrática com a irregularidade ou instabilidade do comportamento das massas. Dado que as formas coletivas de decisão implicam inevitavelmente que os indivíduos enfrentem as reações do público, pode-se notar a ambigüidade de uma crítica que afirma um critério de racionalidade em oposição a este aparecer público, mas que não pode não levá-lo em conta na própria reflexão sobre os modos da política.

É possível, portanto, entrever a persistência de algumas questões nas reflexões dos antigos, mesmo se, às vezes, levantadas somente de modo indireto. Pode nascer uma forma qualquer de racionalidade das deliberações dos homens nas assembléias ou nos tribunais, de indivíduos reunidos com poderes de decisão e julgamento? Como um discurso apresentado para um público amplo é guiado ou desviado por este? É possível controlar o ato de persuasão para limitá-lo na sua ação nociva, que o torna independente de toda relação direta com a verdade?

A apresentação pública dos discursos condiciona não só sua veste formal, mas também a articulação interna dos temas, a disposição da argumentação, as possibilidades de demonstração. Se, posteriormente, a revisão dos textos mostrará os seus fins literários, diferentes dos fins públicos originais ou presumidos, a forma oratória permanece, no entanto, paradigmática e a esta contrapõem-se os modos "isolados" de reflexão, as declamações em ambientes restritos, a conversa.

Um termo específico indica o tumulto da multidão na assembléia e em outros lugares públicos de reunião: *thórybos*[7]. Este é freqüentemente acompanhado pelo clamor dos gritos (*boaí*), às vezes pelo aplauso (*krótos*)[8]. Ao tumulto nas assembléias deve-se acrescentar a confusão (*tarakhé*), termo já presente em Homero, que, no entanto, possui vocábulos diferentes de *thórybos* para o tumulto da assembléia[9]. Mas se a aclamação pode fazer parte dos mecanismos, formais ou informais, de decisão, o tumulto é calado, quando possível, pelos arautos, como elemento de distúrbio da apresentação dos discursos. Pode, porém, ser considerado forma inevitável de participação, que o orador deve ter em mente antes de se apresentar em público, especialmente como sinal de desaprovação.

Gritos e tumultos identificam o comportamento da multidão (Aristófanes, *Acarnenses*, 37-39; *Vespas*, 622-625). Diante de comportamentos incorretos, é possível lembrar os bons velhos tempos, as regras de Sólon, que teriam previsto a ordem no Conselho e na assembléia, "sem rumor e confusão"

---

7. Sobre o *thórybos* nos tribunais cf. Bers (1985).

8. E podemos ainda acrescentar os assobios (principalmente no teatro, mas não só): *syrinx, syrigmós, syrízo*; ou também sinais diferentes, como o *poppysmós*, estalar os lábios, que podia indicar aprovação, além de esconjuro (Aristófanes, *Vespas*, 626).

9. Veja-se a expressão "militar" *hómados kaì doûpos* em Homero, *Ilíada*, IX, 573; XXIII, 234; *Odisséia*, X, 556 (e só *hómados* na cena da assembléia em *Ilíada*, II, 96).

86

(*áneu thorýbou kaì tarakhês*), segundo Ésquines (III, 2); ou pode-se aconselhar os juízes a julgar sem tumulto, e decidir em silêncio o que é justo (Lísias, fr. 89 Thalheim = fr. 6 Gernet). O rumor/*thórybos* parece de qualquer forma participar dos processos de decisão coletiva[10]. O povo adverte com o rumor (*noutheteî thorýbois*) e faz mal quem não reage a esta advertência (Demóstenes, XXV, 95). Mas o que às vezes se mostra como advertência, outras vezes se manifesta como raiva[11]. Os oradores tinham prazer em lembrar o desprezo e o rumor que teriam acompanhado a apresentação de seus adversários. Ésquines lembra os gritos e os risos suscitados por cada aparição de Timarco (I, 80; cf. 34) ou o tumulto que teria várias vezes interrompido o discurso de Demóstenes (II, 4; 153). Podemos, com efeito, observar nas orações demostênicas os pedidos para ser ouvido: "e ninguém se agite (*thorybései*) antes de ter me escutado" (V, 15); "e não vos agiteis (*thorybésete*) em vista do que estou para vos dizer, mas, tendo-me escutado, julgai" (XIII, 3). Em tais momentos, Demóstenes parece estar em dificuldade, mas devia ter, de qualquer forma, uma certa experiência destas situações. Se acreditarmos na famosa anedota da *Vida de Demóstenes* (844 f), o orador se exercitava no Falero, falando diante do rumor das ondas, preparando-se para o caso em que... "se agitasse" (*thorýboíe*) o povo. Não sabemos se a história é verdadeira, mas é significafivo notar que já em Homero (*Ilíada*, II, 144 s.) o tumulto da multidão nas assembléias era comparado ao rumor das ondas.

Esta é, para nós, uma experiência mais ou menos distante, certamente ocasional ou excepcional, o barulho e a violência da multidão reunida. Numa sociedade, porém, em que a maior parte das decisões eram comuns – a quase totalidade das decisões mais importantes –, o rumor da multidão podia assumir um valor generalizado e característico[12].

---

10. Demóstenes, III, 4; VI, 26; XVIII, 143; XXI, 194 etc.

11. Ver *orgisthénton*, referido aos juízes, em Demóstenes, LVIII, 31; cf. *Proêmios*, 4.

12. Não se deve esquecer também dos casos em que o tumulto/*thórybos* indica a aprovação do público. Assim, por exemplo, em Isócrates, XII, 233; 264; Demóstenes, VI, 26; VIII, 30 (mas ver VIII, 77) etc. Para Hipérides

Era, portanto, necessário que os oradores se preparassem para a eventualidade de enfrentar o público agitado. Com efeito, existem artifícios oratórios destinados a prevenir as manifestações dos juízes ou dos membros da assembléia. Nós os encontramos na *Retórica a Alexandre*, referidos com o nome de "antecipações", *prokatalépseis* (18, 1432 b 11 ss.). Na realidade, trata-se do modo em que o orador deve se preparar não somente para as críticas do público, mas também para os discursos sucessivos dos adversários. O tratado apresenta alguns exemplos referidos tanto aos discursos na assembléia (b 15-32), quanto aos discursos no tribunal (b 33-1433 a 29). Em seguida, oferece exemplos de antecipações no que diz respeito às orações dos adversários (1433 a 30-b 16). Consideremos alguns casos de discursos nos tribunais, *dikaiologíai*. Se o tumulto dos juízes acontece no início do discurso, deve-se apelar ao direito de ser escutado: "o legislador permitiu dois discursos para cada parte, mas vós, mesmo tendo jurado de julgar segundo a lei, não quereis escutar senão uma…?"; ou ainda: "se o legistador estabeleceu que no caso de paridade de votos vence quem é acusado, não é ilógico que vós decideis exatamente o contrário, sem querer nem mesmo escutar a defesa de quem foi caluniado?" Este terá sido um caso extremo, mas temos exemplos de julgamentos em que a agitação dos juízes não teria deixado os acusados falarem[13]. Quando o discurso já iniciou, é necessário medir a dimensão do tumulto: se parte de poucos, é possível redargui-los, afirmando que impedem que outros juízes formem um juízo correto; mas se é a multidão que causa o tumulto (*eàn dè tò plêthos thorybêi*), redargui-la não seria uma boa solução, pois provocaria uma indignação ainda maior. É necessário, neste caso, tornar-se dócil, admitindo que se cometeu um erro; ou pedir aos juízes que escutem com boa disposição, que não tornem pública antecipadamente a sua opinião sobre um argumento que deve ser

---

(*Contra Demóstenes*, col. 12), são os oradores "menores" que se caracterizam como senhores "do tumulto e do urlo" (*toîs thorýbou mónon kaì kraugês kyríois*). Cf. Canfora (1992), especialmente pp. 382 ss.

13. Plutarco, *Aristides*, 4, 2; cf. Isócrates, *Antídosis*, XV, 20, abaixo, nota 16. Demóstenes, XLV, 6; XIX, 112-113 (na assembléia).

julgado com voto secreto[14]. Que se usem ditos ou raciocínios tais como: quem produz o tumulto se põe contra o justo, a lei, o que é útil à cidade, o belo. Com tais procedimentos deveria ser possível evitar, da melhor forma, o tumulto do público[15]. É difícil estabelecer até que ponto estas manifestações rumorosas do público eram toleradas nas assembléias ou nos tribunais e quais eram as verdadeiras tentativas feitas para evitá-las. Se se pode notar que existia uma consideração geral e, por assim dizer, "moral", quanto ao comportamento justo dos juízes ou dos cidadãos na assembléia (ou do público nos teatros), deve-se constatar que o tumulto popular acontecia com certa freqüência nos espaços públicos atenienses e que fazia parte da preparação oratória dos cidadãos saber enfrentar este gênero de situação. Assim como os outros artifícios retóricos, a antecipação/*prokatálepsis* é sinal da "tecnicidade" da apresentação que leva o orador a olhar preventivamente para os efeitos de seus argumentos sobre o seu público.

Deste modo, o uso da antecipação em discursos reescritos com fins literários, ou mesmo exemplares, assume um caráter preciso de *representação* do público destes discursos, no mais das vezes hostil[16]. Ao se opor ao público, o orador afirma, além do mais, a *diferença* de sua fala diante das palavras que o público está habituado a ouvir (naquele lugar): a

---

14. Sobre a oposição entre voto "secreto" e tumulto "ao aberto", embora num contexto diferente, ver Demóstenes, X, 44.

15. Sobre o artifício da antecipação, *prokatálepsis* (ou *prólepsis*, latim *praesumptio* etc.) nas outras fontes retóricas (por exemplo, em Quintiliano, *Institutio oratoria*, IV, 1, 49; IX, 2, 16-18), cf. Volkmann (1885), p. 494; Martin, J. (1974), pp. 277, 279.

16. Veja-se o exemplo de Isócrates, que na *Antídosis* discorre sobre a formação filosófico-retórica ideal dos cidadãos, usando *topoi* significativos do discurso judiciário: a não "pertinência" do que se diz e a "distância" entre o orador e seu ambiente (XV, 270 ss.). O orador "hesita" em falar dos estudos que levam à sabedoria (*phrónesis*), pois expondo concepções tão "fortes", "pouco comuns" e "diferentes", teme que já no início o público encha com tumulto e gritos todo o tribunal (*thorýbou kaì boês hápan emplésete tò dikastérion*) (272). O que podia acontecer com a defesa da "filosofia" não se distingue, porém, do que diz respeito aos processos em geral. Já no início de seu discurso, Isócrates, pedindo uma audição atenta, tinha advertido do risco de julgamentos agitados, pouco comedidos (19). E continuava: "é necessário, pois, lembrar-se de não

particularidade e a *adequação* do discurso. Usando a antecipação, Platão pode delinear com força, a partir do que se mostra como lugar comum oratório, a particularidade da palavra filosófica; e deste exercício da distância pode fazer aparecer uma representação direta e violenta da palavra pública.

3

Não era necessário que Sócrates apresentasse a própria defesa no tribunal para que conhecesse a violência da multidão. Podemos dizê-lo não somente considerando o que devia ser a experiência de todo cidadão ateniense que tenha vivido como Sócrates durante a segunda metade do século V, mas também a partir da participação socrática no processo aos estrategos atenienses depois da batalha das Arginusas, conforme o que é narrado por Xenofonte. Desde o início, as várias etapas deste processo se desenrolaram, aparentemente, sob o signo da irregularidade, já no que diz respeito ao tempo concedido aos discursos de defesa: a limitação do tempo dos discursos, como veremos, é um dos elementos de constrição da vida dos tribunais, segundo o *Teeteto*. A narração de Xenofonte acentua o peso da ação da multidão na condenação dos estrategos. Esta reage com gritos às propostas, como se ameaçada na própria soberania (*Helênicas*, I, 7, 12: a multidão *gritava* que era terrível que não a deixassem agir como queria). A cada intervenção a turba responde com o tumulto (13: *epethorýbese pálin ho ókhlos*). Também com *gritos* (14) ameaça-se e amedronta-se os prítanes, que cuidam dos procedimentos do julgamento e que acabam por ceder às pressões irracionais e injustas da multidão, sempre em agitação. Todos os prítanes, completa Xenofonte, exceto Sócrates, filho de Sofronisco, que não quis fazer nada de contrário à lei (15).

---

confiar irrefletidamente nos discursos da acusação, nem seguir com tumulto e hostilidade (*metà thorýbou kaì khalepótetos*) os discursos da defesa" (20). O uso da antecipação, *prokatálepsis*, permite acentuar a oposição entre o discurso de Isócrates e as opiniões correntes. Com efeito, este uso pode ser enumerado entre as várias referências que a *Antídosis* faz à *Apologia de Sócrates* platônica.

A narração de Xenofonte é, por si mesma, "socrática", no tom e nas intenções. Sabemos que Sócrates amava lembrar a retidão de sua ação, apesar das pressões da multidão[17]. Também neste caso a narração de Sócrates parece *preceder* a dos socráticos. Xenofonte reproduz com particular atenção dramática o que devia ter escutado de seu mestre. A multidão é representada através da repetição, cada vez mais virulenta, dos protestos; a figura paradigmática do filósofo lhe é contraposta, com a sucinta menção final que o revela, isolado, na sua exemplaridade. Em todo caso, sabemos assim que não era no tribunal que Sócrates tinha enfrentado, pela primeira vez, a turba em agitação. Pelo menos sob este aspecto, Sócrates já possuía *experiência*.

Parece que o processo a Sócrates, ou, ao menos, o seu discurso de defesa, se desenrolou com pouca tranqüilidade. Os numerosos juízes diante dos quais devia se apresentar não se mostram nunca indiferentes aos fatos do processo. Podemos percebê-lo, agora, nesta "narração" final, a representação de seu discurso de defesa, que, enquanto "narração", pode ser puramente "socrática", mas, enfim, não de Sócrates. Xenofonte não nos diz somente quais tinham sido as palavras do mestre diante de seus juízes, mas também as reações destes a tais palavras, reações que não são, afinal, tão diferentes das que atribuía à multidão no processo das Arginusas. Diante da menção, por parte de Sócrates, de suas relações com a divindade, os juízes se agitavam (*ethorýboun*), seja por incredulidade, seja por inveja (Xenofonte, *Apologia*, 14). Após a revelação do oráculo de Delfos, os juízes se agitavam ainda mais do que o normal (*éti mâllon eikótos ethorýboun*) (15). Xenofonte oferece, com a sua *Apologia*, o discurso socrático, mas descreve também a situação de julgamento, diferentemente de Platão, que se limita a "referir" as palavras de seu mestre. Tudo o que Xenofonte *narra*, o Sócrates platônico, com o seu discurso

---

17. Platão, *Apologia*, 32 b; cf. Xenofonte, *Memoráveis*, I, 1, 18; IV, 4, 2; Platão, *Górgias*, 473 e-474 a (o filósofo é objeto de riso no Conselho). Veja-se o comentário de Dodds (1959), *ad loc.*, sobre esta última passagem e a ocasião à qual se refere.

de defesa, podia somente *prever*. E esta "pre-visão" da agitação dos juízes não podia ser indicada senão por meio de antecipações, *prokatalépseis*.

A *Apologia* (que de agora em diante será, para nós, a platônica) é, de fato, um discurso judiciário, uma *dikaiología*, gênero retórico por excelência. Ao representar Sócrates falando diante dos juízes (ou, se quisermos: ao reproduzir as palavras socráticas), Platão representa uma *situação* de persuasão. Para ser verossímil, o discurso deve mostrar Sócrates que *tenta* persuadir seus juízes. Ao mesmo tempo, porém, nos defrontamos com a impossibilidade desta persuasão e, assim, com a *crítica* ao comportamento dos juízes ou à situação em que todos se encontram: a situação "retórica". Sócrates deverá, portanto, argumentar como orador para convencer os seus juízes/ouvintes e, como sábio, para "convencer" os leitores de Platão.

A ênfase platônica no tumulto dos juízes é singular: nunca, em nenhum outro discurso conservado da oratória ática, encontramos a mesma insistência no recurso à antecipação. A freqüência dos recursos oratórios na defesa "platônica" chama a nossa atenção para a consciência retórica do discurso, segundo um procedimento que é habitual em Platão. O Sócrates platônico mostra-se, no tribunal, "inexperiente" das regras e da linguagem das discussões judiciárias, mas ao mesmo tempo não economiza as expressões que encontramos comumente utilizadas na oratória ática.

Este suposto artifício do discurso socrático permite-nos pôr em evidência uma dupla apresentação possível da *Apologia* platônica. Podemos, antes de mais nada, supor a sinceridade das afirmações socráticas, apesar da sua aparente familiaridade retórica; ou podemos supor um uso consciente, por parte de Sócrates, dos vários recursos desenvolvidos na prática dos tribunais. Mas se considerarmos a "sinceridade" de Sócrates no seu discurso, temos de considerar também a "sinceridade" de Platão quando reproduz as palavras – e as expressões retóricas – de seu mestre. Apresentam-se, assim, quatro diferentes possibilidades de leitura da *Apologia*. Teríamos, em primeiro lugar, um retrato fiel de um Sócrates ingênuo e inexperiente (o uso das expressões retóricas seria, portanto, "casual" ou não *ainda* retórico, ou seja, "consciente"); ou teríamos um retrato fiel de um Sócrates consciente dos artifícios de persuasão, talvez inexperiente dos tribunais, mas consciente das técnicas de discurso que aí eram apresentadas, assim como o era das técnicas sofísticas: em outras palavras, uma ingenuidade *construída* do discurso. Um terceiro modo de ler a *Apologia* é pensar numa "ficção" platônica, que representa o discurso de um Sócrates sincero na sua tentativa fracassada de demonstrar a sua inocência, mas que procura principalmente indicar o âmbito de sua atividade e o seu valor cívico. Ou, finalmente, pode-se tentar ver no discurso uma representação, ao menos parcialmente fictícia, de um Sócrates que é "hábil" também em se apresentar no tribunal, hábil também no "gênero" judiciário (do qual ofereceria a paródia), dada a facilidade com a qual parece se apropriar das expressões retórico-jurídicas (o que indicaria, de qualquer jeito, *a posteriori*, uma tentativa fracassada de persuasão). Tudo isso, naturalmente, permanece condicionado pelo fato de que a representação platônica se oferece a um público diferente do que é considerado pelo "ator" de seu discurso, um público que, mesmo se convencido pela argumentação socrática, sabia de seu fracasso.

Em todo caso, tendo presente as várias leituras possíveis do discurso socrático, podemos constatar que o que é afirmado, através do Sócrates "representado" por Platão, é a dicotomia entre "formas" de discurso e apresentação da verdade. Por meio de imagens recorrentes – a falta de preparação e a inabilidade do filósofo num ambiente que lhe é estranho, a contraposição entre discurso contínuo e forma dialógica – efetua-se a conexão entre a condenação do filósofo e o modo e lugar apropriados de seu saber. Também por isso era necessário acentuar o *mal-estar* do filósofo. Mas também o *mal-estar* dos juízes, que pode ser notado pelo contínuo apelo de Sócrates às antecipações, *prokatalépseis*.

Quatro vezes Sócrates pede aos juízes que não reajam com tumulto ao que deverá dizer. Já no início de seu discurso, ele adverte que não está habituado ao ambiente dos tribunais e que não sabe se exprimir com uma linguagem apropriada ao lugar. Pede, portanto, aos seus ouvintes, que não fiquem atônitos nem se agitem (*méte thaumázein méte thorybeîn*) se ele utilizar palavras semelhantes às que usava junto aos cambistas da praça (*Apologia*, 17 c-d). Em outras palavras, que se renuncie à exigência de um discurso "adequado" à ocasião, pois disso ele era incapaz. A virtude dos juízes não reside no modo de elocução (*tòn trópon tês léxeos*), mas em avaliar se ele diz coisas justas ou não; já a virtude do orador consiste em dizer a verdade (18 a).

Esta, porém, é somente a primeira vez em que Sócrates se previne para a reação hostil dos juízes populares. Com a mesma "prudência" ele procura, mais adiante, preparar o seu público para o anúncio da própria diferença, lembrando o oráculo de Delfos que o tinha proclamado "sábio". Sócrates, em dois momentos (20 e: *mè thorybésete*; 21 a: *mè thorybeîte*), dirige um pedido aos seus juízes que, se acreditarmos em Xenofonte (*Apologia*, 15), permaneceu desrespeitado.

E, no momento em que deve interrogar Meleto – breve intrusão dialética na forma oratória –, Sócrates lembra aos juízes o seu primeiro pedido, ou seja, que não reajam com tumulto (*mè thorybeîn*) se ele proceder no seu modo habitual (27 b). Um pedido de ordem que será referido, logo depois, também a Meleto, sinal da tensão com a qual se quer caracterizar este interrogatório[18].

E mais uma vez, afirmando com arrogância, diante de um público hostil, o dano que a sua condenação representaria para a cidade, Sócrates volta ao seu pedido: "e não vos agiteis (*mè thorybeîte*), atenienses, mas respeitai o que vos tinha pedido, que me escutais e não vos agiteis a causa do que vos direi (*mè thorybeîn eph'hoîs àn légo*): pois, como creio, será útil para vós a audição. Estou para vos dizer uma outra coisa que, talvez, vos fará gritar; não o façais, porém, de nenhuma maneira" (30 c).

---

18. 27 b: "que ele responda, juízes, e não fique se agitando (*thorybeîto*) a todo momento". Este uso do verbo *thorybéo*, referido a um indivíduo, não é isolado. Ainda em Platão o encontramos, por exemplo, em *Fedro*, 245 b; *República*, IV, 438 a. Em Platão apresenta-se também a imagem da agitação, *thórybos*, do corpo em relação à alma: *Fédon*, 66 d; *República*, VII, 518 a; IX, 571 e etc.

Os juízes de Sócrates são representados na *Apologia* em constante agitação. Não aceitam o modo de seu discurso, não entendem a sua relação privilegiada com o deus de Delfos, não percebem o mal que representaria para si mesmos a perda do filósofo. Mas Platão não nos diz que estas agitações tivessem realmente acontecido, como diz Xenofonte num dos casos. Ou seja, não sabemos se os "pedidos" feitos por Sócrates foram respeitados pelos seus juízes.

Tudo o que temos são antecipações, *prokatalépseis*. Teria este recurso ajudado o Sócrates platônico a pacificar o seu público? Podemos duvidar. Em nenhum momento, a propósito de nenhuma destas antecipações, Sócrates parece ter modificado sua argumentação; também no primeiro caso, em que acentua a sua incapacidade de se apresentar no tribunal, afirma, indiretamente, que é assim que poderá (e que se pode) dizer a verdade. Mais do que *prevenir* a agitação dos juízes, as intervenções socráticas parecem servir a *prevê-la*, indicando ao leitor da *Apologia* uma reação que, de outro modo, só uma narração poderia ter exprimido.

As antecipações socráticas funcionam na *Apologia* como uma *representação*, que podemos ler em três níveis diferentes:

- Verossimilhança. Sócrates usa um recurso comum, recorrente nas orações judiciárias, de modo que o que nos é apresentado é uma transcrição "fiel" de um discurso judiciário, uma *dikaiología*.

- Particularidade e diferença do discurso filosófico. Ao chamar a atenção para o que está por fazer, Sócrates acentua o que é próprio ao seu "método". Enuncia, por isso, um discurso "não judiciário". Um discurso que é, essencialmente, *diferente* dos demais discursos, assim como diferente e excepcional é a relação do filósofo com o deus. Através de sua diferença, Sócrates pode afirmar a própria utilidade – não reconhecida, é claro – para a cidade.

- A hostilidade dos cidadãos. Com as antecipações, Sócrates revela a violência dos juízes – violência da multidão reunida – e a sua indisposição para com a figura do filósofo. As antecipações indicam no tumulto, *thórybos*, a forma por excelência de "expressão" da multidão.

95

Ao mesmo tempo em que, com a antecipação, Platão oferece um elemento importante na realização de um gênero "retórico" (*dikaiología*), ele torna evidente, com este recurso típico dos discursos públicos, a impossibilidade da persuasão, o fracasso do orador. Apesar de serem apresentadas num discurso direto, estas antecipações têm, em todo caso, um valor narrativo: o leitor da *Apologia* acaba por constatar o rumor e a agitação *de fato* ocorridos no tribunal.

O problema central para a nossa leitura da *Apologia* não se mostra tanto – ou somente – o da constatação ou não de sua veracidade, mas, antes, o da *expressão* de sua verossimilhança. Mesmo porque a questão da verdade, mais do que uma nossa questão referida ao "pai" do discurso, é a questão mesma que coloca o discurso socrático no seu interior. O que se apresenta no nível dos recursos oratórios, das fórmulas compositivas, como no caso das antecipações, envolve, enfim, o discurso no seu conjunto, no que o determina e o identifica: o problema da verdade. Sócrates não economiza apelos a respeito. Expressões como "eu vos digo a verdade", "vou expor toda a verdade" se repetem em todo o discurso socrático[19]. Vale para estas o que procuramos ilustrar sobre as antecipações: os planos diferentes de discurso, o apelo ao que está "fora" do ambiente judiciário, a "sinceridade" das afirmações, a impossibilidade mesma de determinar a verdade segundo um esquema jurídico-oratório. Enquanto *topoi*, estas expressões recriam um "gênero". Todavia, para que estas sejam de fato "verdadeiras", seria necessário um gênero diferente do que é assim recriado. Não somente um gênero, podemos acrescentar, mas também uma *situação* diferente; um *lugar* diferente de discurso, o que, por princípio, não pode acontecer.

Na singularidade desta situação, "dizer a verdade" permite determinar uma relação entre verdade e gênero, ao mesmo tempo em que esta relação é negada. Se antes falávamos de

---

19. Enumeremos alguns exemplos: *Apologia*, 17 b: "escutareis de mim toda a verdade"; 20 d: "vou dizer toda a verdade"; 22 a: "visto que é necessário que vos diga a verdade"; 22 b: "envergonho-me de dizer-vos, juízes, a verdade, mas de qualquer modo a direi"; 24 a: "é esta, juízes, a verdade"; *ibidem*: "é a prova de que digo a verdade"; 28 d: "assim é, segundo a verdade".

uma "retórica da não retórica", agora poderíamos nos referir ao "gênero do não gênero", à falta de *tropos* e de *topos*. O discurso filosófico – essencialmente o discurso que se ocupa da verdade – parece "iluminar-se" sempre por contraste, delinear-se por meio das sombras e fugir cada vez que a este dirigimos diretamente o olhar.

Não por acaso o que fica "representado" parece sempre indicar, apesar dos *topoi* judiciários, algo que está além, não ainda totalmente configurado como gênero – que se pense na "confissão", no "diálogo no extremo limiar", na "biografia".

4

Ao comportamento de Sócrates no tribunal, ao modo em que apresenta o seu discurso de defesa e procura evitar a reação rumorosa dos juízes – que é também o modo pelo qual Platão indiretamente representa a relação do filósofo com a cidade –, corresponde, nos diálogos platônicos, a imagem da multidão e do tumulto, também nos casos em que a agitação não provém de grandes grupos de pessoas, mas de reuniões mais restritas de sofistas, mesmo se sempre rumorosas. Estas indicações de tumulto e rumor permitem, a cada momento, caracterizar negativamente os mecanismos de decisão ou de determinação da verdade. Os lugares são os mais variados e têm como traço comum as formas de participação coletiva. Trata-se, freqüentemente, de situações referidas nas palavras socráticas, descritas na sua veste negativa, situações que incomodam o filósofo e impedem a boa formação dos jovens cidadãos; ou são as próprias situações em que se encontra Sócrates, das quais deve se livrar para poder prosseguir com o seu exercício dialético; ou ainda, são as formas de reunião referidas criticamente na análise e prescrição dos modos de decisão e julgamento na cidade ideal.

As representações dos tribunais e das ações coletivas nos diálogos platônicos são conhecidas e em cada uma destas pode-se notar a irracionalidade da multidão através de suas contínuas agitações. No *Górgias* – numa destas imagens que oferecem claros pontos de contato com o *Teeteto* – é esboçada, de forma premonitória, a figura do filósofo no tribunal, apresentado como um médico julgado por crianças. A reação destes juízes-crianças não parece se distanciar da reação dos juízes atenienses, opondo-se com gritos a tudo o que não é de seu agrado (522 a). Uma tal circunstância impede que o orador afirme a verdade e o faz calar (522 b-c). Todavia, não somente os tribunais, mas todo lugar comum de reunião (*koinòn pléthous sýllogon*), diz a *República* (VI, 492 b-c), é um obstáculo para o aparecimento da verdade e se apresenta, por isso, como mau educador dos jovens cidadãos. Lugares de reunião da multidão: assembléias, tribunais, teatros, campos militares (e sempre convém chamar a atenção para a particularidade destes lugares de participação coletiva, aos quais somos praticamente alheios). Forma comum de manifestação nestes ambientes é sempre o "grande tumulto" (*pollôi thorýboi*) com o qual a multidão critica ou elogia o que é dito ou feito, "sobrepondo-se uns aos outros com gritos e aplausos", em situações em que até mesmo o ambiente – "as pedras e o lugar" – ressoa e intensifica o rumor (*thórybos*) da multidão.

A ação da multidão assemelha-se à do sofista e vice-versa. Mesmo porque, se a multidão exerce o papel de mau educador que é atribuído aos sofistas, são as próprias reuniões de sofistas que reproduzem as formas públicas de discussão. A representação do modo de agir dos sofistas evoca sobretudo a competição esportiva, mas a participação da multidão é freqüentemente representada de forma semelhante. As proezas verbais de Eutidemo e Dionisodoro provocam nos ouvintes aplausos, risos, sinais rumorosos de aprovação (*Eutidemo*, 276 b: *anethorýbesán te kaì egélasan...*; 276 d: *pány méga egélasán te kaì ethorýbesan*). É verdade que a apresentação destes sofistas, como dirá Sócrates, não é adequada aos círculos amplos de ouvintes (303 c), mas o seu sucesso repetido suscita entre os sequazes reações barulhentas: estes riem e aplaudem, e até mesmo as colunas do Liceu "participam" do rumor (*ethorýbesan*) (303 b). A situação deixa Sócrates turbado, golpeia-o como um pugilista e o subjuga[20]. O que

---

20. Sócrates "atingido": 276 d; 303 a; "subjugado": 303 c.

acontece com os sofistas repete-se em outros lugares. Diante das reações da multidão no teatro, também o homem inexperiente fica estonteado (*Leis*, II, 659 a, *infra*); do mesmo modo reage Sócrates, sempre incomodado nos lugares públicos de decisão – os teatros, os tribunais –, em todo caso submetendo-se às proezas dos sofistas. Efeito das palavras, efeito dos aplausos: Sócrates é atingido pelo discurso (*plegeìs hypò toû lógou*) como um lutador, e nesta situação lamentável o encontramos também depois de ter escutado o longo discurso de Protágoras. Às palavras do sofista seguem aplausos e elogios rumorosos dos ouvintes (*Protágoras*, 339 d-e: ... *polloîs thórybon paréskhen kaì épainon tôn akouónton*), e novamente Sócrates se mostra ofuscado e atordoado, como quem é atingido na luta (*hypò agathoû pýktou plegeís*) (339 e)[21].

Violência da multidão, violência do sofista. O filósofo, despreparado, retira-se, põe-se às margens, recusa participar. Após o sucesso de Protágoras (*hoi paróntes anethorýbesan hos eû légoi*) (*Protágoras*, 334 c) e sua recusa em se exibir de outro modo que por meio de longos discursos, Sócrates levanta-se e prepara-se para ir embora (335 c). Mas o sofista, enfim, aquiesce e segue o esquema das interrogações breves. Na sua vitória, o filósofo conduz o antagonista para o espaço que permite, este somente, a atenção à verdade, mesmo se com o risco da aporia final.

5

A passagem contínua entre as cenas de ação coletiva, que dizem respeito à participação dos homens nas suas instituições comuns, nas principais esferas de ação na cidade, e as considerações sobre a possibilidade de enunciar um discurso "verdadeiro", referido em particular ao procedimento próprio ao filósofo, delineia o campo de reflexão sobre o espaço da justiça (o que torna possível a decisão justa) como lugar de determinação da verdade. Além do contexto literário dos

---

21. Sobre as "vertigens" do filósofo voltaremos adiante, p. 163, nota 7.

diálogos, e além da situação de intriga – a condenação de Sócrates à morte –, a apresentação dos lugares públicos na sua "condição" de verdade permanece sedimentada, pelo menos nas observações sobre a retórica, e é explicitada no processo de reforma como proposto nas *Leis*.

Vimos, em Platão, o papel desempenhado pelo tumulto/ *thórybos* nas cenas em que Sócrates aparece e na representação da ação em comum dos homens. Falta somente sublinhar a importância da retomada e crítica deste tema na última obra platônica, quando o filósofo se dedica a prescrever as regras justas de organização das reuniões de cidadãos e dos processos coletivos de decisão.

O discurso platônico anuncia-se, desde o início das *Leis*, como um discurso sobre a educação e as formas do "estar juntos" (*synousía*). Como modelos de comunidade encontramos, entre outros, os banquetes, as assembléias militares e os concursos artísticos. De forma mais específica, estes últimos assumem um papel paradigmático na reflexão do Ateniense: os concursos de seu tempo apresentam-se como formas degeneradas de decisão, formas que conduzem à má educação dos jovens e que preanunciam a organização da cidade corrompida.

Em que modo é possível organizar a nova cidade sem conduzir à desordem os lugares "comuns" de encontro e decisão, os momentos de discussão coletiva? Nos dois primeiros livros das *Leis* volta-se com freqüência a tal questão. Toda forma de reunião, toda associação exige uma forma de domínio, requer a presença de um *árkhon* (*Leis*, I, 640 a 4 s.). Característica do domínio é a ordem. Assim como um banquete composto por bêbados é, por princípio, "desordenado", assim também quem possui o comando deve ter o atributo de não ser sujeito a ações de distúrbio[22]. Os banquetes servem como modelo para toda forma de comunidade. Deve haver uma ordem no silêncio e na fala, na bebida e nos cantos (II, 671 c 6-7), contrariamente à desordem primitiva, ligada aos desatinos e aos gritos (672 c 4). No que diz respeito

---

22. Banquete desordenado: I, 640 c 2; cf. II, 671 a 5. Comando impassível: I, 640 b 2; c 6; cf. II, 671 d 5 ss.

aos processos coletivos de decisão, servem como exemplo os concursos artísticos. Trata-se de separar o princípio do julgamento justo do julgamento da multidão, sem, porém, perder de vista as formas de decisão comum. Se se concede à multidão que o juízo artístico pode ser baseado no prazer, é preciso esclarecer que os juízes devem ser os melhores, distintos por virtude e por educação. Não é no teatro que o verdadeiro juiz aprende a julgar, estonteado pelo tumulto e pela própria ignorância (659 a 5-6): no teatro deve-se comportar como mestre e não como discípulo dos espectadores (b 1-2).

O Ateniense especifica que as reuniões e os julgamentos rumorosos acontecem principalmente nos tempos contemporâneos, tratando-se seja de banquetes (II, 671 a 4-11), seja de concursos artísticos. Na digressão "histórica" do terceiro livro, a particularidade destes concursos torna-se a imagem da corrupção geral da cidade. Nos primeiros tempos, respeitavam-se as formas e os modos preestabelecidos da música (III, 700 a 7 ss.). Não eram os assobios ou os gritos incultos da multidão que ditavam as regras, como nos dias de hoje, nem tampouco os aplausos e as expressões de apreço (c 3-4). Então os cidadãos de boa educação escutavam a apresentação em silêncio, até o final, enquanto que as crianças, os pedagogos e a maior parte da multidão eram calados pelos bastões dos responsáveis pela ordem. Nessa situação, a multidão dos cidadãos queria ser comandada e não pretendia julgar com o barulho (*dià thorýbou*) (700 d 2). Com o tempo, os "teatros" tornam-se "falantes", quando no início eram sem voz, e no lugar da aristocracia instaura-se uma pobre "teatrocracia" (701 a 1-3). Este alargamento da democracia não se limitou à música, mas criou em todos a presunção da sabedoria e a anulação da submissão à autoridade (701 a 6): o princípio da degeneração musical torna-se sinal de uma corrupção generalizada. A partir deste quadro de decadência civil, como exposto no final do terceiro livro, o Ateniense pode recompor, desde o princípio, a sua nova cidade cretense.

Esta imagem crítica do tumulto da multidão aparece novamente nas *Leis* quando se considera a questão dos tribunais na cidade ideal. Trata-se de uma questão que envolve a cidade no seu conjunto: toda cidade seria uma "não cidade" (*pâsa dè dépou pólis ápolis àn gígnoito*), se os tribunais não fossem estabelecidos do modo justo (VI, 766 d 3 ss.). A "reforma" platônica não excluirá a participação da multidão no que diz respeito às decisões judiciárias, pois esta participação permanece um fator primário de cidadania. Como se vê nas causas públicas: visto que a injustiça nestes casos é sofrida por todos, é necessário que todos tomem parte da decisão (768 a 1-2). Mas também nas causas privadas exige-se esta participação, pois, de outro modo, isto implicaria a completa exclusão da cidade (768 b 2-3). Não há participação política sem participação jurídica, e, portanto, a própria definição de cidadania exige a possibilidade de ter acesso, como juízes, aos tribunais. Mas o que permanece princípio de cidadania não corresponde, necessariamente, à forma ideal de organização de um espaço para a determinação da verdade.

Com efeito, os novos tribunais da cidade de Magnésia deverão se opor a duas formas extremas, que conduzem *toda* a cidade a uma má situação (IX, 876 b-c). Por um lado, há os tribunais de pouco valor e sem voz (*phaûla kaì áphona*) (b 1)[23]: tribunais que escondem as próprias opiniões e julgam secretamente. Por outro lado, condição ainda mais deplorável, há os tribunais em que não se cala: nestes, com grande rumor (*thórybos*), como no teatro, os juízes elogiam ou criticam com gritos todo orador que se apresenta durante o julgamento (876 b 2-5). Para o controle destes tribunais são necessárias leis bem estabelecidas e precisas, um longo trabalho de legislação. Diferentemente, pode-se confiar a decisão da maior parte das questões a um tribunal composto por juízes educados (c-d). Igualmente importante mostra-se o fato de que, na cidade ideal, ao menos para alguns crimes significativos, como o furto nos templos ou o homicídio voluntário, os juízes deverão tomar a palavra cada um por sua vez, a partir do mais velho, analisando com cuidado

---

23. Já em VI, 766 d, falava-se do "juiz sem voz" (*áphonos dikastés*), dos maus juízes, assim como da dificuldade de um bom julgamento realizado pela multidão. Em III, 701 a, são os teatros que recebem a caracterização de "mudos" ou "falantes".Ver acima p. 101.

(*sképsin hikanén*) o discurso dos adversários[24].

Entre o juiz mudo e o tumulto da multidão encontrará espaço a forma justa de julgamento. O legislador deverá então se regular na sua tarefa de prescrição, na minúcia de sua obra normativa, segundo o tipo de tribunal. Estas considerações do Ateniense retomam os termos de uma discussão sobre a possibilidade de determinação da verdade no espaço público[25]. Não é suficiente, porém, supor uma organização diferente deste espaço: será sempre necessário contar com juízes bem preparados, bem educados (*pepaideuménoi*), talvez sábios e velhos. A ressonância da questão em Aristóteles, que procuraremos analisar no próximo capítulo, fica clara: como estabelecer um projeto de "retórica" que não tenha que se basear em cidadãos para os quais a retórica não seria necessária?

24. *Leis*, IX, 855 e (855 d-856 a para o furto nos templos; 871 d para o homicídio). Este julgamento tem como modelo a instrução do processo pelo magistrado (o próprio termo *anákrisis* é aqui utilizado); a votação é aberta. Em VI, 766 e, a clareza do julgamento deriva da duração do procedimento e das repetidas "instruções" processuais: um projeto platônico em que são evidentes os temas da oratória precedente e contemporânea (cf. adiante, capítulo 6, p. 168).

25. Falta mencionar o único caso em que Platão considera positivamente o tumulto, *thórybos*, da multidão: trata-se da famosa passagem do *Protágoras*, em que Sócrates menciona as reações da assembléia diante das várias "competências" (319 b-d). A crítica do ensino dos sofistas leva Sócrates a indagar sobre a especificidade de um conhecimento "político". A sabedoria dos atenienses, afirma Sócrates, consiste em chamar para tarefas específicas quem é competente, em todos os campos em que os conhecimentos podem ser transmitidos com o ensino. Neste caso, se alguém, mesmo se belo, rico e de origem elevada, apresenta-se em público sem conhecer a profissão, não o aceitam, mas manifestam um desprezo geral, com risos e tumulto (*allà katagelôsi kaì thoryboûsin*), até o momento em que este sai da cena política, ou até que o levem embora, "segundo a ordem dos prítanes". Este relacionamento entre cena política e conhecimento técnico tem uma dupla conseqüência: afirma a *diferença* da questão política e assere, em todo caso, a *validade* da decisão coletiva (mesmo se num campo restrito: o caráter evidente das competências técnicas pode sugerir que houvesse ironia nas considerações socráticas). Todavia, não encontramos nunca, em outros textos, um exemplo de tumulto, *thórybos*, que indique a "sabedoria" popular, nem quando o mesmo tema é retomado no *Górgias* (455 b-c; cf. *Alcibíades I*, 107 a-c). Para Platão, como para Aristóteles, competência e verdade nos discursos públicos permanecem problemas abertos e recorrentes, a partir dos quais colocam-se critérios de distinção de um discurso verdadeiro e o modo de atuação da retórica.

4. UMA FALA SERVIL

Mas 'junto à multidão' e 'junto aos que não sabem' não é a mesma coisa? *

PLATÃO, *Górgias*, 459 a.

Apresenta-se então uma arte dos discursos ... ao que parece, ridícula e sem arte. **

PLATÃO, *Fedro*, 262 c.

1

Até que ponto a palavra da multidão ou a palavra que lhe é dirigida – palavra comum, adulatória, contrária a tudo

---

*. *"oukoûn tò en ókhloi toûtó estin en toîs mè eidósin?* Cf. *Protágoras*, 317 a: 'a turba, por assim dizer, nada percebe (*oudèn aisthánontai*)'" (dito por Protágoras).

**. *"lógon ára tékhnen... geloían tiná, hos éoike, kaì átekhnon paréxetai"*.

o que é retidão, e, portanto, tortuosa e mesquinha – pode ter uma relação qualquer com a verdade?[1]

Para Platão era mesmo difícil dizer, quanto à retórica, se se tratava de uma "arte", *tékhne*: uma prática como a dos artesãos, *tekhnítai*, que possuíam ocupações consideradas, por vezes, indignas dos cidadãos, mas, de qualquer forma, uma prática indicativa de uma certa competência ou de um certo saber. Melhor, talvez, falar de *empeiría kaì tribé*, de uma experiência, ou uma habilidade, que se coloca aquém da arte[2].

Todavia, nem mesmo Platão pode deixar de se referir à retórica como *tékhne*, talvez por se tratar do termo usado para designar os preceitos úteis à palavra dos cidadãos nas suas ocupações públicas, nas assembléias e nos tribunais – mas também nas suas reuniões privadas – e que eram provavelmente matéria de ensino já no século V a.C. Independentemente do que ocorreu no início – se, por exemplo, este ensino deve ser relacionado à rápida experiência siracusana no campo da política democrática –, Platão corrobora a ligação entre retórica e palavra pública (palavra própria a homens livres), transformando-a, porém, em elemento de servidão. A própria organização das atividades civis condiciona esta fala adulatória, que não é nada mais do que *habilidade* na expressão e, por conseguinte, *atenção* à função persuasiva de toda elocução. Uma atenção dirigida a *obter* esta persuasão, que possui, portanto, um fim essencialmente prático.

A identificação platônica entre palavra pública e constrição revela um aspecto importante da retórica. A equação entre retórica e democracia pode levar a pensar a retórica como "liberdade" de palavra, como superamento dos limites para

---

1. Parte das reflexões seguintes – em particular no que diz respeito ao procedimento judiciário ateniense e ao "programa" da retórica aristotélica – foi publicada em "Rhetorica" (The International Society for the History of Rhetoric), 15, 1997, pp. 159-176.

2. Para a expressão *empeiría kaì tribé* ver *Górgias*, 463 b; *Fedro*, 270 b; *Filebo*, 55 e; *Leis*, XI, 938 a (neste caso, trata-se da oratória judiciária: *tékhne* ou *empeiría kaì tribé*?); cf. Dodds (1959), com. *ad* 463 b. Para a técnica em Platão ver Cambiano (1971); sobre a retórica, em particular, pp. 165-180. Para o desprezo das técnicas, Joly (1974), pp. 210 s.

atingir o fim de persuasão. Na realidade, vemos – também através de Platão – que esta *técnica* de persuasão implica não tanto a liberdade na disposição dos discursos quanto o exercício, o controle, a experiência das limitações. A partir, ao menos, de Aristóteles, a retórica pressupõe uma teoria dos gêneros e a cada gênero corresponde uma "situação" de discurso. A retórica, no início de sua formalização nas "artes retóricas" (*tékhnai rhetorikaí*), diz respeito não somente à descoberta das regras para tornar mais persuasivos os discursos, mas ao acordo das regras próprias com as regras dadas, (pré-) determinadas pela situação. E o que, genericamente, denominamos "situação" consiste, no que se refere à retórica deliberativa e judiciária, numa organização precisa das regras sociais, das constrições das "práticas discursivas".

Não é difícil esboçar um quadro com os elementos mais gerais de determinação dos discursos nas assembléias ou nos tribunais da Atenas clássica. Pode-se seguir o sistema das seções, a ordem das intervenções, a preparação das medidas sobre as quais se devia deliberar (os *probouleúmata*) ou das provas com as quais julgar (recolhidas durante a *anákrisis*, o momento preparatório ao debate judiciário). Pode-se indagar sobre as formas de hierarquia social que condicionavam a apresentação dos oradores na assembléia e sobre o que de fato limitava o acesso à palavra (a própria preparação retórica: não se deve vê-la somente como elemento externo e postiço, mas também como fator constitutivo das práticas sociais, que interage na determinação das regras). Pode-se também considerar as formas de pressão dos votantes na assembléia ou supor a presença de grupos de apoio que acompanhavam os oradores. No que diz respeito aos tribunais, as determinações processuais são ainda mais claras e mais fortes. Como vimos, Platão pensa na palavra nos tribunais quando equipara os discursos "adulatórios" – ou seja, retóricos – aos discursos "de escravos".

Uma palavra que é comum, à qual acedem todos os cidadãos; uma palavra, porém, que sofre as constrições externas de sua manifestação pública. Uma conseqüência importante desta ambigüidade é a relação entre naturalidade e artificialidade da elocução, de modo particular como apresentada nos discursos judiciários. Aliás, como repetirá uma

107

longa tradição de tratados retóricos, o fim primário da *arte* será "esconder-se", "tornar-se natural". Aristóteles aplica seu discurso a toda elocução: parte, portanto, da generalidade do objeto de discurso e do elocutor. Mas, já antes, Platão tinha levantado o problema da generalidade da retórica: o sofista Górgias, no diálogo homônimo, arrogava-se uma maior competência em cada argumento, em cada "disciplina" – Górgias fala de *dýnamis* –, do que a que possuem os vários especialistas (*Górgias*, 456 a-457 c). Mais do que tudo, porém, a arte de Górgias permanece efetiva no que era seu campo principal de atuação (que o teria, segundo a tradição, conduzido a Atenas): os discursos nos tribunais e em todo gênero de assembléia (454 b), a persuasão da multidão (457 a), o que é palavra pública, civil. Não se tratava tanto de uma limitação, uma restrição do campo de discurso, pois a retórica era concebida *a partir* desta sua situação "pública", relativa aos modos comuns de decisão. Uma característica que se torna evidente também no *Fedro*, que, no entanto, inicia com um exercício de retórica "privada" de Lísias sobre o amor[3].

Aristóteles retoma várias vezes o argumento sobre a não delimitação da retórica, até esconder este seu aspecto, primeiro e essencial, de palavra pública[4]. Se à "situação" de persuasão corresponde uma teoria dos gêneros – deliberativo, epidítico, judiciário –, nenhum gênero por si mesmo "define" a retórica. A questão da particularidade da argumentação retórica coloca-se não tanto por meio de seu carácter de palavra pública, quanto na sua relação com a dialética, assim como, dada a natureza "derivada" destas duas modalidades discursivas, com a lógica. O elemento principal da argumentação retórica segundo Aristóteles, o entimema, não pode ser definido sem o apelo ao silogismo[5].

3. Para a especificidade jurídica da retórica considere-se, além do trecho do *Górgias*, *Fedro*, 272 e-273 a; *Teeteto*, 201 a-b. Diferentemente interpreta Yunis (1996), pp. 173-181: mas ver também adiante, capítulo 5, pp. 153-156.
4. A retórica diz respeito a questões "comuns" (*Retórica*, I, 1354 a 2); como a dialética, não pertence a um gênero "delimitado" (1355 b 8 s.); ela é uma *dýnamis* (1355 b 25 etc.) (*dýnamis*, como dissemos, aparece já em *Górgias*, 456 a).
5. *Retórica*, I, 1355 a 8; 1356 b 3 etc. Compare-se o tratamento retórico, mas não aristotélico, do entimema em *Retórica a Alexandre*, 10, 1430 a 23 s.

O que em Platão corresponde a uma situação precisa de apresentação *pública* dos discursos parece se transformar, em Aristóteles, na determinação genérica do *logos*, que se realiza diferentemente em cada "ocasião" retórica, mas que possui esta disposição geral e abstrata – *dýnamis* – de persuasão. Estamos, aparentemente, longe do procedimento "figurativo" platônico, dos raciocínios de valor, do *pathos* da distância e da verdade, criado a partir da "situação de intriga" socrática. Os temas que no *Teeteto* levavam a definir uma modalidade de discurso segundo uma relação com as formas comuns e civis de palavra, a partir da *distância* destas formas, agora parecem esvanecer diante das divisões dos gêneros e da determinação formal de seus âmbitos. A "distância" que pode ser constatada em Aristóteles parece ser somente a distância que separa a *sua* análise retórica dos tratados de retórica anteriores, uma distância afirmada com intenção programática, que evidencia um *projeto* de retórica na obra do filósofo: os tratados anteriores teriam negligenciado a noção de prova, *pístis*, que, no entanto, é elemento essencial nas considerações aristotélicas (*Retórica*, I, 1354 a 11-16). Se há distância ou crítica, esta não parece se referir ao espaço público, comum, do qual se afasta, mas somente ao caráter rude e ingênuo dos predecessores do filósofo.

A crítica de Aristóteles a seus predecessores pode revelar a "intenção" do autor na organização de seu discurso sobre a retórica e permite-lhe, ao mesmo tempo, ocultar o que terá sido o seu débito para com estes tratados, de modo particular no que se refere, na *Retórica* aristotélica, às regras concretas de persuasão. Pode-se, além do mais, constatar que, se Aristóteles critica os que negligenciaram a noção de prova, ele, por sua vez, não especifica o contexto em que estava inserida esta noção, contexto ao qual deve se "adequar" (procurando, por exemplo, definições "lógicas" para elementos que, *de fato*, derivam da distinção jurídica entre provas "técnicas" e "não técnicas": *Retórica*, I, 1355 b 35-39). O texto aristotélico, na sua força generalizante, evita mostrar-se "em relação", diferentemente das considerações platônicas. Todavia, atrás da retomada aristotélica

109

das regras de persuasão, e atrás das reflexões do filósofo sobre estas, parece possível ler um seu *projeto* de retórica: uma "tensão", ao menos, que atravessa as suas reflexões, que impede a sua esquematização e que transparece no contraste entre os elementos de avaliação e as formas concretas do ato persuasivo.

Vista desta perspectiva, a retórica aristotélica pode ser relida *segundo as imagens e os temas platônicos* que temos seguido (sem com isso supor, naturalmente, a identidade das respostas). Até que ponto a palavra dirigida à multidão pode ser portadora de "verdade"? Seria difícil encontrar, para tal pergunta, tanto em Platão quanto em Aristóteles, uma resposta unívoca. Se consideramos uma tal questão, é porque a vemos "transparecer" nos textos, seguindo os traços de uma imagem utilizada por Platão no *Teeteto* – referida a uma norma judiciária da qual nos ocuparemos – e que é retomada por Aristóteles na apresentação de seu projeto de retórica. Devemos ler agora, segundo uma prática precisa de cidadania, a constituição de um discurso sobre a retórica. O que virá à tona não será, com certeza, o "ato de nascimento" da palavra persuasiva na cidade, que não esperava os seus maiores pensadores para se realizar. Mas veremos, na seqüência destas reflexões, que a "generalidade" que é atribuída ao ato de persuasão não se afirma sem que os modos concretos de governo e de domínio entre os homens deixem os sinais de sua presença. Na conotação platônica de uma fala "de escravos" pode-se fundar a retórica como modalidade do *logos*.

2

Voltemos, mais uma vez, à digressão do *Teeteto*. Considerada a natureza concreta das figuras e relações que aí são delineadas – a relação com os escravos e com a multidão –, falta observar em qual modo as ocupações próprias aos cidadãos podem ser degradadas como "servis". A palavra dos homens livres nas suas atividades civis torna-se sinal de uma fala de escravos. Não se trata somente de uma caracterização da retórica nos seus vários aspectos negativos: a sua função adulatória, a ênfase colocada no ato persuasivo ou na forma dos discursos. Trata-se, ao contrário, da "fundação" do ato persuasivo nos procedimentos instituídos pela cidade, elementos próprios de cidadania, atinentes em particular à esfera judiciária. A fala nos tribunais aparece com freqüência em Platão como sinal distintivo da elocução retórica, mas, aqui, no *Teeteto*, a retórica torna-se *conseqüência* das normas processuais e é, assim, relacionada à organização das práticas de justiça.

Os homens que se dedicam à vida pública, que desde a juventude transcorrem todo o tempo nos tribunais, falam sempre *en askholíai* (172 d): ou seja, falta-lhes a disponibilidade do próprio tempo, característica da liberdade dos verdadeiros cidadãos. Com efeito, "pressiona-os a água que escorre na clepsidra" (*katepeígei gàr hýdor rhéon*). O próprio Sócrates deverá falar sob tal constrição no tribunal e a esta limitação atribuirá o próprio fracasso, não tendo convencido os demais cidadãos. Assim, segundo a *Apologia*, teria se dirigido aos juízes, quando soube do resultado do processo:

> [...] mas disto não vos persuado. Tivemos pouco tempo de diálogo [*olígon gàr khrónon allélois dieilégmetha*: note-se a ressonância deste último termo usado por Sócrates no tribunal]. Creio que se houvesse aqui a lei, como em outros lugares, pela qual não se devem decidir sentenças capitais no mesmo dia, mas em muitos, eu vos teria persuadido. Mas agora não é fácil, em pouco tempo, livrar-se de grandes calúnias (*Apologia*, 37 a-b).

Esta referência singular, por parte de Sócrates, a uma eventual reforma da lei parece se referir a uma persuasão possível no espaço público. Mas se trata de uma persuasão que ali, naquele lugar, não era possível: a sua menção evidencia o procedimento judiciário concreto como causa de uma malograda compreensão da verdade[6].

---

6. Note-se que, no *Górgias* (523 b-c), esta reforma é atribuída a Zeus, o qual, nos primeiros tempos de seu domínio, teria modificado o modo de julgamento dos mortos, que até então se realizava "no mesmo dia" em que se morria, motivo pelo qual "julgava-se mal". Mas o bom julgamento dos deuses assim estabelecido não poderá durar muito: não vai dizê-lo Sócrates no *Górgias*, após ter exprimido esta crítica, mas o estrangeiro de Atenas nas *Leis*, lembrando o julgamento breve de Radamante: *Leis*, XII, 948 b. Cf. adiante, p. 114 e também capítulo 6, pp. 166-169.

111

Todavia, não só a limitação do tempo dos discursos representa, no *Teeteto*, uma constrição para a palavra no tribunal. Aos litigantes "não é permitido fazer discursos sobre o que desejam[7], mas sob a constrição do adversário e da leitura do ato de acusação (*hypographé*), fora do qual não se pode falar" (172 e).

Há, portanto, duas constrições da fala no tribunal, como indicadas no diálogo: o tempo limitado dos discursos e a necessidade de se ater à causa, ao que estava contido no ato de acusação, na *hypographé*. Somente sobre isso devia-se falar. Este ato de acusação, recebido pelos magistrados, lido pelo arauto no início da discussão, regulava e condicionava o debate judiciário.

A obrigação, referida por Sócrates, de limitar o debate a este ato não é nada mais do que a norma, freqüentemente mencionada pelas fontes antigas, que proibia de falar "fora do argumento", *éxo toû prágmatos*, norma à qual nos referiremos, genericamente, como "critério de pertinência". Não é completamente claro o âmbito de sua aplicação, mas as suas conseqüências no que se refere à "imagem" dos discursos judiciários são fáceis de se imaginar. É por si mesmo significativo o fato de que Sócrates atribua esta norma a todo discurso, quando, em outras passagens, esta sua aplicação geral é bem menos evidente[8]. Se considerarmos também que se usava a clepsidra somente nas causas privadas, pois as causas públicas duravam um dia inteiro, dividido entre os litigantes, podemos perguntar se estas constrições (os limites de tempo e argumento), como enunciadas por Sócrates, foram aplicadas no seu próprio julgamento.

Em todo caso, independentemente do âmbito de aplicação destas normas, elas permanecem, para Sócrates, elemento

---

7. *kaì ouk enkhoreî perì hoû àn epithymésosi toùs lógous poieîsthai*. Deve-se considerar que, na oratória, o verbo *enkhoréo* é freqüentemente referido à limitação do tempo, em particular relativamente ao tempo dos procedimentos judiciários ou dos discursos: Lísias, XXVI, 6; Demóstenes XLIV, 45.

8. Veja-se Aristóteles, *Constituição dos Atenienses*, 67, 1, adiante, p. 118, nota 19, que menciona a norma em relação às causas privadas (o que não exclui, necessariamente, a sua aplicação também nos outros casos); cf. também vários textos que a relacionam ao tribunal do Areópago (adiante, p. 120, nota 23).

geral de limitação e constrição dos discursos no tribunal. De aspectos precisos de regulamentação do debate judiciário, tornam-se princípio constitutivo da palavra persuasiva. Por um lado, a limitação de tempo levará, mais do que uma vez, a conotar por oposição a liberdade na qual pode se desenrolar o diálogo filosófico. Por outro lado, o critério de pertinência, retomado por Aristóteles, torna-se elemento de base não somente da palavra retórica, mas, por transposição, também do discurso *sobre* a retórica.

Com efeito, no início da *Retórica*, Aristóteles critica os tratados de retórica anteriores, pois tratam de coisas que "não dizem respeito ao argumento" (*perì dè tôn éxo toû prágmatos tà pleîsta pragmateúontai*) (*Retórica*, I, 1354 a 15-16), utilizando a mesma expressão que permitia indicar a regra para a apresentação das partes no tribunal. A crítica aristotélica à retórica, ao modo em que esta era praticada no seu tempo, é, portanto, efetuada a partir de uma noção transposta do contexto judiciário. Não se trata exatamente de um uso metafórico: se as "artes" (*tékhnai*) se concentravam em problemas que permaneciam "fora do argumento" (*éxo toû prágmatos*), era porque podia-se falar "fora do argumento" nos tribunais populares atenienses. Esta referência aristotélica é significativa também pela transposição que efetua: do mesmo modo que a proibição de falar *éxo toû prágmatos* nos tribunais indica o que é *pertinente* à causa, esta crítica dos tratados de retórica permite ver o que é pertinente à arte retórica. A norma limitativa da palavra nos tribunais assume, assim, um valor paradigmático e torna-se elemento guia na "definição" aristotélica da retórica.

3

O que condiciona, para Platão, uma fala de escravos – e que constitui, portanto, a base da retórica – são normas jurídicas bastante difundidas, com importantes consequências para o *modo* de apresentação dos discursos no tribunal. Assim acontece com o "critério de pertinência". Aristóteles se refere à sua ampla aceitação no mundo grego. Segundo o filósofo, ele vigorava em algumas cidades, que dispunham das melhores leis. Todos, afirma, estão de acordo com este princípio limitativo, mas, para alguns, é necessário que as leis o mencionem, para outros, também "que ele seja aplicado e que se proíba falar fora do argumento, como junto ao Areópago; e deste modo procedem corretamente" (*Retórica*, I, 1354 a 18-24).

É significativo que também Platão fale deste preceito nas *Leis*. É, porém, singular que ele não o faça quando trata da apresentação dos discursos nos tribunais ou quando considera a atividade dos logógrafos, mas ao analisar o problema dos juramentos[9].

Nos tempos do julgamento de Radamante, os homens consideravam evidente a existência dos deuses. Aliás, constata o Ateniense, a maior parte dos homens era então filha dos deuses. Diz-se, além do mais, que também Radamante era um deus. Naquela época, o julgamento não era confiado aos homens, mas aos imortais, que proferiam sentenças simples e imediatas, fazendo jurar cada parte e resolvendo a causa de modo rápido e seguro (XII, 948 b 2-c 2).

Hoje em dia, prossegue o estrangeiro de Atenas, não acontece mais assim. As relações com a divindade mudaram completamente[10]. Alguns homens não consideram os deuses, outros crêem que estes não se preocupam com os mortais; outros, ainda, os imaginam cúmplices das más ações humanas, em vista de pequenos favores e adulações.

Como agirão, então, os legisladores da nova cidade a propósito dos juramentos nos processos? A resposta do estrangeiro é paradoxal: como o comportamento dos homens em relação aos deuses mudou, assim, também, que se mudem as leis. Não se propõe nenhuma tentativa de renovação moral e religiosa dos indivíduos. Mais simplesmente, elimina-se a

---

9. Discursos nos tribunais: IX, 855 d- 856 a; atividade dos logógrafos: XI, 937 d - 938 c; juramentos: XII, 948 b ss. Sobre o problema do juramento nas *Leis* cf. Bonner – Smith (1930), II, pp. 161 ss.; Gernet (1951), p. CXLII, CXXXVIII nota, CXLIV; Morrow (1960), pp. 278-281; 290.

10. Note-se que, anteriormente (X, 886 b 10-e 2), esta nova situação era referida especificamente a Atenas; todavia, não eram previstos atenienses em Magnésia!

114

exigência de juramento no início de cada processo, evitando que metade dos adversários cometa perjúrio.

O juramento será imposto, na cidade de Magnésia, aos juízes, e toda vez que, "segundo a opinião humana, não houver vantagem no perjúrio" (949 a 4-5). Em todo caso (e aqui constatamos a pertinência da questão do juramento quanto à disposição dos discursos no tribunal), os presidentes dos tribunais não permitirão que se torne mais persuasiva a fala por meio de juramentos, imprecações contra si mesmo ou as próprias origens, com o uso de súplicas desavergonhadas ou gemidos femininos (a 8-b 3)[11]. "Expondo e ouvindo" (*didáskonta kaì manthánonta*) – ou seja, no que diz respeito tanto aos oradores quanto aos juízes – deve-se procurar a justiça com "boa disposição"[12]. Senão, "como com quem *fala fora do argumento* (*éxo toû lógou légontos*), caberá aos magistrados reconduzir o discurso à questão (*perì toû prágmatos*) (b 3-6).

O que o Sócrates do *Teeteto* indicava como "origem" da palavra adulatória é agora considerado pelo Ateniense instrumento de limitação do ato persuasivo. Ater-se ao argumento era visto, num caso, como restrição do discurso, e, portanto, da possibilidade de atingir a verdade, uma restrição que dava origem às formas "tortuosas" da adulação, ou seja, à retórica. No outro caso, ater-se ao argumento é requerido *contra* a persuasividade da fala no tribunal.

Contradição ou reconsideração platônica? Mas o tema das *Leis*, obra da "velhice", aparece já na *Apologia*, obra de "juventude": Sócrates diz, concluindo o seu discurso no tribunal, que evitará as súplicas, pois a persuasão assim obtida representaria uma violência ao juramento dos juízes, ensinando-os a não acreditar nos deuses e, por conseguinte, acusando a si mesmo de impiedade (35 c-d). Trata-se de um tema "socrático" por excelência, se por isso entendermos o que pode ser verificado também no texto de Xenofonte (*Me-*

---

11. A expressão feminina é objeto da atenção platônica também na lei contra a *kakegoría*: *Leis*, XI, 935 a 1. Cf. *Apologia*, 34 c-35 d (ver abaixo, p. 116, nota 13).

12. *met'euphemías*: com efeito, falar fora do argumento é freqüentemente relacionado à *blasphemía*: Ésquines, I, 166 s.; Demóstenes, XVIII, 9; 34; XIX, 213; LVII, 33.

115

moráveis, IV, 4,4). Não há dúvida de que as dois trechos, do *Teeteto* e das *Leis*, mencionem a mesma norma, pois ambos se referem ao problema do juramento (das partes, no *Teeteto*, das partes e dos juízes, nas *Leis*). Tratar-se-ia de uma imprecisão da imagem do *Teeteto*, à qual seria inoportuno atribuir um significado jurídico mais preciso?

Ao contrário, trata-se de dois aspectos essenciais da norma jurídica que emergem destas considerações platônicas, elementos funcionais à construção dos discursos na sua veste retórica – e, portanto, aspectos fundamentais para a *delimitação* da retórica como compreendida pelo filósofo. Por um lado – é o caso do *Teeteto* –, a restrição da palavra é vista como limitação das digressões (por oposição às quais o discurso filosófico mostra-se "livre" na sua procura não linear da verdade). Por outro lado – como indicam as *Leis* –, trata-se de conter a manifestação de emoções, o que se torna a imagem mesma do ato retórico. Presença das digressões e *pathos* do discurso são as duas formas de "desvio" que a lei tenta restringir. Encontramos exemplos de cada um destes casos nos discursos dos oradores[13]. Norma processual e artifício oratório, o "critério de pertinência" permite que se delineie, entre Platão e Aristóteles, um espaço próprio à palavra retórica criticada.

4

Quais as possibilidades efetivas de aplicação desta norma, que proibia falar "fora do argumento" nos tribunais atenienses (que são os tribunais para os quais temos atestações diretas)? É necessária uma breve digressão sobre aspectos processuais

---

13. "Desviar-se do argumento" como proceder a digressões: assim, por exemplo, em Lísias, III, 44 e 46; Iseu, V, 5; Demóstenes, XVIII, 9, 34; LII, 2; LVII, 7, 33, 59 s., 63, 66; LVIII, 23; Ésquines, I, 166; III, 205 s.; Licurgo, *Contra Leócrates*, 16. Como "excesso emocional": além da *Retórica* aristotélica e da passagem das *Leis* citada, também em Lísias, VII, 41 s.; Demóstenes, XL, 61; Licurgo, *Contra Leócrates*, 33, 141, 149 s. Ver, de qualquer modo, Platão, *Apologia*, 34 c-35 d. Naturalmente não sempre se afirma uma clara distinção, como em Iseu, VI, 59.

para a compreensão das referências platônicas e aristotélicas (sobre as quais voltaremos adiante, no parágrafo 6)[14].

Podemos supor a possibilidade de três ações restritivas nos tribunais: antes de mais nada, formas "preventivas", como a imposição do juramento (proferido pelas partes e pelos juízes) e o anúncio dado pelo arauto no início do julgamento; além do mais, uma forma qualquer de intervenção dos magistrados durante o discurso das partes, de modo específico para os julgamentos no Areópago; enfim, uma "autocensura" prévia dos oradores, em vista da possível reação dos juízes, seja como manifestação rumorosa durante a fala, seja como avaliação negativa no momento do voto. Somente considerando estas possibilidades efetivas de restrição dos discursos é possível entender a natureza da proibição e a amplidão de sua aplicação.

Através do juramento, os juízes afirmavam julgar somente o que era submetido à discussão (ou seja, sem ser guiados no seu julgamento por fatores estranhos à questão). Parece que assim juravam anualmente os juízes populares em Atenas[15]. Nos textos dos oradores e, aparentemente, também em Platão encontram-se referências a um juramento dos juízes de não julgar fora do argumento[16]. Na realidade, não havia muito o que fazer para impor concretamente, ao voto dos juízes, os limites indicados pela norma. Todavia, este juramento evidencia a intenção de não "desviar" do argumento o voto e

---

14. Tanto as possibilidades efetivas de aplicação da norma, quanto o fim retórico de sua menção nos discursos são freqüentemente esquecidos nos estudos contemporâneos. Considerações esparsas, mas também importantes, podem ser encontradas em Bruns (1896), pp. 483-488; Lipsius (1905-1915), pp. 149, 831 nota 9, 918-920; Voegelin (1943), pp. 13-15; Radermacher (1951), p. 216; MacDowell (1963), pp. 43 s. e 93; Lavency (1964), p. 136; Harrison (1971), II, p. 163; Wankell (1976), I, pp. 150-152; Rhodes (1981), pp. 718 s.; Wallace (1985), p. 258, nota 112; Heath (1989), p. 37; Bearzot (1990).

15. Demóstenes, XXIV, 151(*diapsephioûmai perì autoû hoû àn he díoxis êi*).

16. Ésquines, I, 170. Para Platão, ver *Apologia*, 35 d, mencionado acima (e também Xenofonte, *Memoráveis*, IV, 4, 4); no diálogo *Político* (305 b-c) diz-se que é próprio à virtude dos juízes que estes não sejam influenciados por presentes, temores, súplicas ou alguma forma de ódio ou amizade.

117

o julgamento, estabelecendo uma forma "moral" de comportamento dos juízes[17].

Se, para os juízes, se tratava provavelmente de formular um juramento genérico no momento em que recebiam o seu encargo (juramento que, além do mais, não se limitava ao propósito de se ater ao argumento), para as partes este juramento era referido diretamente ao ato de acusação formulado, a *hypographé*. A diferença entre as formas de juramento requeridas nos casos de homicídio e nas outras disputas parece se impor, mas os testemunhos sobre a proibição de falar fora do argumento não se restringem ao primeiro caso[18]. Na *Constituição dos atenienses* aristotélica diz-se que nas causas privadas "os adversários juram pronunciar-se sobre o argumento (*eis autò tò prâgma*)" (67,1). No *Teeteto* (172 e), Sócrates fala do limite dado pelo ato de acusação, aproximando-o ao tempo limitado pela clepsidra, sem se referir a um tipo particular de causa[19].

17. É curioso que nas *Leis*, XII, 957 b 5-6, Platão diga que "sobre o *silêncio* dos juízes e sobre a *euphemía*" já tinha sido falado (e devia-se ainda falar), parecendo indicar *Leis*, XII, 949 a ss., onde, na realidade, se refere ao comportamento das partes e à *euphemía*, mas não ao silêncio dos juízes. Sobre a proibição para os juízes de falar entre si, veja-se Aristóteles, *Política*, II, 1268 b 6-11. Nestes casos, norma jurídica e reflexão filosófica parecem convergir na definição de um comportamento moral comum referido ao "julgar bem".

18. Antifonte, V, 11 e VI, 9, estabelece uma ligação entre a norma e os casos de homicídio. Para a particularidade do juramento no Areópago, realizado segundo fórmulas que lhe conferiam uma solenidade particular, cf. Antifonte, V, 11; Lísias, III, 1; Demóstenes, XXIII, 67-69. *Diomosía* e *antomosía* deveriam indicar formas diferentes de juramento (a primeira referida aos casos de homicídio), mas nem sempre esta distinção é respeitada. Em Antifonte, I, 8, fala-se de *antomomokós*, quando esperaríamos uma *diomosía*. Em Platão, *Apologia*, 19 b e 27 c, encontramos os dois termos (*antomosía* e *diómnymai*) no interior do mesmo processo.

19. Conjecturou-se que o limite de argumento servia para conter o tempo dos discursos, uma espécie de "resíduo" arcaico, referido a um período em que não se utilizava ainda a clepsidra: veja-se Harrison (1971, II, p. 163), na esteira de Lipsius (1905-1915, p. 918). Em todo caso, esta ligação entre os limites de tempo e argumento parece ser sugerida também em Aristóteles, *Constituição dos Atenienses*, 67, 1, onde se restringe o juramento de não falar fora do argumento às causas privadas (ao passo que as causas públicas duravam todo o dia).

Todavia, não faltam exemplos de julgamentos em que os oradores falam de argumentos não contidos no ato de acusação sobre o qual juraram. Num discurso de Iseu (V, 5), após a leitura do juramento, *antomosía*, o orador proclama que, se o julgamento se desenrolasse somente sobre este argumento, bastaria o que tinha dito; mas, como não era esse o caso, então deveria expor tudo desde o início[20]. Afirmações como esta não devem levar a crer que diante de tribunais para casos comuns a proibição não fosse considerada, mas, simplesmente, que ela é, em geral, enunciada quando não se pensa respeitá-la ou quando se vê que não é respeitada[21]. Em outras palavras: podemos supor que fosse enunciada no momento do juramento (independentemente das diferenças que podiam existir entre o juramento nos tribunais populares ou no Areópago, nas causas comuns ou nas de homicídio) e que, contudo, houvesse incapacidade de um real controle de sua aplicação nos discursos das partes[22].

Conseguimos entender deste modo porque a norma é, às vezes, ligada ao juramento, mesmo se fica por esclarecer a particularidade de sua aplicação no Areópago, como freqüentemente mencionada nas fontes. Como vimos, Platão enuncia a proibição nas *Leis* quando discute o problema do juramento e propõe uma aplicação que implica um controle dos discursos mais direto do que podemos supor nos tribunais

---

20. Em Demóstenes, LII, 1-2, o orador, ao mesmo tempo, afirma que deve falar "fora" do argumento e lembra os juízes de julgar sobre o argumento. Cf. também Lísias, IX, 1-3; Demóstenes, XVIII, 3-4.

21. Cf., além dos exemplos anteriores, Lísias, VII, 42, junto ao Areópago, logo depois de suas súplicas; Demóstenes, LVIII, 23, 41 e 69; Ésquines, I, 170; Licurgo, *Contra Leócrates*, 11-13, 33, 46, 90 s., 98 ss. (o orador pede inicialmente prova dos fatos, depois apresenta longas digressões sobre os poetas). Veja-se também a "ordem" dada pelo orador aos juízes para que obrigassem a defesa a tratar da causa (*diamartyría*), e de nada mais, em Iseu, VI, 62 e 65. Assim também Ésquines, I, 176, 178 s.; III, 193, 205 s., o qual critica os juízes que permitem que os acusados se desviem do argumento.

22. Podemos encontrar, no interior da mesma oração, a menção da norma e apelos à piedade: cf., entre as passagens citadas na nota anterior, Lísias, VII, 41 s.; Demóstenes, LVIII, 23, 41 e 69. Para as súplicas aos juízes ver também Ésquines, II, 179; Licurgo, *Contra Leócrates*, 141. E ainda: Aristófanes, *Vespas*, 560-575; 978; Platão, *Apologia*, 34 c-35 d.

populares. O texto platônico confirma a existência de uma relação estreita entre o juramento das partes e a proibição de falar fora do argumento, indicando a ligação entre essa norma e a exigência de conter as manifestações emotivas dos oradores. Mas na sua proposta encontramos algo mais: há uma tentativa de impor limites aos discursos dos oradores através da ação dos magistrados (ou, mais precisamente, do presidente do tribunal). É mais difícil imaginar uma intervenção semelhante nos tribunais populares atenienses do que supor a ação direta do magistrado no Areópago, um fato que poderia ter levado a atribuir a este tribunal, de modo exclusivo, a aplicação de uma regra que é mencionada também em outros contextos. Faltam, porém, indicações específicas a esse respeito. Por outro lado, além do compromisso dos juízes ou das partes de se limitarem ao argumento, por meio do juramento, uma outra providência lembrava esta obrigação: a proclamação do arauto no início do processo. As fontes tardias que mencionam este "anúncio" referem-se especificamente aos julgamentos no Areópago[23]. Mas também neste caso não se pode excluir, na falta de outras informações, que isto acontecesse nos outros tribunais.

Através, portanto, de uma particularidade na formulação do juramento e talvez do anúncio do arauto ou através de uma possível intervenção dos juízes/magistrados, pode-se presumir uma aplicação diferente da proibição no Areópago. Permanece duvidoso o modo pelo qual o juiz areopagita poderia interromper um discurso que se perdia em questões "extemporâneas". Isto não parece ter ocorrido nas orações de Antifonte e Lísias que mencionam a norma, nas quais são usados argumentos que não "pertencem à questão". Pode-se pensar mais facilmente em um controle direto caso se considere a proibição segundo uma das suas possíveis interpre-

---

23. Luciano, *Anacarsis*, 19 e 21; Quintiliano, *Institutio oratoria*, VI, 1, 7; Apuleio, *Metamorfoses*, X, 7, 2; cf. também os *Prolegomena* di Máximo Planudes ao *Perì heuréseos* de Hermógenes, edição Walz, *Rhetores Graeci*, vol. V, p. 365, 20 ss. Pouco podemos dizer sobre a particularidade da função do arauto junto ao Areópago. Este não deve, de qualquer forma, ser confundido com o "arauto do conselho do Areópago", função especial que assume importância em Atenas somente a partir do século II a.C. Cf. Pottier (1907), p. 609; Oehler (1921), col. 354; Kahrstedt (1936), II, p. 304.

tações, ou seja, relacionando-a à limitação dos excessos nas manifestações emotivas[24]. Vista a imagem geral de rigor que circundava os julgamentos do Areópago, podemos supor que o tribunal podia exercer um maior controle principalmente sobre estes excessos.

Diante de uma possível intervenção mais "forte" dos magistrados do Areópago nos discursos das partes (ou, de qualquer forma, diante da auto-limitação dos oradores derivada do caráter mais solene que neste tribunal assumiam as práticas preparatórias ao julgamento), as menções da proibição que encontramos nos vários discursos colocam-se como "antecipações", *prokatalépseis*, de uma possível manifestação crítica dos juízes. Isto seria verdadeiro também para os tribunais populares, onde as circunstâncias mais gerais que concorriam à limitação da palavra e a própria imagem de rigor dos julgamentos no Areópago podiam produzir algum efeito[25].

24. Note-se que também as fontes tardias que mencionam o anúncio dado pelo arauto (ver nota anterior) consideram a proibição segundo o seu fim de conter os apelos emotivos (cf. também as fontes citadas acima, p. 116, nota 13). Mostra-se, por isso, improvável, através da ligação oferecida pelas passagens de Platão e Aristóteles (assim como de Lísias, VII, 41 s.), a hipótese segundo a qual nas fontes tardias teria ocorrido uma contaminação de duas normas diferentes, a que aqui tratamos e a que seria indicada no decreto de Hipérides, logo depois do julgamento de Frine (Ateneu XIII, 590 e-591 e) (assim Bearzot, 1990). Mesmo acreditando nas informações dadas por Ateneu (Raubitschek, 1941, contra Lipsius, 1905-1915, p. 920, nota 76; mas veja-se também Blass, 1887-1898, III, 2, p. 5 e nota 3), é necessário pensar nas particularidades que são aí expressas: ou seja, que se fala *hypér tinos* (cf. também Luciano, *Anacarsis*, 19) e *mè blepómenon*, referindo-se ao desnudamento de Frine (mas permanece singular que a menção deste decreto se insira num contexto de claro valor anedótico, como demonstra a seqüência da passagem). Deve-se notar que toda tentativa de fixar uma data precisa para a introdução da lei que determinava a proibição de falar fora do argumento (veja-se também Gernet, 1960, p. 31 nota 1) põe-se em atrito com a generalidade das indicações dadas pelas fontes e com a ampla aceitação do princípio, como indicada por Aristóteles.

25. Na oração *Contra Eubúlides*, o orador justifica-se várias vezes pelas suas digressões mencionando a norma (Demóstenes, LVII, 7, 33, 59, 60, 63, 66), e já no início afirma a sua preocupação com as manifestações dos juízes (1). O rumor dos juízes e os apelos dos oradores podiam caracterizar os tribunais populares e, conseqüentemente, a ação retórica: Aristófanes, *Vespas*, 560-575; 622-625. Para a ligação entre o tumulto dos juízes e a fala não

121

Só considerando estas possibilidades *efetivas* de restrição dos discursos nos tribunais atenienses é possível entender a menção da norma pelos oradores e na reflexão retórica (e a sua ampla validade, mas o caráter restrito de sua real aplicação). Por outro lado, mesmo se com resultados em parte diferentes, não só nos tribunais antigos a limitação dos discursos ao argumento mostra-se uma exigência anunciada, um limite processual a ser imposto às liberdades oratórias. O que interessa notar, no entanto, é o modo em que a presença desta norma liga-se à *restrição* da expressão oratória e torna-se um aspecto essencial da reflexão retórica: até constituir, para Platão, um fator condicionante da palavra pública, e, para Aristóteles, o elemento com o qual construir a sua crítica aos tratados de retórica.

5

Toda parte do discurso pode ser considerada em relação ao critério de pertinência. Determinar o que "pertence" ao argumento tratado permite, a cada momento, delimitar o âmbito da "verdadeira" retórica, distinguindo desta e dos próprios discursos o que é excessivo, marginal ou impróprio. Uma nova digressão mostrará agora a importância do critério nos discursos dos oradores, assim como nos autores dos tratados de retórica (além, portanto, do uso platônico ou aristotélico): não somente *prática* restritiva, mas também *palavra* comum.

Segundo o lexicógrafo Pólux, diante do Areópago não era possível "fazer proêmios" (*prooimiázesthai*), nem apresentar súplicas (*oiktízesthai*). Do mesmo modo, Temístio fala de "fazer proêmios", e termos semelhantes (*prooimiastéon* e *eleeinologetéon*) aparecem num escólio de Máximo Planudes.

---

pertinente, ver também Isócrates, *Antídosis*, 270; 272. Em Licurgo, *Contra Leócrates*, 12-13, o orador contrapõe o Areópago aos tribunais populares porque quer indicar o que diz o seu adversário como "fora do argumento". Mais adiante (16), pede aos juízes que "tenham paciência" quanto às digressões que ele mesmo terá de fazer.

Também nos *Prolegomena* anônimos ao tratado *Perì heuréseos* de Hermógenes (aos quais deve-se, de qualquer forma, relacionar o escólio) fala-se da proibição de "fazer proêmios" (*prooimiázesthai*) e "perorar" (*epilégein*)[26]. Luciano (*Anacarsis*, 19) indica três aspectos da proibição: um relativo ao proêmio, outro à "compaixão", (*oíktos*), e outro ao "exagero" (*deínosis*)[27].

Estas menções tardias ajudam a entender a amplitude do contexto retórico no qual se põe a proibição, caracterizando cada parte do discurso. Se há formas justas para o proêmio e para o epílogo, quando remetem ao argumento da discussão[28], estes, no entanto, podem ser caracterizados pelo "desvio": fazer proêmios, *prooimiázesthai*, e perorar, *epilégein*, indicam neste caso falar fora do argumento. Já uma outra parte do discurso, a narração/*diégesis*, permite a digressão – *parékbasis/egressio* –, que é também um recurso "marginal". Referida ao objeto da disputa permanece, naturalmente, a prova, elemento essencial da *Retórica* aristotélica (o *entimema*).

A proibição de falar "fora do argumento" pode indicar a relevância de cada momento do discurso, e, por isso, torna-se critério de distinção da ação retórica. Eliminando o que é manifestação excessiva de emoções, a proibição aparece como garantia de adequação do discurso e de sua racionalidade.

26. Pólux, VIII, 117; Temístio, *Orações*, 26, 311 c-d; Máximo Planudes, *Scholia in "Hermogenis librum" Perì idéon*, ed. Walz, *Rhetores Graeci*, vol. V, p. 552, 7 s.; *Prolegomena in librum Perì heuréseos*, ed. Walz, *Rhetores Graeci*, vol. VII, p. 64, 10 ss. (cf. também vol. V, p. 365, 20 ss.). Note-se que este trecho dos *Prolegomena* indica a não limitação da proibição ao tribunal do Areópago.

27. Estes dois últimos aspectos podem ser relacionados e a sua importância para a retórica pode ser notada já na referência a estes feita por Sócrates no *Fedro* (272 a). Cf. também Quintiliano, *Institutio oratoria*, VI, 2, 24, para a *deínosis*. *Éleos* e *deínosis*, junto à *anámnesis tôn eireménon*, constituem, para Apsine (*Ars rhetorica*, ed. Spengel, *Rhetores graeci*, I, 2, cap. 12), as três partes do epílogo.

28. Cf., por exemplo, Aristóteles, *Retórica*, III, 1415 a 22-23; *Retórica a Alexandre*, 29, 1436 a 33 ss.; 36, 1441 b 33 ss.; Cícero, *De oratore*, II, 318 ss. (*non extrinsecus*); Quintiliano, *Institutio oratoria*, IV, 1, 12. Mas já em Aristóteles, *Retórica*, III, 1415 b 5-8, vê-se a ligação entre apresentar proêmios e falar "fora do argumento".

Para Platão, como vimos, esta proibição serve para impedir "imprecações, súplicas e gemidos femininos" (*Leis,* XII, 949 b 2-3), ao passo que, para Aristóteles, ela se contrapõe à calúnia (*diabolé*), à piedade (*éleos*), à ira (*orgé*) e às outras paixões da alma (*Retórica*, I, 1354 a 16-18)[29].

Todavia, na organização interna dos discursos dos oradores, parece assumir uma relevância maior a função da norma em conter as *digressões*. Ater-se à causa, como enunciado pelos oradores, apresenta-se como um fato positivo. No entanto, os oradores procuram também justificar-se com freqüência por dizer coisas "irrelevantes": trata-se, neste caso, da preparação para um *excursus* que poderia ser julgado marginal aos fins da disputa. Alguns exemplos esclarecem a importância do critério de pertinência nesta função. Na oração *Sobre a Coroa*, Demóstenes deve falar de si, mas não pode, ao mesmo tempo, sugerir que ele é obrigado a isso, que *tem* de se justificar também no que diz respeito às suas ações privadas. "Se Ésquines, na sua

---

29. A inclusão da calúnia, *diabolé*, nesta lista de "paixões da alma" (*páthe tês psykhés*) pode surpreender e tinha sido notada já pelos primeiros comentadores humanistas. Kassel (1971), nos seus *prolegomena* à edição crítica da *Retórica*, considerava "paixões da alma" uma glosa (p. 118; mas não assim na sua edição, *Aristotelis, Ars Rhetorica*, Berlin 1976, *ad loc.*), remetendo a *De anima*, I, 1, 403 a 16 (mas uma outra lista em *Retórica*, II, 1378 a 20-21). Todavia, mesmo se não considerarmos a expressão "paixões da alma", permanece singular a menção da calúnia junto aos outros termos. Com efeito, listas semelhantes em outros autores parecem não incluí-la nunca (por exemplo, Quintiliano, *Institutio oratoria*, VI, 2, 20; Anonymus Seguerianus, ed. Hammer, *Rhetores Graeci*, 6, 224, etc.), e Quintiliano (*Institutio oratoria*, V, *Prohoemium*, 1), numa referência direta à passagem aristotélica, fala somente de *misericordia, gratia, ira similibusque*. Por outro lado, não é suficiente considerar que a calúnia produz as paixões para justificar sua inclusão (assim Voegelin, 1943, p. 23, seguindo Spengel, 1828). A menção aristotélica pode tornar-se plausível caso se pense que a calúnia relaciona-se às outras emoções porque implicada na proibição de falar fora do argumento. Assim a encontramos com freqüência nos discursos dos oradores, referida principalmente às digressões dos adversários: Antifonte, V, 86 e 90; VI, 7, 9; Lísias, IX, 1-3; Demóstenes, XVIII, 9 s., 34; XL, 50 e 61; Licurgo, *Contra Leócrates*, 11. Cf. também Filodemo, *Retórica*, II, 258, col. V a 2 (e veja-se também a ligação entre a norma e a *loidoría* em Iseu, VI, 59, 65; Demóstenes, XVIII, 9 s.). Este uso retórico parece justificar, na passagem aristotélica marcada pela menção da norma, a aproximação entre a calúnia e as outras "paixões da alma".

124

acusação, tivesse se limitado só ao que é submetido à investigação, eu também teria logo me defendido sobre a mesma deliberação" (Demóstenes, XVIII, 9). Ésquines, porém, não se limita a isso, e *perde-se*, "acusando-me também de outras coisas, a maior parte das quais são falsas. Julgo, portanto, ser *necessário* e *justo*, atenienses, falar inicialmente disso, mesmo se *brevemente* (*brakhéa*: à dispersão do adversário, Demóstenes responde sem dispersão), de modo que ninguém entre vós, levado por *discursos não pertinentes* (*toîs éxothen lógois egménos*), me escute com menor disposição no que diz respeito aos justos discursos da causa" (*ibidem*). O artifício de Ésquines, segundo Demóstenes, teria sido o de *desviar* o objeto de discussão, para criar indisposição nos juízes quanto ao que está realmente em julgamento. Artifício tanto possível quanto criticável, pois parece contar para os juízes a intenção anunciada de ser breve sobre o que é irrelevante[30].

Pode ser fácil desqualificar desse modo os argumentos dos adversários. Todavia, na oração *Contra Eubúlides* (Demóstenes, LVII), é o próprio orador que se justifica, um fato que parece indicar uma aceitação mais ampla da norma. Uma verdadeira "história" pessoal é composta através destas digressões – ou, se quisermos, *narrações* – não realmente pertinentes, notadas como tais pelo orador: a digressão sobre a sua origem (33) ou sobre os seus encargos administrativos como *demarco* (63), ou ainda o que teria a dizer sobre os seus adversários (66: "já que considerais que isto não pertence ao argumento..."). Esta atenção a uma possível reação dos juízes revela, pelo menos, o valor da norma na orientação do debate[31].

Encontramos, em Isócrates, vários exemplos de uso retórico, mas não especificamente jurídico, do critério de pertinência, ligado à apresentação das digressões. O dado inicial é a *hypóthesis*, o tema do discurso, mais do que a cau-

---

30. Mais adiante, no mesmo discurso, o orador sentirá a necessidade de justificar uma "breve" digressão sobre um argumento "fora da causa", *éxo tês graphés* (34; cf. 53) (mas o orador dedica-se também, 126 ss., a ataques pessoais a Ésquines igualmente não "pertinentes").

31. Cf. ainda a menção da norma em Demóstenes XIX, 213; LVIII, 23; e também Lísias III, 46; Licurgo, *Contra Leócrates*, 16, 46; e acima, p. 121, nota 25.

sa, *pragma*. O discurso que não se atém à própria *hypóthesis* pode incomodar o ouvinte, mas o orador freqüentemente não pode deixar de falar sobre temas diferentes. Isócrates expõe o seu suposto incômodo diante de argumentações que o distanciam do ponto de partida. Enunciar no próprio discurso o procedimento oratório, ou seja, o fato de se afastar do tema escolhido, constitui um artifício que permite, de certo modo, obter novamente a unidade perdida e justificar o orador. Assim acontece em *Helena* (X, 29), após a digressão sobre Teseu: o orador diz estar incomodado por desviar o seu discurso do argumento escolhido (*éxo pherómenon tôn kairôn*). Propõe, portanto, uma "solução", que é a de se *limitar* nos seus desenvolvimentos oratórios, diante de um hipotético ouvinte impaciente, e ser *conciso* nas digressões para poder voltar ao tema inicial.

Falar "fora do argumento dado" (*éxo tês hypothéseos*): entre função jurídica específica e papel retórico geral, a expressão de Isócrates permite "localizar" e limitar as digressões, preparando o ouvinte para percursos oratórios à primeira vista não necessários. No *Areopagítico* (VII, 63), por exemplo, o orador anuncia as críticas – "mesmo se dizem que falo fora do argumento" (*éxo tês hypothéseos légein*) –, justifica-se sobre a sua exposição e acrescenta que o seu discurso será não somente útil, mas também breve[32].

O limite de palavra torna-se, portanto, elemento de controle e justificação das digressões[33]. Aparece como momento de introdução às várias narrações, as quais podiam ser integradas no discurso principal somente segundo relações marginais.

---

32. Cf. também 77. No *Panatenaico*, trata-se de justificar a exposição dos feitos e das virtudes de Agaménon, o que pode parecer "fora do argumento" (XII, 74), mas, que na realidade, é o que lhe é mais pertinente (161). Dizer *oikeíoi lógoi* significa não sair do argumento, e se opõe a dizer *allótrioi lógoi*, como se vê, num contexto mais propriamente jurídico, na *Antídosis* (XV, 104): "é necessário que não considereis esse discurso estranho (*allótrion*) à questão presente, nem que eu fale fora da causa (*éxo tês graphês*)".

33. A questão parece menos sentida na retórica latina, ou, pelo menos, mais desvinculada do contexto jurídico: cf. *Rhetorica ad Herennium*, II, 43; Cícero, *De inventione*, I, L, 94; LI, 97; *Orator*, 130 s. etc.; Quintiliano, *Institutio oratoria*, X, 1, 107.

Desse modo, cada aspecto, cada parte dos discursos é tocada pela norma: o proêmio e o epílogo na sua interpretação "emotiva", a narração na interpretação "digressiva". Colocada nestes termos, a análise aristotélica da prova, *pístis* – campo próprio de "pertinência" –, mostra-se já preparada. Mas o critério de pertinência assume uma relevância geral ao caracterizar a ordem do discurso, a limitação do *logos* relativamente ao seu fim: um elemento duplamente importante, seja como princípio de avaliação para os julgamentos nos tribunais, seja como norma que regula todo discurso, inclusive o discurso sobre a "justa" retórica.

6

Voltemos às reflexões que nos tinham conduzido a estas digressões sobre a *função* retórica e a palavra *comum*. O "critério de pertinência" liga-se, na imagem platônica do *Teeteto*, à formação da retórica – da palavra persuasiva no tribunal e da atenção à sua "persuasividade". Para Aristóteles, este critério serve para fundar um discurso *sobre* a retórica: uma reflexão sobre a aplicação das normas persuasivas individuadas nas "artes" – ou, se quisermos, nos "manuais" de retórica – nos espaços próprios de persuasão. Estabelece-se, assim, uma relação entre a análise (crítica) da aplicação das regras persuasivas – como, *de fato*, a persuasão se realiza nos lugares comuns de decisão – e a apresentação das "próprias" regras de persuasão (naturalmente de modo, em princípio, distinto das regras criticadas). Esta relação permite ao tratado aristotélico assumir um papel de "fundação" – dos discursos, das práticas, dos modos justos de decisão –, evidenciando um seu *projeto* de retórica, entre as linhas de um texto que deve, de qualquer forma, considerar os modos precisos e determinados de persuasão nos seus lugares habituais.

É com a *Retórica* aristotélica que concluímos estas análises, seguindo o papel do "critério de pertinência" que Platão colocava na origem da palavra retórica como palavra servil. A delimitação do campo de discurso, a sua restrição à argumentação, a aparente eliminação de tudo o que parece

127

supérfluo em relação a esta, é, para Aristóteles, um modo para chegar à verdade, e pode, por isso, qualificar também as diferentes formas de realização dos julgamentos. Tem-se, assim, a apreciação do Areópago, em vista da "anulação" da função retórica, ao menos da função considerada pelos vários tratados. Através da distinção entre os lugares efetivos de aplicação da proibição e os outros tribunais, Aristóteles determina o campo de atuação dos tratados de retórica criticados e indica as possibilidades de diminuir a sua influência[34]. Mas onde pode conduzir esta redução ou cancelamento da retórica numa obra sobre a retórica? Tratar-se-ia – como, às vezes, parece indicar Platão – de distinguir uma verdadeira retórica? Mas não permanece, então, uma ambigüidade de fundo, só acentuada pelas regras de persuasão que o filósofo em seguida procurará estabelecer?

A *retórica*, para Aristóteles, não é nada mais do que *transposição*, e assim podemos ler também o seu discurso *sobre* a retórica. Aristóteles procura na retórica a correlação com a argumentação lógica, sem com isto conotá-la, dada a sua diferença, como discurso "falso". Todavia, limita deste modo o espaço do discurso retórico às formas argumentativas e pode *transpor*, desta vez da linguagem dos tribunais, o critério de pertinência: o que não pertence propriamente à retórica assim delimitada põe-se "fora do argumento" (*éxo toû prágmatos*). É com este critério de pertinência que, enfim, se justifica a análise dos gêneros de discurso, no momento em que o filósofo fala de seu campo de aplicação.

Retomemos a análise aristotélica (*Retórica*, I, 1354 a 31 ss.). Na divisão das tarefas entre o legislador e os responsáveis pelas decisões (*hoi krínontes*, em geral, incluindo os que decidem sobre o passado nos tribunais e sobre o futuro nas assembléias), convém que estes tenham o menor espaço possível: melhor a decisão de um ou de poucos do que a de muitos, melhor o que é decidido com uma longa análise do

---

34. Já Spengel (1828), pp. 96 s., tinha sugerido que Aristóteles se referisse a Trasímaco de Calcedônia na sua crítica aos tratados de retórica. Cf., em particular, Platão, *Fedro*, 267 c, e os outros testemunhos sobre o retor em Radermacher (1951), pp. 70-76.

que julgamentos imediatos. O julgamento do legislador não se aplica ao particular, mas ao futuro e ao geral, ao passo que o membro da assembléia e o juiz decidem sobre o que é presente e delimitado. Por esse motivo, freqüentemente a sua decisão é condicionada pela amizade, ódio, interesse pessoal. São incapazes de *observar de modo suficiente a verdade*, mas julgam segundo o prazer ou a dor. É necessário deixar a eles o menor espaço possível de decisão, exceto sobre o que aconteceu, o que acontecerá, o que é (o que possui um caráter *fatual*).

Desse modo, os que tratam da arte (retórica) falam "fora do argumento" (*éxo toû prágmatos*) (I, 1354 b 16 ss.), pois não cuidam da argumentação, mas das *partes* do discurso (proêmio e narração)[35]. Estes pensam somente em como pôr os juízes numa determinada condição, descuidando das *provas* técnicas.

Se os autores dos tratados de retórica desenvolvem argumentos não pertinentes (à "retórica"), isto se deve também ao fato de que se dedicam principalmente aos discursos judiciários, onde os oradores podem mais facilmente usar argumentos não pertinentes (à "causa"). Os discursos na assembléia e nos tribunais seguem o mesmo método. Todavia, o que é decidido na assembléia é mais belo e civil do que os contratos[36]. Visto que se refere ao interesse comum, a fala nas assembléias deixa menos espaço para os desvios e, portanto, para os desenvolvimentos retóricos. Os discursos deliberativos tratam do que é próprio aos que escutam (*perì oikeíon*), motivo pelo qual somente isto deve ser demonstrado: é preciso, assim, distanciar-se menos do argumento (*tà éxo toû prágmatos légein*) (b 27-31). Nos tribunais, julga-se a propósito de um argumento estranho aos juízes (*perì allotríon gàr he krísis*), os quais, mais do que julgar, seguem o prazer da audição (b 33-35). Por isso, enquanto no gênero deliberativo a pertinência dos discursos é requerida pelos próprios ouvintes, no judiciário é necessária a norma,

---

35. Cf. Platão, *Fedro*, 266 d-267 a.

36. Ver também Platão, *Górgias*, 520 b: a sofística é mais bela do que a retórica, assim como a "arte legislativa" (*nomothetiké*) é mais bela do que a "arte judiciária" (*dikastiké*), e a ginástica do que a medicina.

estabelecida *em vários lugares* (*pollakhoû*), que proíbe falar "fora do argumento", *éxo toû prágmatos* (1355 a 1-2).

A questão se repropõe, de uma outra maneira, quando tratada em relação ao número de pessoas responsáveis pela decisão. Aristóteles tinha enunciado a vantagem do julgamento de poucos, ou do indivíduo, diante do julgamento da multidão, quando diferenciava o legislador dos juízes (I, 1354 a 31 ss.). Mas é um tema que reaparece com mais clareza no terceiro livro da *Retórica*, quando se fala da linguagem, *léxis*, própria aos discursos na assembléia em comparação com os discursos no tribunal (III, 1414 a 8 ss.). Como o desenho em perspectiva, os discursos na assembléia não requerem detalhes precisos, que, antes, dão-lhes um aspecto rudimentar. Ao contrário – diferença que, neste caso, vai a favor do gênero judiciário –, os discursos no tribunal exigem uma tal precisão, especialmente se se tem um só juiz. A razão desta exigência de precisão (*akríbeia*) no julgamento que se realiza diante de um único indivíduo é importante: neste caso a retórica está menos presente (*elákhiston gàr énesti rhetorikês*) (1414 a 12). Se o indivíduo julga melhor do que a multidão, é porque diante do indivíduo dificilmente a retórica encontra espaço. Se o *conhecimento* do legislador é maior, sobra menos espaço para os juízes, advertia Aristóteles no primeiro livro; se o conhecimento das formas de persuasão por parte dos juízes é maior, resta menos espaço para a retórica. Ora, com um único juiz, maior é a capacidade de observar o que pertence ou não à questão (*eusýnopton gàr mâllon tò oikeîon toû prágmatos kaì tò allótrion*), mais distante fica a disputa, e mais "límpido" é o juízo (1414 a 12-14). Distinguindo "o que é próprio" e "o que é estranho à questão" *(tò oikeîon* e *tò allótrion toû prágmatos*), mais uma vez o critério de pertinência une forma de julgamento e julgamento a respeito da retórica. Por um lado, põe-se o indivíduo, capaz do raciocínio justo, e os tribunais restritos como o Areópago; ou seja, a quase ausência de disputa e de retórica, o julgamento correto. Por outro lado, tem-se a multidão, a imprecisão, os "maus ouvintes" (*phaûloi akroataí*), os quais, guiados somente pelos próprios interesses, conduzem a discussão além de seu objeto (*tà éxo toû prág-*

matos akoúonta) e permitem, assim, os desenvolvimentos retóricos (1415 b 5-6)[37].

Esta relação entre o julgamento da multidão, as técnicas retóricas e a não pertinência da argumentação é fundamental para entender a dimensão exata da retórica aristotélica, construída em vista da racionalidade das práticas jurídicas e políticas. Emergem, assim, as ambigüidades da "justa" retórica, entre a transposição das formas argumentativas da lógica e a compreensão dos vários recursos persuasivos, também dos recursos "não pertinentes". A concepção da retórica na sua racionalidade, segundo o critério de pertinência, pode caracterizar também as formas coletivas de decisão; trata-se, porém, de uma concepção que possui uma base concreta nas práticas jurídicas da cidade, como afirma Aristóteles, e que pudemos constatar já antes dele.

Em conclusão, deve-se notar que a racionalidade trazida pela norma é diretamente relacionada por Aristóteles – como, além do mais, fazia também Platão no *Teeteto* – às divisões sociais internas à cidade. Para Aristóteles, os que possuem uma "má causa" preferem discutir em geral, mais do que falar sobre o argumento (*en tôi prágmati*): por isto os escravos, quando interrogados, não respondem diretamente à questão, mas dão voltas e fazem proêmios (*kaì prooimiázontai*) (*Retórica*, III, 1415 b 22-24). Ao indicar este comportamento "de escravos" – mas para Platão não era a própria retórica uma fala *servil?* – Aristóteles, significativamente, usa o mesmo verbo (*prooimiázesthai*) que servia para caracterizar a ação retórica por ele criticada e que a norma que limitava a palavra nos tribunais procurava eliminar.

---

37. Sabe-se que o terceiro livro da *Política* aristotélica apresentará uma visão diferente, mais "democrática", dos processos de decisão coletiva, sem, porém, tirar conseqüências específicas desta posição no que diz respeito à retórica. Cf., em particular, sobre este livro, Wolff (1991). Note-se que também neste livro os mecanismos de decisão ganham sentido quando comparados com as formas "radicais" de democracia. E lembre-se que para Platão a participação dos cidadãos nas decisões judiciárias (princípio democrático por excelência) era vista como condição de cidadania (*Leis*, VI, 768 a-b, acima, capítulo 3, p. 102); esta "tensão" permanece sintomática da ambigüidade de toda consideração restritiva sobre a participação dos cidadãos na cidade grega.

5. NARRAÇÃO E VERDADE

*E assim, Glauco, a narração se salvou e não se perdeu.**

PLATÃO, *República*, X, 621 b.

1.

Voltando da batalha de Potidéia, tendo contribuído para a vitória de Atenas no árduo assédio à cidade rebelde, Sócrates dirige-se ao ginásio, onde encontra alguns amigos. Há muito interesse pelos acontecimentos e já circulavam informações sobre o grande número de mortos atenienses, entre os quais vários conhecidos pelos presentes. Sócrates participou da batalha; é, por conseguinte, um informante ideal. O seu amigo Querefonte dirige-lhe logo um pedido: "senta e conta (*diégesai*): não fomos ainda informados com precisão

---

*. *"kaì hoútos, ô Glaúkon, mùthos esóthe kaì ouk apóleto"*.

sobre tudo". Sócrates aquiesce, conta o que aconteceu no campo militar, responde às perguntas (*Cármides*, 153 a-d).

Não sabemos bem de que modo Sócrates atendeu a este pedido de narração, se, como faz Alcibíades numa outra ocasião (*Banquete*, 219 e-220 e), lembrando os mesmos momentos, limitou-se a mencionar fatos da própria experiência, ou, segundo o interesse provável dos presentes, ofereceu um relato geral dos acontecimentos. Sócrates ama discorrer, em particular contar, mas não parece que, na ordem de seus discursos, seja atribuído um "lugar", ou, se quisermos, um "estatuto" preciso às narrações *verdadeiras* sobre o passado. Nos vários diálogos platônicos multiplicam-se as referências gerais aos modos da narração. O *Teeteto*, como vimos, nada mais é do que um "conto" seu. Sócrates conta como os velhos, as velhas, as mães, as amas[1]. Os antigos filósofos, segundo o *Sofista* (242 c), pareciam contar histórias para serem entendidos pela multidão-crianças. É possível encontrar uma homogeneidade qualquer entre esses vários discursos? Podemos, simplesmente, constatar a proximidade entre eles, pelo modo em que são mencionados nos diálogos, assim como a sua importância, considerando também a freqüência de suas menções.

Heidegger se dava conta desta importância, quando utilizava a passagem do *Sofista*, em *Ser e Tempo*, para caracterizar a filosofia em oposição ao *mythos*, lido como *Erzählung* e relacionado aos discursos sobre os entes que encontram expressão paradigmática na linguagem de Tucídides: em outras palavras,

---

1. Contos de velhas: *Hípias Maior*, 286 a (*presbytis*); *Górgias*, 527 a; *Lísis*, 205 d; *República*, I, 350 e; *Teeteto*, 176 b (*graûs*); de velhos: *Timeu*, 20 e; 22 b; 26 c; cf. *República*, I, 328 d; *Protágoras*, 320 c; de mães: *República*, II, 377 c; 381 e; *Leis*, X, 887 d; das amas: *República*, II, 377 c; *Leis*, X, 887 d. Cf. ainda *Político*, 268 e; *Leis*, IX, 872 d; *Lísis*, 221 d (*hýthlos*, "come un poema"); *Laques*, 179 c (na "falta" de narração sobre as próprias realizações reside, para Lisímaco, a diferença entre a própria geração e as anteriores, sobre as quais tem-se muito o que contar). Sobre os contos em Platão cf. Brisson (1982), pp. 68 s.; Cerri (1991), cap. 1-3; Calame (2000), capítulo I. Sobre o lugar da "história" em Platão veja-se ainda Weil (1959); numa outra perspectiva, Vidal-Naquet (1990), pp. 95-119; 121-137. Cf. as observações sobre o *mythos* em Platão em Detienne (1981), pp. 104-127, e, mais recentemente, também em Ginzburg (1998), pp. 40-81. Sobre o problema da história em Platão e Aristóteles, ver Ginzburg (2000), introdução e capítulo 1.

134

na narração histórica. Heidegger pensava, assim, em excluir do horizonte platônico o interesse pela "narração", mas, fazendo-o, acentuava a sua unidade e o *tropos*, aproximando os *mythoi* dos filósofos e poetas às obras dos historiadores. Sabemos que em Platão não se encontram referências ao que vai aparecer, na *Poética* aristotélica, sob o nome de *historía*. O próprio Aristóteles, que nesta obra menciona explicitamente Heródoto, atribui-lhe, em outra obra, um epíteto que poderia ser aplicado a Esopo[2]. Pouca atenção, descuido, ou relutância em dar um espaço preciso, entre os vários *logoi*, ao *logos* "verdadeiro" sobre o passado?

Passemos à margem de uma tal questão, que nos levaria a caminhos distantes do nosso percurso, e notemos somente que o que caracteriza, na *Poética*, a diferença entre poesia e história corresponde, de certo modo, a um *tropos* do discurso: a poesia é "mais filosófica e séria" do que a história. Esta característica dos discursos depende, porém, da especificidade de seu objeto: o geral e o verossímil da poesia, o particular da história[3].

Passemos também à margem dos *mythoi* platônicos, e colhamos nestes somente algumas particularidades de sua enunciação, ou seja, considerando-os no ato de serem contados e segundo o lugar da narração. Independentemente da particularidade do que é designado *mythos*, pode-se procurar nos diálogos o que é, em geral, indicação da verdade do passado. Onde se fala desta verdade, qual o seu "espaço"? Quem a profere e qual valor é atribuído ao que é assim afirmado? Se o que é para Aristóteles, ocasionalmente, *historía*, é, para

---

2. Heródoto *mythológos*: *Sobre a geração dos animais*, 756 b 6; cf. *Meteorologica*, 356 b 11: os *mythoi* de Esopo. Para Esopo chamado *mythopoiós* cf. Perry (1952), *Testimonia vetera*, 1a e 1b. Heródoto na *Poética*: IX, 1451 b 2 (cf. XXIII, 1459 a 24-28). A distinção entre poesia e história em IX, 1451 a 36 ss.

3. *Poética*, IX, 1451 b 5-6 (*tropos*): "por isso a poesia é mais filosófica e mais séria do que a história"; 6-7 (objeto): "a poesia diz principalmente o universal, ao passo que a história diz o particular". Para o verossímil, VII, 1451 a 12 s.: "segundo o verossímil ou o necessário"; IX, 1451 b 9: *idem*. Voltarei a tratar, num próximo trabalho, das considerações aristotélicas sobre a história, assim como da "poética" grega da historiografia.

135

Platão, *mythos*, podemos, todavia, encontrar relacionados em Platão os atributos – verdade e particular – que a *Poética* aproxima na caracterização de um "gênero".

2

Após termos seguido, no capítulo anterior, de Platão a Aristóteles, a formação de uma reflexão *sobre* a retórica, a partir das palavras *comuns* dos homens, devemos agora observar como de um contexto não muito diferente podem desenredar-se alguns aspectos constitutivos de uma reflexão sobre a "história".

Um estranho percurso liga os contos populares, os discursos nos tribunais, a invenção poética. As formas narrativas podem ser associadas a elementos comuns de vida social – os contos dos velhos e os discursos pronunciados pelos oradores. Estas narrações e estes discursos permitem que se forme uma "tópica": fórmulas para exprimir modos determinados de discurso, para indicar uma relação precisa com os fatos do passado. Mas, inseparável desta tópica, discernimos também uma "lógica", a partir do mundo das coisas "ditas no mais das vezes" e contra este mundo, sob o signo da necessidade.

Os prólogos de alguns diálogos platônicos, como vimos, recriam o contexto que torna verídica a situação de diálogo. Como no *Teeteto*, trata-se da menção do percurso das informações, segundo um esquema recorrente: presença aos acontecimentos, interrogatório de quem estava presente, transmissão e elaboração dos dados. Todavia, não nos prólogos, mas no interior do *Timeu* e do *Crítias*, encontramos a representação mais clara desta "situação narrativa" e das expressões de veracidade ligadas ao processo de transmissão das notícias.

O discurso pronunciado por Crítias no *Timeu* é uma espécie de *arkhaiología*, como a que o sofista Hípias pretendia conhecer (*Hípias Maior*, 285 b-286 b). Quando deve revelar qual "tipo" de discurso trazia-lhe tanto sucesso junto aos lacedemônios, Hípias distingue, em meio a conhecimentos como a astronomia, a geometria, a aritmética, o cálculo, a gramática, todo discurso que diz respeito às coisas antigas (*páses tês arkhaiologías*): as genealogias dos heróis e dos homens, as narrações das antigas colonizações das cidades[4]. As apresentações de Hípias exigem o conhecimento minucioso de fatos antigos e de muitas narrações, a familiaridade com composições em verso e prosa relativas a um passado distante. Estes conhecimentos requerem muita memória e são um sinal da *polymathía* do sofista, um saber "abundante" que se detém na multiplicidade do particular. Memória e narração estão estreitamente unidas, quer se trate da sabedoria dos antigos, quer se fale das fábulas contadas às crianças (*Timeu*, 26 c; *Crítias*, 108 d). O discurso de Hípias não é caracterizado pela relação de verdade. Ao contrário, os lacedemônios, segundo Sócrates, serviam-se dele como as crianças se servem das velhas, pelo prazer que oferece o seu "fabular" (*mythologêsai*) (286 a)[5].

Também o discurso de Crítias, no *Timeu*, diz respeito à narração de acontecimentos ocorridos em tempos longínquos. Também esta narração acontece num contexto semelhante de audição (*akróasis*) pública. Por trás da semelhança entre essas situações, insinua-se, porém, uma diferença importante entre as narrações de Hípias e Crítias. Quanto ao discurso de Hípias, Sócrates acentua a indiferença pela determinação da verdade; já o discurso de Crítias é continuamente considerado no seu caráter de "discurso verdadeiro". Para atestar a verdade do próprio discurso, Crítias deve, portanto, referir-se ao modo pelo qual as informações foram transmitidas[6].

4. Já o *Hípias menor* lembra a variedade dos gêneros de discurso preferidos pelo sofista (entre os quais poemas épicos, tragédias, ditirambos, obras várias em prosa), aos quais acrescenta a mnemotécnica (368 c-d); nota, além do mais, a aparente irrelevância, neste seu "saber", do problema da verdade (368 e).

5. A resposta de Hípias (286 a-c) a estas observações socráticas revela também o seu interesse por problemas educativos, além do prazer da audição (prazer e fim educativo são, com efeito, os dois termos relacionados aos contos): o sofista se refere a um discurso seu sobre a preparação dos jovens, discurso que teria sido apresentado numa "escola".

6. O sentido "histórico-fatual" da verdade que é afirmada na narração de Crítias é notado em Görgemanns (1994). Algumas indicações bibliográficas: Vidal-Naquet (1964); Gill (1993) e (1997); Detienne (1981), pp. 104-127; e Detienne (1989), pp. 166-186; Sassi (1986), pp. 104-128; Brisson (1992); Nicolai (1992), pp. 33-38; Calame (1996), pp. 223-227; Calame (2000), capítulo I; Morgan (1998). Para a relação com a *Poética* aristotélica cf. também Erler (1997).

137

Hermócrates introduz o argumento, mencionando aos amigos o discurso que tinha sido proferido por Crítias, um discurso composto a partir de antigas tradições (*Timeu*, 20 d). Incitado a referi-lo novamente, Crítias nota logo a particularidade de sua narração, mas garante com firmeza a sua verdade (*lógou mála mèn atópou pantápasí ge mèn alethoûs*), acrescentando que ela fora proferida por Sólon, um dos sete sábios (20 d). Crítias tinha escutado esta narração do homônimo Crítias, seu avô: conto feito por um velho a uma criança, narração de fatos antigos, grandes e maravilhosos, de uma cidade, esquecidos com o tempo e a destruição causada pelos homens (20 e). Sócrates intervém para pedir a Crítias que dê início a seu relato e, assim fazendo, acentua a pretensão do discurso à verdade: que se fale de coisas de fato "acontecidas" (21 a).

"Referirei um antigo discurso, escutado por um homem não jovem", insiste Crítias, introduzindo a sua narração (21 a). Crítias tinha participado, quando jovem, da festa das Apatúrias, ocasião em que se realizava um concurso poético para crianças. As obras de Sólon figuravam entre as que deviam ser recitadas, constituindo então uma novidade. Após um elogio feito por um dos presentes a Sólon, o velho Crítias tomara a palavra e mencionara um discurso (*logos*) que o legislador teria deixado incompleto na sua volta do Egito. Anuncia-se logo a grandeza dos acontecimentos que aí eram narrados: as fórmulas superlativas usadas por Crítias para este fim constituem um proêmio para a narração[7]. Uma a uma, as formas habituais de apresentação do discurso historiográfico são retomadas: a grandeza dos acontecimentos passados, a sua "salvação" enquanto *logos*, diante da destruição causada pelo tempo, e, enfim, o modo de transmissão das informações considerado como garantia de verdade. Com efeito, pergunta-se a Crítias quem eram

---

7. "sobre a empresa mais relevante (*megístes*) e, justamente, mais conhecida (*onomastotátes*) entre as que a cidade realizou, mas da qual, por causa do tempo e do fim dos que dela participaram, não nos chegou nenhuma narração (*logos*)" (21 d).

os informantes dos quais Sólon tinha aprendido estes fatos *como verdadeiros* (21 d)[8].

Sólon, no Egito, tinha interrogado os sacerdotes de Sais sobre fatos antigos (22 a). Para induzi-los a falar sobre tais argumentos (*perì tôn arkhaíon eis lógous*), tinha, por sua vez, referido os mais antigos (*tà arkhaiótata*) acontecimentos gregos: Foroneu, o primeiro homem, e Níobe, os dilúvios de Deucalião e Pirra, o que se narra a este respeito (*mythologeîn*), a sua descendência (*genealogeîn*) e o cálculo dos anos que desde então passaram (mas não eram estes também os interesses de Hípias?)[9]. Diante destas narrações gregas um velho sacerdote apresenta a célebre consideração: os gregos são sempre crianças (*paîdes*), jovens (*néoi*) na alma, e não possuem lembranças antigas como as transmitidas pelos egípcios (22 b). Já estes conservaram a escrita, e com a escrita a lembrança dos fatos antigos[10]. As genealogias de Sólon diferenciam-se pouco de contos de crianças (*paídon...mython*) (23 b), o que podemos entender: feitos para serem escutados por crianças e feitos pelas próprias crianças, como são os gregos.

Sólon tinha então pedido ao sacerdote um relato preciso e contínuo (23 d): modalidade da narração "verdadeira" egípcia, distinta das narrações gregas. A *historía* de Sólon, é claro, assemelha-se neste e em outros aspectos à de Heródoto. A ocasião da narração dos sacerdotes – e, por conseguinte, do discurso de Sólon – torna-se elemento de veracidade, em oposição aos outros *mythoi*: a referência ao modo de transmissão das informações e à autoridade do narrador permite distinguir, entre as várias formas narrativas, a narração "verdadeira".

---

8. Estes termos representam uma clara referência aos prólogos de obras historiográficas: um *pastiche* de Heródoto (Vidal-Naquet, 1964, pp. 237 s.)? A constatação da paródia, essencial para a compreensão da passagem, não esgota, porém, a pergunta sobre o significado da "verdade" que aí se afirma. Nem parece satisfatório reconduzir esta verdade "fatual" ao nível do jogo (Gaiser, 1984, capítulo V), como fica evidente também com os exemplos "judiciários" analisados abaixo.

9. Para a recorrência do tema das genealogias, já na digressão do *Teeteto*, cf. acima, capítulo 1, pp. 39-40. Para a relação entre *mythologeîn* e *genealogeîn*, Detienne (1981), pp. 111 s. e (1989), pp. 164 s.

10. O tema da conservação da escrita junto aos egípcios não deve ser separado do tema da *crítica* da escrita, realizada sempre por "egípcios": *Fedro*, 274 e-275 b.

139

No final do relato de Crítias somos, porém, mais uma vez, conduzidos ao contexto geral, comum, de apresentação das narrações: a relação entre velhos e jovens, a função educativa, o prazer. Crítias lembra o seu gosto "infantil" pela audição, as suas perguntas insistentes e o desejo do velho de ensinar (26 c). Crítias pode repetir estas narrações em cada detalhe, como as ouviu, e não somente nos seus traços gerais (*ibidem*)[11].

É significativo que, no meio desta ampla caracterização do contexto de apresentação das narrações, seja o próprio Sócrates quem indica com insistência a ligação entre narração e verdade. Já no início, ele pede uma narração que corresponda à vivacidade que se procura dar a uma pintura (19 b). A representação "com fatos" dos discursos sobre a cidade ideal suscita a apreciação socrática: não se trata somente de uma narração "fictícia", mas de um discurso "verdadeiro" (*mè plasthénta mûthon all'alethinòn lógon*) (26 e)[12]. Sócrates tinha excluído poetas e sofistas da tarefa desta representação, distantes das situações recriadas, que requerem as competências de homens que sejam ao mesmo tempo políticos e filósofos (19 d-e).

Aderência ao particular e verdade: nunca, em outros diálogos platônicos, são enunciados com a mesma força os elementos que caracterizam a narração histórica. Todavia, não é suficiente constatar esta "recriação" de uma modalidade do *logos*: deve-se igualmente considerar a sua colocação no quadro geral do diálogo. O que parecia secundário, seja pela forma paródica, seja pelo caráter introdutivo dos argumentos, ilumina o discurso sucessivo (e central) da obra.

Com efeito, a insistência platônica na caracterização dos vários discursos acentua a oposição entre a narração de Crítias e o discurso proferido por Timeu. À forma "histórica" do primeiro, à qual correspondem os atributos de verdade comuns a narrativas semelhantes, segue a cosmologia de Timeu, discurso do qual freqüentemente se afirma o caráter verossímil e não propriamente verdadeiro. A verossimilhança,

---

11. Note-se também a contraposição entre obra completa e "resumos" em *Leis*, VII, 810 e-811 a.

12. Proclos lerá esta passagem substituindo *alethinòs lógos* com *história*: *in Tim.*, 26 e = I, 197,19 s., Diehl. Cf. Rispoli (1988), p. 151.

140

eikós, representa neste caso a incapacidade humana diante dos temas divinos (29 c-d). Ela consiste, portanto, numa "carência" de verdade e, ao mesmo tempo, numa tendência em direção a esta; pode ser aproximada à necessidade ou exatidão da demonstração[13], aplica-se a um discurso sobre a natureza[14]. Não é possível analisar aqui, com detalhe, a construção deste discurso "verossímil" e a particularidade deste seu atributo. Em outros diálogos, como veremos, o verossímil permite caracterizar as palavras entre os homens nas suas relações comuns, públicas, e constitui o seu aspecto negativo, a imperfeição de uma relação de verdade que se realiza alhures. Trata-se, segundo estes diálogos, do sinal mesmo da retórica, do que constitui a sua essência. Diferentemente, no *Timeu*, o verossímil diz respeito à impossível apropriação do "objeto" por parte do *logos* humano. Uma separação radical parece surgir entre o verossímil que é "prerrogativa" da retórica e o verossímil que é proximidade humana ao divino. Uma ambigüidade do termo *eikós* que irá transparecer no seu uso aristotélico, entre a particularidade da retórica (que aproxima verossímil e possibilidade de engano) e a superioridade da poesia (em cuja análise justapõe-se o verossímil e

13. 53 d: *katà tòn met'anánkes eikóta lógon* (53 e: *alétheian*); 56 b: *katà tòn orthòn lógon kaì katà tòn eikóta*. Cf. também 40 e; 68 b (Donini, 1988, p. 42): trata-se do uso de *anánke* referido à argumentação. Para a *anánke* no *Timeu* ver também Brisson (1974). Apesar de, nestas passagens do *Timeu*, como em Aristóteles, o *eikós* definir-se em contraposição à verdade, nelas (como também em Aristóteles) fica indicada a ligação estreita com a verdade presente no raciocínio verossímil (veja-se em 30 b, na mesma frase, a relação entre *katà tòn eikóta* e *têi aletheíai*). Esta caracterização do discurso sobre as coisas divinas – ou sobre a imortalidade da alma –, ligado ao *mythos*, ao verossímil ou ao que não é totalmente verdadeiro, apresenta-se também no *Fédon*: 70 b; 114 d. No mesmo diálogo, porém, os discursos verossímeis são rebaixados como "impostores" (92 d).

14. 57 d: *perì phýseos eikóti lógoi khrésesthai*. Em Aristóteles, a relação entre o discurso sobre a natureza e a não necessidade realiza-se por meio da noção do "que acontece no mais das vezes". Para o problema do verossímil no *Timeu* ver a bibliografia citada e discutida em Donini (1988); Sassi (1997); sobre o verossímil em geral, Lanza – Longo (1989), e neste volume, sobre Platão, Roscalla. Wieland (1982), p. 49, não dá conta da contraposição que assim se estabelece com o discurso de Crítias.

o universal). Basta, porém, notar aqui que o verossímil do discurso (principal) de Timeu acentua os atributos de verdade que eram referidos com insistência ao discurso (introdutivo) de Crítias. Após a audição das considerações sobre deus e o universo proferidas por Timeu, ilumina-se a "narração histórica" de Crítias: nota-se com maior clareza o esquematismo presente na recriação de sua narração, a intenção de revesti-la com as formas "correntes" e "codificadas" deste gênero de apresentação.

Encontramos, assim, diante de um discurso superior e da procura do divino, o *tropos* da narração, aproximado, pelo atributo de verdade, da narração histórica. As palavras de Crítias no diálogo homônimo (*Crítias*, 107 a-e) permitem corroborar esta relação do *Timeu*. Se o que se diz sobre os deuses terá necessariamente caráter de verossimilhança, o que se diz sobre os homens requer exatidão. Esta retomada do tema por Crítias parece acentuar os traços irônicos de sua primeira exposição, mas torna esquemática a contraposição, que marca o diálogo anterior, entre os discursos de Crítias e Timeu. Todavia, este novo discurso acrescenta, aos elementos considerados, uma afirmação singular sobre a origem da própria forma de expressão. A "mitologia" e a "investigação sobre as coisas antigas" (*mythología gàr anazétesís te tôn palaiôn*) eram inexistentes nos tempos primitivos e apareceram na cidade graças à *skholé*, à disponibilidade de tempo além das ocupações "necessárias" à vida (110 a). Num discurso dedicado a Mnemosine (108 d), a aproximação entre estas modalidades de discurso e pesquisa (*mythología* e *anazétesis tôn palaiôn*) recria o contexto comum às formas narrativas, unidas nos atributos de sabedoria próprios aos sacerdotes egípcios, que conservavam a memória desses tempos antigos.

Atrás das palavras de Crítias podemos entrever a "tensão" presente na caracterização de verdade das narrações "platônicas"[15]. Por um lado, o discurso de Hípias, que trata de fatos e coisas antigas (*tà palaiá*), em relação ao qual se acentua a ironia socrática, e do qual se sublinha a escassa atenção pela

---

15. "Tensão" que é presente também em outros diálogos: ver *República*, II, 376 e ss. Note-se que a fórmula socrática segundo a qual "a retórica persu-

142

verdade. Por outro lado, a *arkhaiología* de Crítias, delineada nos seus tons marcadamente ingênuos, mas de cuja verdade é o próprio Sócrates a se ocupar, diferenciando-a das narrações dos sofistas. Trata-se, assim, de um modo geral, comum, da narração, mas trata-se igualmente da particularidade da narração verdadeira, que refere os acontecimentos antigos. As fórmulas com as quais se exprimem estas narrações são indicativas de uma "tópica" (a relação insistente com a verdade), que passa, por sua vez, a caracterizar uma *parte* destas narrações, diante do "descuido" – em relação à verdade – aparentemente peculiar a este gênero de discurso.

Notemos, enfim, que esta "verdade do particular" – ou, se quisermos, esta "tópica" das formas narrativas – não é afirmada somente pelo ingênuo Crítias, mas é expressa também pelo Ateniense nas *Leis*[16]. A digressão apresentada no terceiro livro tem por argumento uma pesquisa sobre os costumes e as leis da cidade (cf. 683 a ss.), pesquisa cujo fim será esclarecido no final (702 a-b): trata-se de considerar qual é a melhor forma de governo para a cidade que o Ateniense deverá estabelecer idealmente. Na sua narração sobre as constituições passadas e sobre alguns acontecimentos históricos gregos, o Ateniense nota com veemência a sua intenção de verdade. É necessário exprimir-se "adequadamente" nesta ocasião, visto que não se fala com o fim de "contar histórias" (*mythoi*) (699 d-e). A narração assume, por isso, a caracterização da verdade que a deveria distinguir dos *mythoi* em geral. A expressão desta verdade dos fatos passados é, por assim dizer, "formular", evoca o que tinha sido afirmado em relação ao discurso de Crítias, sem, porém, retomar o seu tom irônico. Como no *Timeu*, o discurso "histórico" confere, aqui, um aspecto concreto ao que tinha sido dito "abstratamente". Diante de dis-

---

ade o povo e a multidão por meio de fábulas (*dià mythologías*), não com o ensino" (*Político*, 304 c-d) revela uma oposição recorrente, mas ambígua, pois também no ensino, segundo a *República* (*loc. cit.*), estes contos terão sua parte. Assim também acontece no *Timeu*, onde se oscila entre o prazer dado pela narração e o seu fim educativo, do qual depende a sua verdade.

16. Com efeito, são muitos os pontos de contato entre este livro e o *Timeu*. Sobre o trecho que agora tratamos cf. Görgemanns (1994), p. 112. Cf., em geral, Weil (1959).

cursos que correm o risco do esquecimento, o Ateniense torna "mais segura" a própria argumentação, confrontando-se "com os fatos acontecidos" (*Leis*, III, 683 e 8 s.). Não pensa, com esta narração, em considerações diferentes das que tinham sido feitas anteriormente: trata-se de apresentar novamente "o mesmo discurso", sem, porém, que se procure "no vazio", mas "o que aconteceu e é verdadeiro" (*allà perì gegonós te kaì ékhon alétheian*) (683 e 9- 684 a 1). "Procurar... o que aconteceu e é verdadeiro" retoma a expressão semelhante usada por Crítias – *anazétesis tôn palaión*, a procura das coisas antigas (*Crítias*, 110 a) –, e relaciona-se à declaração de verdade que faz no *Timeu*[17]. Mas estas considerações das *Leis* possuem também um papel compositivo preciso, servindo como proêmio à digressão histórica que o Ateniense proferirá sobre Esparta: "eis o que aconteceu" (*gégonen dè táde*) (684 a 2)[18].

Seja no discurso de Crítias, seja na digressão do Ateniense, a afirmação da verdade dos fatos acontecidos tem função de garantia para toda a narração seguinte. Exigência da argumentação ou paródia, Platão, em todo caso, recorre a uma *tópica* da narração histórica, nas declarações de verdade e na menção dos processos de transmissão das informações. Pode-se somente entrever, no contexto geral das narrações apresentadas para o prazer ou para a instrução, a particularidade desta narração. Entre o excesso do saber de Hípias e a aparência de verdade, a narração dos acontecimentos passados parece se resgatar na sua aderência ao particular, na sua pretensão à veracidade. O *Timeu* certamente indica a "inferioridade" deste saber, em relação ao discurso *verossímil* sobre as coisas divinas e sobre o universo. Nem sempre,

---

17. *Timeu* (26 e): *tó te mè plasthénta mûthon – Leis*: *ou perì kenón ti zetésomen*; *Timeu*: *alethinòn lógon – Leis*: *ékhon alétheian*. Cf. também *Górgias*, 470 d, onde o que aconteceu (*tà gàr ekhthès kaì próen gegonóta*) é usado como refutação (*exelénxai*) e demonstração (*apodeîxai*) por Polo: curiosamente, na sua resposta, Sócrates evoca a imagem do tribunal (471 e - 472 b).

18. A expressão em III, 682 a 4-5 – *pollôn tôn kat'alétheian gignoménon... hekástote* – deve ser aproximada deste contexto, e por isso se justifica a sua interpretação em chave "histórica", apesar das considerações de Saunders (1972), p. 13.

porém, é assim. Como agora veremos, o verossímil possui também um sinal diferente e negativo, relacionado (segundo uma tradição mais antiga) à retórica, aos discursos próprios aos tribunais e às assembléias, e é, nestes casos, colocado em oposição a uma verdade que corresponde à determinação dos fatos acontecidos.

Desta "dupla" caracterização do discurso verossímil deriva um quadro singular. Por um lado, enquanto signo da retórica, coloca-se o campo da opinião humana, das palavras dos homens apresentadas nos lugares comuns de reunião e decisão; por outro, afirma-se o discurso possível sobre os deuses, que tende à verdade, mas que é incapaz de alcançá-la, visto que é humano. Diante destes dois opostos, apresenta-se uma "verdade" que é narração, referida segundo os modos tradicionais da crítica das informações, mas que se faz valer também graças ao prazer da audição e à instrução. Não se deve esquecer que alguns diálogos, entre os quais o *Teeteto*, tornam "verídica" a palavra socrática por meio de processos de obtenção da informação que encontram uma caracterização mais límpida na narração de Crítias.

Seria difícil pensar que deste modo se delineie, com clareza, no interior dos diálogos platônicos, um lugar preciso para a narração "verdadeira", distinta das outras formas narrativas. Pode-se, mais simplesmente, constatar que a imagem desta narração não está ausente do diálogo: a verdade do passado participa da configuração do *tropos* narrativo. Mas não podemos tampouco concluir que a singular afirmação desta verdade do passado não seja nada mais do que elemento paródico na recriação do gênero por parte do filósofo "literato". A verdade que se detém no particular, e se configura prevalentemente na forma da narração, é também elemento paradigmático na comparação com a situação por excelência da não verdade: a situação retórica, o discurso no tribunal. O *tropos* do discurso judiciário – e digamos mais uma vez: a situação da condenação socrática – acena ao que aparentemente não pode ser parodiado (senão, como veremos, por meio da palavra alheia: a comédia).

145

3

O *Teeteto* é um diálogo sobre o conhecimento, mas encontramos nele somente os lugares em que o conhecimento não está. À pergunta formulada por Sócrates seguem três respostas diferentes, cada uma das quais é, enfim, refutada[19]. A definição do conhecimento não deve ser procurada no campo da percepção (*aísthesis*), parece indicar a análise da primeira resposta (interrompida pela digressão sobre o filósofo e a cidade). Através do "aparecer" – que se diz *phaínesthai*, mas também *dokeîn* –, na consideração desta primeira resposta fala-se não só do que é relativo à representação "sensível", *phantasia*, mas também à opinião, *doxa*. Alargamento fundamental de perspectiva, visto que a segunda resposta conduz novamente os interlocutores a este campo, identificando conhecimento e opinião verdadeira. Da análise da opinião o diálogo não vai se livrar, pois a terceira resposta, pequeno apêndice, acrescentará: o conhecimento é opinião verdadeira "acompanhada" de *logos*.

Deste modo, a tripartição esquemática do diálogo, ritmada pelas três respostas diferentes dadas pelo jovem Teeteto, não esconde a continuidade dos temas, a retomada dos argumentos e a presença de percursos que não correspondem necessariamente a essas respostas. Na primeira e mais ampla parte do diálogo, as questões socráticas se dirigem, pouco a pouco, da análise da percepção à análise da opinião, até que, com a digressão sobre o filósofo, torna-se possível recusar a interpretação que tinha sido dada da tese de Protágoras ou de sua imagem de "sabedoria"; os interlocutores poderão, assim, voltar à consideração da percepção, vista a partir das teorias dos "discípulos de Heráclito". Parece mais singular que a segunda resposta, a opinião verdadeira, não receba praticamente nenhuma argumentação, deixando espaço, desde o início, para a análise de seu contrário, a opinião falsa. Em outras palavras, durante este segundo momento do diálogo, vai se tratar mais especificamente do campo da "falsidade"

---

19. Cf., acima, capítulo 1, pp. 30-31.

146

do que do conhecimento. A segunda resposta de Teeteto à questão do conhecimento, retomada no final (naturalmente aporético) desta "digressão" sobre a possibilidade do erro, receberá uma refutação rápida e desconcertante, sobre a qual agora nos deteremos: freqüentemente negligenciada pela sua brevidade e seu não aprofundamento, esta refutação é, ao contrário, elemento essencial na ordem das argumentações apresentadas em todo o diálogo. A terceira e última resposta, enfim, ilustrará o fracasso das tentativas de ir além do campo da opinião, acrescentando "algo" – o *logos* – que não seja já "opinião".

Mesmo a partir desta rápida visão de conjunto, pode-se constatar que o *Teeteto* é elaborado, em seu todo, a partir do binômio percepção/*aísthesis* e opinião/*doxa*, segundo um processo de distanciamento que não afirma o que está *além* destes termos, mas somente o próprio ato de se distanciar. Nada mais do que acontecia com a figura do sábio, considerado na perspectiva do *reconhecimento* e da opinião. Visto que se refere, em grande parte, à opinião, o *Teeteto* é também, em grande parte, um diálogo sobre a palavra comum, sobre a palavra dos homens entre si, em sociedade. Não um diálogo sobre a retórica, dado que seu ponto de vista é o conhecimento, mas um diálogo sobre o que distancia o conhecimento – e, assim, a verdade – da palavra comum.

Não é, portanto, casual que a refutação da resposta segundo a qual o conhecimento corresponde à opinião, com o atributo da verdade, aconteça por meio do apelo ao espaço próprio à opinião, o espaço por excelência que representa a palavra comum dos homens na cidade, nos seus processos de decisão, e segundo o fim de persuasão: o tribunal. Retomemos, nos seus traços gerais, o percurso platônico até esta segunda resposta. Se o conhecimento não deve ser procurado no campo da percepção (186 e), este deve ser considerado na relação da alma consigo mesma (no campo do *doxázein*) (187 a). Mais precisamente, ao conhecimento deve corresponder a "opinião verdadeira" (*alethès dóxa*), visto que existe também uma "opinião falsa" (*pseudès dóxa*) (187 b). Assim o diálogo efetua a passagem, na procura de uma definição do conhecimento, do plano da percepção ao campo da opinião,

147

na realidade já mencionado anteriormente na análise da tese de Protágoras[20]. Sócrates nota explicitamente este processo, no qual se retomam questões já tratadas e se apresentam novas digressões, considerando-o próprio à atividade filosófica e justificando-o com a disponibilidade de tempo, a *skholé* (187 d). Visto que os interlocutores têm "tempo livre", mais do que se dedicar imediatamente ao exame da "opinião verdadeira", eles consideram a possibilidade do atributo dado à opinião, e, portanto, a possibilidade de que esta seja "falsa". Somos, assim, introduzidos na longa análise da opinião falsa, que apresenta algumas das digressões e imagens mais conhecidas do diálogo e que se conclui com um aparente fracasso: não é possível procurar a opinião falsa antes de saber o que é o conhecimento (200 c-d). Se este percurso realizado "em negativo" foi inútil é uma questão que não pode limitar-se ao segundo momento de análise, mas deve referir-se ao resultado aporético de todo o diálogo.

O longo percurso da investigação sobre a opinião falsa reconduz à questão inicial: é necessário perguntar, antes de mais nada, o que é o conhecimento e, por conseguinte, considerar a sua identificação com a opinião verdadeira, e só posteriormente investigar como se dá o erro. Mas a retomada desta segunda resposta de Teeteto não conduz a novas e prolongadas investigações: uma breve análise, imposta com autoridade, resolve a questão, sem nenhum exame detalhado e "dialógico" conduzido por Sócrates. A refutação se apresenta assim: o conhecimento não é opinião verdadeira porque há uma arte que indica (*semaínei*) que esta identificação não pode ocorrer (201 a).

Não é difícil imaginar qual seja esta *arte* e qual o *lugar* indicado, de onde, por princípio, exclui-se o conhecimento. Mas logo quando um longo caminho levara a caracterizar o procedimento filosófico com a disponibilidade de tempo, a *skholé*, e também, como veremos, com o discorrer/dialogar contínuos, a *adoleskhía*, permanecemos perplexos com a conclusão repentina por parte de Sócrates, que se dá no plano

---

20. A questão é, portanto, "retomada", como se diz em 187 c: *analabeîn pálin.*

da *imagem*, da representação de um momento da vida social. Ficamos perplexos também porque vemos, assim, "concluída" (ou "excluída") a segunda resposta, à qual éramos reconduzidos depois da longa e inconclusa argumentação sobre a opinião falsa.

O procedimento filosófico parecia, então, exigir análises repetidas, identificadas pelo próprio Sócrates com o "falar em excesso". Mas talvez não seja sempre assim. Paradoxalmente, agora é Sócrates quem resolve rapidamente a questão. Retomemos a argumentação socrática. Ao convite de Teeteto – "prossigamos e observemos" (e compreende-se: no exame da opinião verdadeira) –, responde Sócrates: "basta, sobre isto, uma breve análise" (201 a). Somos conduzidos, nesta análise, ao lugar próprio à palavra pública – o tribunal – e à sua natureza de palavra retórica. É o apelo a esta palavra que vai permitir refutar a segunda resposta dada à questão do conhecimento. Como antes na digressão, agora, no "meio" da argumentação filosófica, o discurso público e a retórica representam o lugar da não verdade.

Pode, contudo, o *Teeteto* nos sugerir como *dizer* a verdade? Esta questão, que nascerá naturalmente da imagem do tribunal com a qual Sócrates conclui a segunda resposta, já estava implícita nas considerações anteriores. Mais de uma vez, durante o diálogo, os termos da investigação filosófica e da verdade eram colocados a partir do "percurso" e da "evidência"; mais de uma vez, conduzia-se conhecimento e verdade ao *logos*[21]. Agora, anunciando a refutação da segunda resposta, Sócrates alude ao problema da evidência com uma citação: "o guia que conduzia à travessia do rio disse: o rio mesmo o demonstrará" (200 e)[22]. A "evidência" do

---

21. 186 c: "como apreender a verdade, quem não apreende nem sequer o ser (*hoíón te oûn aletheías tykheîn, hôi medè ousías*)?" – uma questão que leva à consideração: "não há conhecimento nas sensações (*pathémasin*), mas no raciocínio (*syllogismôi*) sobre estas" (186 d). O conhecimento não reside nas sensações (*pathémata*), mas no *syl-logismeîn*. E veja-se, naturalmente, a definição da "atividade da alma" (*doxázein, diánoia*) como *diá-logos* da alma consigo mesma (190 a; *Sofista*, 263 e). Cf. também Joly (1974), pp. 157-159.

22. É o escólio que explica a expressão com a referência à travessia do rio e à sua profundidade; já o escólio a *Hípias Maior*, 288 b, constata a expressão

149

rio põe-se em contraste com uma possível indicação prévia do percurso por parte do guia. Mas qual é esta "evidência" que permitirá recusar a identificação entre conhecimento e opinião verdadeira? Nada mais, enfim, do que a imagem do tribunal e da verdade que aí pode ser estabelecida. Por meio desta ficará claro que "opinião verdadeira" e "conhecimento" não são a mesma coisa. Mas a imagem do tribunal não é somente a "evidência" procurada desta distinção, que "faz ver" o erro da identificação proposta. A imagem do tribunal evoca, em si, o problema da relação entre evidência e *logos*, *logos* e verdade[23].

Qual "verdade", porém, seria possível no espaço do tribunal? A esta pergunta o *Teeteto* responde de modo brusco, como que "de passagem". Lembremos que a digressão sobre o filósofo parecia ter sido clara: não interessa ao filósofo saber quem cometeu injustiça, mas observar a justiça ou injustiça em si mesmas (175 c). Agora a resposta parece diferente, se, no plano da argumentação filosófica, o tribunal é colocado como paradigma da não verdade.

Há uma arte, *tékhne*, diz Sócrates, que desmente a equação entre conhecimento e opinião verdadeira: esta arte pertence aos homens superiores quanto à sabedoria, aos homens que exercem a atividade dos tribunais (*rhétores te kaì dikanikoí*) (201 a). Com uma tal arte eles persuadem, mas

na comédia *Pylaía* de Cratino (fr. 177 K. = 188 K.-A.) (ver, ainda, Sófocles fr. 388 Radt, da obra *Lémniai*). Cf. também Dijk, 1997, pp. 334-336. Note-se que Sócrates considera, no *Ménon*, a questão da opinião verdadeira, apresentando, porém, uma imagem diferente para o "percurso", *méthodos*: o caminho de Larissa (97 a-b) (assim como, em seguida, o exemplo das estátuas de Dédalo: curiosamente, também neste caso há uma ligação com uma tradição que nos é transmitida principalmente pela comédia; veja-se, a propósito, a interpretação de Meuli, 1964). Cf. Bluck, 1964, pp. 32 s. Para a questão da opinião verdadeira, cf. também *Timeu*, 51 d-e; *República*, VI, 506 c.

23. Se a verdade é contato, ou proximidade, esta não se apresenta no *logos*; mas esta não pode ser senão *logos* (cf. nota 21). "Quanto mais se diz o *ser*, tanto menos o ser é *dito*". Esta significativa formulação de Wolff (1992), p. 151, não permite, porém, constatar um movimento evolutivo, "não concluído", que se apresenta ainda na dialética, mas não na apofântica (como será em Aristóteles); o "paradoxo" platônico, ao contrário, mostra o que permanece "escondido" na base da apofântica.

150

não ensinam, fazendo acreditar, *doxázein*, no que querem. Ou crês – pergunta Sócrates a Teeteto – que eles sejam mestres tão hábeis (a habilidade é, naturalmente, um atributo sofístico) que, diante de um indivíduo que não estava *presente* quando alguém foi roubado do próprio dinheiro ou sofreu alguma violência, a este indivíduo podem ensinar de modo suficiente, com pouca água (na clepsidra), a verdade do que aconteceu (*tôn genoménon tèn alétheian*) (201 a-b)? Persuadir equivale a *doxázein*, "ter opiniões" e não "ciência": se os juízes foram persuadidos no modo justo sobre o que podia conhecer somente quem viu, mas não outros, e julgam por meio do que ouviram dizer, têm, então, uma opinião verdadeira destas coisas, mas não o conhecimento (201 b-c)[24].

Assim recusa Sócrates, de modo extremamente breve, a segunda resposta de Teeteto, que identificava conhecimento e opinião verdadeira. São muitas as perplexidades suscitadas por esta argumentação socrática, já a partir de sua brevidade (após o longo percurso de análise da opinião falsa). Em qual plano esta se põe? A "verdade do que ocorreu", à qual se refere, não permanecia distante dos interesses do filósofo? Estaria, talvez, falando por analogia? É mais interessante notar que, no fundo desta argumentação, permanece uma idéia de verdade que se verifica por meio do contato direto e da visão. Platão não parece escolher entre o que será colocado de forma clara pelos seus estudiosos: ou seja, entre uma verdade que se apresenta por meio de uma relação completa (uma *narração* detalhada do que aconteceu, que "ensina", mais do que persuade), e assim por meio do *logos*, ou uma verdade que exige a proximidade, o contato[25].

---

24. Note-se que, no *Górgias* (470 d-e), Sócrates diz que pode falar da felicidade de Arquelau só se "o encontrar" (*syngenómenos*). Que o "testemunho" tenha pouco valor para a afirmação da verdade é dito em seguida (471 e-472 c) (sobre a persuasão pública, no tribunal ou na assembléia, cf., por exemplo, *Alcibíades I*, 114 b-e; *Górgias*, 454 e-455 a). A verdade na "visão" e na presença contrapõe-se a um *logos* que persuade, que é *doxa*; neste momento do *Teeteto* – assim como no *Ménon* – constata-se, de qualquer forma, uma positividade deste *logos*, na afirmação de sua "correção" (a opinião verdadeira, *orthè dóxa*).

25. Para a leitura do trecho como "analogia" cf. Guthrie (1978), pp. 103-106, com uma clara exposição das posições anteriores. Cf. ainda Friedländer

Esta refutação socrática, breve e imposta do exterior, não é senão um "módulo", utilizado em mais do que um diálogo, que traz consigo a imagem do lugar da persuasão, da palavra pública, e por conseguinte, da não verdade. A exterioridade da imagem entrelaça-se com a argumentação filosófica, na pesquisa do significado do conhecimento, repropondo a questão da evidência e do *logos*. Mas esta "não verdade" do tribunal tem uma sua especificidade: *he alétheia tôn genoménon* – a verdade dos fatos acontecidos[26].

Ao contrário do que se afirmava na digressão, pensaria agora o filósofo em "quem cometeu a injustiça", e descuidaria da própria questão da justiça? Ou teríamos aqui um "engano" platônico? Ou podemos supor que no processo de "distanciamento", que coloca a verdade *em outro lugar*, relativamente à retórica, à palavra pública, deve-se considerar uma verdade que é acordo com o particular e que não parece encontrar um lugar definido entre os discursos – um *lugar* seu, talvez um seu *tropos*?

(1960), p. 166; Wieland (1982), pp. 289 ss. (para o qual a questão da "verdade proposicional" assume uma importância particular na análise geral dos diálogos platônicos; sobre as suas considerações ver Trabattoni, 1994, pp. 94-99). O problema da verdade do particular (à qual contrapõe a teoria das formas) é entrevisto também por McDowell (1973), *ad loc.*, que, porém, não o aprofunda. Sobre o paradoxo da verdade por "visão" ou por "relato", veja-se o debate entre Burnyeat e Barnes (1980) (cf. também Burnyeat, 1990, pp. 124-127), problema retomado, numa longa análise, por Heitsch (1988), pp. 132-143. É importante notar que a possível exigência de "conhecimento" ou "explicação" no tribunal parece conduzir ao *logos* que é acrescentado à opinião verdadeira na terceira resposta. Além da *constatação* dos paradoxos na argumentação de Platão (como faz Burnyeat), parece interessante perguntar sobre a sua *possibilidade*; e além de "resolver" a questão, "rebaixando-a" ao nível de "imagem" (como faz Guthrie), é interessante reavaliar o papel das imagens na argumentação filosófica.

26. Note-se que a aproximação entre as artes miméticas e a retórica em *Sofista*, 234 c (sobre a qual cf. também Villela-Petit, 1991), opondo-se à criação da ilusão, conduz a "verdade" às "coisas" (*prágmata*), podendo ser considerada a partir da relação com o particular que constatamos no *Teeteto* e no *Fedro* (cf. adiante, pp. 153 s.).

4

A retórica como "não verdade" evoca um discurso que, *em outro lugar*, tem por fim a determinação da verdade. Mas a retórica enquanto "não verdade" refere-se, *no seu lugar por excelência*, o tribunal, a uma verdade que é acordo com o particular. Uma verdade que não parece encontrar espaço nos interesses do filósofo e que tinha sido afirmada unicamente quando se considerava a precisão das narrações sobre os fatos passados. Seria possível pensar que se trata, nestes casos, de um aspecto marginal ou paródico na composição dos diálogos. Todavia, na representação platônica dos *tropoi* dos discursos, este "dizer o ocorrido", mais do que uma simplificação ocasional, revela-se uma etapa importante para a conjunção do que é "imagem" com os elementos de uma "lógica" do discurso. Podemos constatar este fato não somente no *Teeteto*, mas também no *Fedro* – diálogo sobre o qual agora nos deteremos – na caracterização da retórica a partir do que esta é, efetivamente, na cidade, e considerando o seu elemento de distinção: o verossímil[27].

Sócrates pergunta a Fedro se é necessário, para quem "fala bem", conhecer a verdade do que deve falar (*Fedro*, 259 e). Fedro responde-lhe que o orador não precisaria aprender o que é verdadeiramente justo, mas o que assim parece à multidão que deve julgar (260 a). A persuasão não deriva da verdade, mas da aparência. O problema da verdade, levantado por Sócrates, é abandonado pelo seu interlocutor em vista da "situação" em que se apresenta toda palavra pública: o julgamento da multidão e, portanto, o campo da opinião.

Não é suficiente, para Sócrates, refutar a posição da qual Fedro se faz, ingenuamente, porta-voz, e reafirmar a atenção pela verdade. Pelo contrário, tem prazer em recordar os outros elementos da retórica não ainda mencionados (266 d) e que serão posteriormente "descartados": em outras palavras, o próprio conteúdo dos tratados de retórica anteriores. Estes

---

27. Entre os comentários do *Fedro*, Heitsch (1993) (em particular pp. 152 ss; 184 ss.) dedica uma atenção maior à "verdadeira" retórica, ou seja, à retórica dos tratados criticados.

153

tratados dedicam-se a aspectos diferentes e divergentes em relação à determinação da verdade, como as divisões dos discursos sugeridas por Teodoro de Bisâncio e Eveno de Paros, ou os procedimentos de ilusão inventados por Tísias e Górgias. Segundo estes mestres de retórica, é necessário "honrar", mais do que as coisas verdadeiras (*prò tôn alethôn*), as verossímeis (*tà eikóta*); com a força do discurso fazem parecer grandes as coisas pequenas e pequenas as grandes, velho o que é novo e novo o que é velho (267 a-b). Mas a exposição socrática não se limita a estes primeiros autores e prossegue na longa lista de mestres de retórica e sofistas: Pródico e Hípias, Polo e Licínio, Protágoras e Trasímaco (267 b-d).

No meio da multiplicidade de técnicas e conselhos presentes nos tratados, o raciocínio verossímil mostra-se instrumento principal da argumentação retórica, fator por excelência de ilusão. Na realidade, o verossímil não é somente um procedimento ou característica da argumentação retórica entre tantos outros – aos quais se acrescentam a refutação, o elogio, a medida dos discursos etc. (267 a-d). Este representa a arte da persuasão na sua oposição ao conhecimento da verdade: não o diz somente Sócrates, mas é o que ele "escutou" a respeito (mais uma vez Sócrates dá mostras de seu grande conhecimento dos tratados criticados) (272 c). Dizem os mestres de retórica que, para ser um orador capaz, não é necessário absolutamente "participar" da verdade (*aletheías metékhein*) do que é justo ou bom nas coisas e nos homens, que o sejam por natureza ou formação (a retórica, como praticada, distancia-se da verdade como conhecimento da alma). Em geral, ninguém nos tribunais se dedica a esta verdade, mas ao que é persuasivo (*toû pithanoû*). Eis o verossímil (*tò eikós*), que deve ser procurado por quem quer falar segundo a "arte" (272 d-e).

Se o *Teeteto* relacionava a impossibilidade do conhecimento no tribunal à *opinião*, agora a ausência de verdade deriva do interesse pelo *verossímil*. Mas qual seria esta verdade da qual se nota, criticamente, a ausência no tribunal? Sócrates o diz de modo claro: às vezes, afirma, não é necessário nos tribunais nem mesmo dizer o que ocorreu (*tà prakthénta*), se os fatos não são verossímeis (*eàn mè eikótos êi pepragména*), mas deve-se dizer as coisas verossímeis (*tà eikóta*) na acusação e na defesa (272 e).

A verdadeira "retórica" no *Fedro* parece implicar o conhecimento da alma e o procedimento dialético (265 d ss.; 270 b ss.). Todavia, a verdade à qual se contrapõe o verossímil dos tratados de retórica, verdade apresentada no tribunal, não é nada mais do que determinação do particular. Estamos, aparentemente, diante de uma dupla "redução": a retórica, referida em outros momentos a todo modo de elocução, vê-se agora restrita ao ambiente judiciário. A verdade, antes ligada exclusivamente ao campo do universal, agora limita-se à determinação do acontecido. Na realidade, como Sócrates torna claro na seqüência de suas considerações, o que aparentemente se mostra como "redução" é, na realidade, elemento caracterizante da retórica. O verossímil, que é indicado como instrumento por excelência dos discursos judiciários – as *dikaiológiai* – , e ao qual se opõe a determinação do *particular*, é a essência da arte oratória. Assumindo ironicamente o papel dos mestres de retórica que critica, Sócrates pode afirmar que, quando se proferem os discursos, é preciso procurar, em absoluto, o verossímil, "dizendo adeus à verdade": Verificando-se em todo discurso, o verossímil realiza toda a arte (*tèn hápasan tékhnen*) (272 e- 273 a).

A ligação entre a retórica proposta como condução da alma e o discurso que é determinação da verdade – uma verdade que é conhecimento do particular – consiste na crítica de *tò pithanón*, do que é persuasivo, que permite definir o verossímil, *eikós* (272 d-e). Por meio do que se mostra persuasivo, apresenta-se a opinião da multidão. Isto, acrescenta Sócrates, era afirmado também por Tísias: que o verossímil nada mais é do que o que "parece" à multidão (*tò tôi pléthei dokoûn*) (273 b). O apelo à opinião, sabemos também pelo *Teeteto*, é distanciamento da verdade. Graças ao verossímil (como provavelmente já pretendiam os tratados dos primeiros mestres de retórica) é possível oferecer, para cada argumentação, o seu contrário (273 b-c)[28].

---

28. O argumento, atribuído a Tísias por Platão, aparece atribuído a Córax por Aristóteles (*Retórica*, II, 1402 a 17-28) e aproximado ao princípio de

Esta imagem, apresentada no *Fedro*, não fica distante do que constatávamos no *Teeteto*: a impossibilidade de determinação da verdade no tribunal segundo o conhecimento/ *epistéme*. Por outro lado, já o *Teeteto*, com palavras além do mais atribuídas a Protágoras, indicava no verossímil o elemento peculiar da palavra pública[29].

É o que encontramos em Aristóteles, quando o *entimema* torna-se a característica da retórica, forma de raciocínio que é distinta do silogismo graças ao seu caráter possível de verossimilhança, de não necessidade. Mas este signo da retórica, da palavra "comum", não era no *Timeu* a condição do discurso dos homens sobre os deuses? Particularidade da palavra pública ou imperfeição do *logos* humano? Atributo da opinião, em princípio *distante* do conhecimento, ou tendência a *aproximar-se* ao geral? Na "ambigüidade" platônica entrevê-se a especificidade da retórica aristotélica, entre a conexão com a lógica e a aceitação do caráter "vulgar" do público habitual dos discursos, a comunidade dos cidadãos.

Aristóteles recupera este elemento da palavra pública, sem, com isso, descuidar dos sinais que marcam a distância diante de um *logos* não educado. Paremos, porém, nesta "conclusão" aristotélica. É suficiente constatar que o que emerge, no nono capítulo da *Poética*, como "gênero" subjazia nas imagens que tornam inseparáveis, mesmo se em conflito, verdade "filosófica" e palavra na cidade.

Protágoras, de tornar "mais forte o *logos* mais fraco", sobre o qual se veja já Aristófanes, *Nuvens*, 112-115.

29. *Teeteto*, 162 d-e. Trata-se da primeira crítica de Protágoras aos interlocutores do diálogo: estes "põem-se juntos a fazer discursos" (*demegoreîte synkathezómenoi*: o ato por excelência da deliberação política), usam argumentos que também a multidão aceitaria; não recorrem à demonstração e necessidade (*apódeixin kaì anánken*), mas ao verossímil (*tôi eikóti khrêsthe*), como não seria possível fazer com a geometria (sobre a contraposição entre *apódeixis* e *eikóta*, *Fédon*, 92 c-d). Ver também o discurso de Cálicles, referência a *Antíope* de Eurípides, em *Górgias*, 486 a.

6. UMA FALA LIVRE

Sinto-me completamente estrangeiro à linguagem deste lugar. *

PLATÃO, *Apologia*, 17 d.

[...] não refinado, mas vulgar, não considerando nada mais do que a verdade. **

PLATÃO, *Hípias Maior*, 288 d.

1.

É significativo que a primeira observação de Sócrates diante de seus juízes se referisse a si mesmo visto pelos seus adversários. "Não sei, atenienses, qual impressão recebestes de meus acusadores. Eu mesmo, escutando-os, por pouco não me esqueci de mim, tão persuasivo era o modo em que falavam"

---

*. *"atekhnôs oûn xénos ékho tês entháde léxeos"*.
**. *"ou kompsòs allà syrphetós, oudèn állo phrontízon è tò alethés"*.

(*Apologia*, 17 a). Esquecer-se de si quer dizer perder algo de que se tem a mais pura evidência. É inútil objetar ao filósofo a opacidade que nos parece prevalecer neste conhecimento. A habilidade de seus adversários consiste em fazê-lo pensar *sobre* si o que de fora é dito *contra* si. Nenhuma interiorização psicológica, portanto, mas a indicação da força persuasiva do *logos* também em oposição ao que é. Quanto maior é a ênfase colocada por Sócrates na capacidade retórica de seus adversários, tanto mais pode opor a esta um discurso "verdadeiro".

"Por pouco" Sócrates não foi convencido pelos seus acusadores. Todavia, ele pode garantir que, por assim dizer, nada de verdadeiro foi proferido por eles. À força persuasiva dos acusadores corresponde a falsidade (*epseúsato*) de suas afirmações. O que mais marcou o filósofo foi que seus antagonistas advertissem os juízes para não serem enganados por ele, pela sua habilidade em falar (*hos deinoû óntos légein*) (17 a-b); ou seja, que afirmassem que ele possuía a mesma capacidade que desde o início tinha atribuído aos oradores precedentes. Por entre as formas de espelhamento e engano das palavras no tribunal, não à toa a atenção socrática dirige-se em primeiro lugar à própria capacidade de falar. Mergulhamo-nos logo na multiplicidade dos planos de discurso, distanciados da imediatez e da evidência, uma distância que leva Sócrates quase a se esquecer de si mesmo.

Desde o início Sócrates é "personagem" nos discursos de acusação, é objeto de narração, como era em suas narrações e nas de seus discípulos. Mas a "narração" dos adversários de Sócrates não exprime a sua particularidade: a habilidade que lhe é atribuída o aproxima de tantos indivíduos que falam na cidade. Ver a si mesmo na representação alheia fere o filósofo, em princípio não preocupado com esta sua "imagem"[1]. Agora, porém, no tribunal, ele teve de se confrontar com o que dizem os que estão mais distantes dele: pode, assim, afirmar que as palavras proferidas pelos seus acusadores são falsas, mas, principalmente, que é falsa a representação de sua capacidade de falar. O que mais incomodou Sócrates na sua audição foi que seus acusadores se referissem à retórica

1. *Teeteto*, 173 e acima, capítulo 3, pp. 82-83.

158

inerente ao seu discurso, de modo semelhante à retórica que ele atribuía aos seus adversários.

Sócrates sabe que são estas as armas e as armadilhas da retórica, que o podem manter, desde o início e antes de seu discurso, amarrado "fora" de si mesmo, nas malhas da fala persuasiva. Diante da multiplicidade das referências e do perigo de aí se afogar, a solução socrática parece ser a de colocá-las em evidência e contrapor, com força, a afirmação da verdade de suas palavras. Quanto mais nos afastamos na multiplicação dos planos de discurso, tanto mais intensamente somos chamados à relação primeira de verdade. Sócrates repetirá com freqüência que "diz a verdade", de modo que, nas referências contínuas entre os vários discursos, a sua fala possa mostrar-se ancorada no que é[2].

Esta solução parece fácil demais para quem já estava precavido contra as possibilidades de engano contidas em cada discurso, em cada palavra. *Em primeiro lugar*, porque "dizer a verdade" se insere nos lugares-comuns judiciários, participa desta "habilidade" que é distanciamento da verdade. *Em segundo lugar*, porque, para Sócrates, não se pode dizer plenamente a verdade no tipo de discurso que devia pronunciar neste momento. *Em terceiro lugar* – mas isto não parece importar, agora, para a elocução socrática –, porque "dizer a verdade", para o filósofo, não deveria referir-se ao particular – o homem Sócrates –, mas somente ao geral[3]. Por estas razões, a ênfase colocada por Sócrates na verdade do que diz não pode ser separada da enunciação das condições de verdade: o lugar e os modos de discurso.

Se ser "hábil" correspondesse a dizer a verdade, o próprio Sócrates concordaria em ser chamado hábil, em ser "orador" (17 b). Mas não é o que acontece. Vale, portanto, o modo em que apresenta o seu discurso, que ele não vai proferir como os vários especialistas da fala pública, embelezando, "ornando" com nomes e verbos a própria elocução[4]. Sócrates fala de

2. Cf. acima, p. 96, nota 19.
3. Assim, pelo menos, segundo *Teeteto*, 175 c, acima, capítulo 5, p. 150.
4. O tema é retomado no *Hiparco*, 225 c: a assonância entre as palavras é um dos embelezamentos usados pelos homens "hábeis" nas causas judiciárias (*hoi dexioì perì tàs díkas*).

modo casual, usa as palavras como aparecem. Crê que seja justo agir assim, e adverte: que ninguém "espere" (*prosdokesáto*) algo diferente (17 c). Ou seja, que não espere a habilidade anunciada pelos adversários – Sócrates recusa o que é próprio à retórica, o cuidado com a fala – e que não se "pense" além (*pros-dokéo*) da relação direta com o que é.

A oração socrática não será marcada pela habilidade, nem terá o "estilo" dos discursos dos oradores. Nem a ordem, nem a beleza. Um discurso descuidado, casual, pois "não seria adequado (*prépoi*) nesta idade me apresentar diante de vós, juízes, forjando discursos (*pláttonti...lógous*) como um jovem" (17 c). Não parece que se possa separar o cuidado com a verdade do modo de apresentação das palavras. Há uma adequação do *logos* à ocasião, há discursos de que se deve envergonhar[5]. Peculiaridades do velho Sócrates acolhidas pelo jovem Platão? Mas, lembremos, ainda no *Fedro* (uma obra do Platão "maduro"), tendo de fazer um discurso "retórico", Sócrates cobre a cabeça por causa da vergonha (237 a).

Se, com o tumulto da multidão, Sócrates representa a expressão de seus juízes, a atenção pela fala, ligada à calúnia, indica o modo de se exprimir de seus adversários. Persuasão, falsidade, embelezamento: os acusadores de Sócrates falam como sofistas e mestres de retórica. Mais difícil é entender como fala Sócrates segundo Sócrates. Dois aspectos essenciais parecem vir à tona no proêmio da *Apologia*. Primeiro, Sócrates nos apresenta o próprio discurso *a partir* de como o vêem os outros. Segundo, o discurso socrático aparecerá em contraposição a este seu "aparecer" aos outros, assim como a todo "aparecer" público, situação que conduz às formas de expressão retórica.

A dificuldade socrática – como notamos anteriormente – consiste em ter que caracterizar a peculiaridade de seu discurso onde este não parece ser possível, onde se torna evidente a distância entre a fala socrática e a fala pública: o tribunal. O *tropos* do discurso não pode ser separado de seu lugar de apresentação:

---

5. Assim, segundo Sócrates, deviam sentir-se os seus adversários, quando o acusavam de ser um orador hábil (17 b: *aiskhynthênai – anaiskhyntótaton*).

Mas isto, atenienses, vos peço com insistência [*déomai kaì paríemai*: a cada momento as formas retóricas são utilizadas "contra" a retórica]: se ouvirdes defender-me do mesmo modo em que me exprimo também junto aos bancos na praça, onde muitos dentre vós já me escutaram, e em outros lugares, não vos espanteis nem vos agiteis. Considerai que esta é a primeira vez, com mais de setenta anos, que compareço a um tribunal: sinto-me, pois, completamente estranho (*xénos*) à linguagem deste lugar (*tês entháde léxeos*). Mas assim como perdoaríeis se eu fosse realmente um estrangeiro (*xénos*) e falasse na língua e no modo em que fui educado, assim também agora creio que seja justo vos pedir que aceitai esta forma de discurso (*tòn mèn trópon tês léxeos*), pior ou melhor que seja, e que dedicai toda a vossa atenção somente a ver se digo ou não coisas justas. Esta é, com efeito, a virtude do juiz, ao passo que a do orador consiste em dizer a verdade (17 c-18 a).

A falta de experiência de Sócrates no tribunal não impediu que Platão lhe conferisse um belo proêmio na sua oração, em relação ao qual poderíamos procurar correspondências e variações nos proêmios dos mais hábeis oradores gregos. Mas esta seria uma reprimenda bem mesquinha, se não consentisse chamar a atenção para o fato – para dizer de uma só vez e de modo grosseiro – de que o discurso filosófico, como o próprio filósofo, é *átopos*, foge de todo lugar preciso entre os homens, mas o faz demonstrando de qualquer modo, em todo lugar, de estar em casa. Sócrates é um "orador" hábil quando recusa a retórica; apresenta um belo discurso judiciário procurando se afastar das constrições dos tribunais. E assim também em outros momentos. No *Fedro*, Sócrates mostra-se capaz de analisar um discurso quanto à sua composição, ou proferir um discurso no modo dos oradores; ali, e em outros diálogos, vemos que ele se dedica a contar histórias, como os mais hábeis narradores, ou, se quisermos, como os velhos e as amas. A diversidade da expressão do filósofo não deriva de sua incapacidade e tampouco a distância socrática da linguagem dos tribunais significa sua fraqueza de expressão. Mas, afinal, não é esta *habilidade* na fala que era, em primeiro lugar, atribuída a Sócrates e por este recusada? Não é esta habilidade um modo com o qual dizer a sofística e a retórica, modo contra o qual o filósofo se empenha a todo momento? Pensávamos em concluir, ingenuamente, descobrindo a "máscara" do filósofo, e acabamos simplesmente por cair no pobre papel de seus acusadores. Também agora pode rir o filósofo, diante da segurança com a qual se pensa em revelar a peculiaridade de sua palavra.

O próprio Sócrates, porém, fala de seu discurso *visto* pelos outros. É o próprio filósofo quem usa os termos que nos permitem considerar o seu modo de expressão. É como seus *ouvintes* que podemos perguntar: há uma *lexis* do discurso filosófico? Podemos falar de um *tropos* seu? Digamos que não conhecemos nem sequer o seu *lugar*, que, no entanto, parecia claro. Segundo a *Apologia*, este não era o tribunal, mas a praça, junto aos bancos de câmbio, e alhures (17 c). Mas atenção: estes lugares estão destinados a representar um certo modo da fala – discursos não elaborados, discursos sem retórica, que se apresentam em espaços não propriamente "públicos", espaços da conversa privada. Mas não vamos além, no que se afirma por oposição. Sabemos que não no "meio" – na praça – encontram-se os que se dedicam à filosofia, nem tampouco "embaixo". Também Cálicles, no *Górgias* (485 d), o afirma: "fugindo dos lugares no meio da cidade e da praça" – e não parece que Sócrates pudesse discordar. Ou melhor: junto aos bancos de câmbio, longe das "alturas" da palavra pública; longe, porém, também destes bancos e de tudo o que diz respeito aos "baixos" interesses comuns dos homens.

Disto trata a digressão do *Teeteto*, que convém analisar no que diz respeito à particularidade da palavra do filósofo. Somente que aí o filósofo representado fala pouco. Nós o vemos, mais freqüentemente, zombado pela cidade; outras vezes, encontramo-lo perplexo ou indiferente – mas, de vez em quando, também ele ri – diante dos interesses comuns. Ele nem sequer se lamenta, como o astrônomo de Esopo caído no poço, o qual, com os seus gemidos, chama a atenção do transeunte. O filósofo, ao máximo, *escuta* os outros discursos, considerando-os ridículos ou sem sentido.

Pouco a pouco, porém, descobrimos que, na realidade, a intenção de persuadir os outros homens não lhe era estranha[6]. Em vão. Somente em dois momentos acena-se a uma possibilidade de sucesso, sem que possamos entender por qual motivo,

---

6. Cf. acima, capítulo 1, pp. 42-46 e capítulo 3, pp. 80-81.

em princípio, esta situação ocorreria. Supõe-se que o filósofo consiga arrastar o homem comum para o próprio "campo". Conduzido para o alto, este homem sentirá vertigens: tornar-se-á ridículo na sua dificuldade e balbuciará (175 d). O embaraço do filósofo entre os homens espelha-se na dificuldade de tal homem nestas "alturas"[7]. Não há, portanto, uma verdadeira conversão de interesses, mas a constatação de um contato impossível. Um outro encontro, porém, é anunciado no final da digressão. Não mais um homem qualquer conduzido para cima, mas os "hábeis", oradores ou sofistas (aqui chamados sábios e malvados, *deinoì kaì panoûrgoi*), levados para o espaço privado e dispostos a argumentar segundo o modo filosófico. Sob as armas da dialética, estes homens se entregam, abandonam "aquela retórica" e, ao invés de hábeis faladores, passam a se assemelhar a crianças (177 b).

Também agora não temos nenhuma "conversão". Os sofistas não viram "filósofos", colocados em dificuldade pela força da dialética. Eles perdem a sua *habilidade* na fala, tornam-se incapazes, e, sendo adultos, mostram-se numa ridícula posição infantil. Estes homens vencidos parecem emudecer ou gaguejar – renunciam, em todo caso, aos seus discursos habituais. Não os vemos, portanto, falar como os filósofos, não podemos segui-los na passagem para a forma de expressão cuja particularidade gostaríamos de conhecer. A habilidade dos sofistas não se transforma numa "habilida-

---

7. Mas também no julgamento final, no Hades: neste lugar, segundo o *Górgias* (526 e-527 a), será o sofista – no caso, Cálicles – que sentirá vertigens e permanecerá de boca aberta (*khamései kaì illigiáseis*), "como eu permaneço aqui", Sócrates no meio dos homens, derrotado e ultrajado. Sócrates responde assim à crítica de Cálicles, segundo o qual o filósofo, diante das acusações no tribunal, permaneceria de boca aberta, tonto, emudecido (*iliggióies àn kaì khasmôio ouk ékhon hóti eípois*) (486 b). Para a sensação de "vertigem", ver também *Fédon*, 79 c (a alma em contato com o sensível); *Lísis*, 216 c; *Crátilo*, 411 b ("aporias" dos raciocínios); *Protágoras*, 339 e (o próprio Sócrates, após o tumulto que acompanha o desempenho do sofista). Estar "de boca aberta" é expressão corrente para exprimir o susto ou a estupidez. Significativamente, é a expressão de Aristófanes para indicar o filósofo que olha para o céu (*Nuvens*, 171-174); em todo modo, é uma fórmula recorrente nas *Aves* (vv. 264, 1671 etc.). A referência nas *Nuvens* era clara; Sócrates "responde" em *República*, VII, 529 b.

163

de" filosófica qualquer, nem o discurso retórico se torna uma retórica filosófica. Arrastados para o "mundo" do filósofo, estes homens perdem a habilidade e a retórica, e calam.

2

Não se pode compreender o exercício da filosofia através de uma mudança qualquer das formas civis da palavra. Só em oposição aos modos de falar "na cidade" podemos vê-lo delinear-se, tomar forma. Os discursos públicos devem ser rebaixados como discursos servis para que a palavra filosófica apareça na sua luz própria. Como a *Apologia*, também o *Teeteto* parece indicar um percurso "negativo". Mas é verdadeiramente possível compreender assim, por contraposição, a particularidade da expressão filosófica? Até que ponto a distância ou a diferença marcada, a fuga do filósofo da palavra comum, pode indicar uma sua peculiaridade? Pode-se falar do discurso filosófico tendo como elemento discriminatório estes mesmos termos que eram utilizados para a palavra pública e que eram *próprios* a esta?

Diante de discursos embelecidos, cuidados, construídos, Sócrates propunha-se a falar no tribunal "de modo casual". Falam "sem constrições", segundo o *Teeteto*, os que se dedicam à filosofia, como os interlocutores do diálogo. Antes ainda de indicar em Tales a imagem de todos os filósofos (174 a-b), Sócrates identifica com o procedimento filosófico as palavras que eles mesmos, os companheiros de diálogo, iam trocando, à procura do que é o conhecimento (172 d). Tem-se uma demonstração concreta da liberdade filosófica no andamento do diálogo, uma investigação que segue livremente argumentações diferentes. É uma fala que dispõe da *skholé*, que se realiza em paz e não se preocupa com a forma breve ou longa de expressão. "Assim como nós, agora, diz Sócrates, passamos pela terceira vez de discurso em discurso, assim também acontece com eles (os que se dedicam à filosofia), se o discurso seguinte – como no nosso caso – agrada-os mais do que o anterior. E não importa se falam de modo longo ou breve, mas somente se apreendem o que é" (172 d).

Esta afirmação do *Teeteto* parece indicar alguns critérios com os quais considerar a elocução filosófica, critérios que, de forma mais ou menos semelhante, reaparecem nos vários diálogos: a relação com o prazer da fala, a adequação e o comprimento do discurso, a secundariedade dos aspectos formais e a relação privilegiada com a verdade. Todavia, após uma análise mais atenta, estas características não parecem limitar-se exclusivamente ao que dizem os interlocutores do diálogo. Com efeito, não são estes os critérios também da elocução retórica e, em parte, elementos de juízo sobre a *lexis* dos discursos?

Não parece fácil compreender nem mesmo deste modo a peculiaridade da palavra filosófica. Por um lado, ela parece surgir do campo de uma "anti-retórica" – o afastamento do discurso dos lugares públicos com as suas constrições. Por outro, apresenta-se por meio de uma "anti-poética" – uma palavra não embelezada, um discurso que não dá prazer na audição e que não cuida da própria *lexis*. Mas quais palavras podem indicar o "lugar" de um discurso que é "sem lugar", *átopos*? Qual *lexis* para palavras de que não se cuida? É o próprio Sócrates que nos fala do *topos* dos discursos, ensinando-nos que o *logos* filosófico não pode se apresentar em todo lugar – o que representa uma "atenção" para estes aspectos. Não "dirigir a atenção" (*tòn noûn prosékhein*)[8] – é uma resposta desde o princípio desmentida. O "descuido" com a expressão não parece condizer com quem transforma esta expressão em objeto de discurso.

Era, talvez, inevitável que quem partia da "sabedoria", interrogando-se sobre o conhecimento, prestasse atenção nos lugares e modos em que se apresentam os discursos[9]. E se o percurso do *Teeteto* leva-nos a ver, mais do que o conhecimento, o seu "negativo", o lugar onde este ainda *não* está –

---

8. *Fedro*, 235 a: *tôi gàr rhetorikôi autoû mónoi tòn noûn proseîkhon* (cf. 272 e).

9. A pergunta socrática – mas também a do próprio Teeteto – era "anterior" em relação à ocasião representada no diálogo. Cf. *Teeteto*, 145 e: Sócrates mostra-se em aporia consigo mesmo, antes de interrogar Teeteto; 148 e: Teeteto já tinha se interrogado sobre o que é o conhecimento, sabendo que era uma questão "socrática".

165

percepção, opinião, opinião falsa e verdadeira –, este percurso chama a atenção também para o "negativo" da sabedoria: a fala no tribunal e nos outros lugares públicos, a retórica, a sofística. E "alude" a si mesmo por meio da oposição ao que é assim revelado.

A possibilidade do *tropos* filosófico realiza-se num duplo movimento: na sua contraposição ao outro – motivo pelo qual cuida do descuido – e no olhar alheio. Sócrates, na *Apologia*, inicia com o que disseram a seu respeito. No princípio, a narração dos outros. O primeiro "*logos*" socrático parece ser não o de seus discípulos, nem o do próprio Sócrates que narra a si dialogando, mas o de Sócrates que indica a narração dos outros sobre si. A quem observasse que a *Apologia* é, por definição, o que vem depois, poder-se-ia acrescentar que a primeira palavra, ou sorriso, cabia de qualquer forma à serva de Trácia. E quem sabe se o primeiro "olhar" não era o da comédia?

3

Qual é este procedimento no qual não há "cuidado" (com a situação, com as palavras)? Este diz respeito, antes de mais nada, a uma certa permanência do que é recusado. O discurso é livre porque não sofre as constrições do tribunal. A sua liberdade é afirmada porque são chamados livres os cidadãos que participam da atividade judiciária[10]: uma liberdade que se revela essencialmente como disponibilidade do próprio tempo (*skholé*), sinal de cidadania. Se o filósofo se mostra distante das práticas livres dos cidadãos, a elas se atém, contudo, relativamente ao que serve para caracterizá-las. Por um lado, olha a si mesmo por meio de sua diferença dos outros (a "verdadeira" liberdade filosófica); por outro lado, olha a si mesmo através do olhar dos outros (a *skholé* é elemento "comum" de liberdade).

O tempo necessário à fala filosófica não pode, portanto, ser separado do tempo limitado da fala no tribunal (ao qual se

---

10. Também Platão está de acordo: *Leis*, VI, 766 d ss. (ver acima capítulo 3, pp. 101-102).

contrapõe), nem tampouco da livre disponibilidade do próprio tempo que caracteriza a cidadania (uso por *transposição*)[11]. O que serve, no primeiro caso, como distinção, é um atributo de uso comum. É sempre a *Apologia* que apresenta o exemplo mais claro. A calúnia dos adversários, difundida em tempo longo (*en pollôi khrónoi*), deve ser refutada num tempo bastante breve (*en hoútos olígoi khrónoi*), o tempo do discurso no tribunal (19 a). Também aqui, no final do prólogo, Sócrates dispõe habilmente dos recursos oratórios: "retomemos do início" é a fórmula de conjunção que permite introduzir o argumento do discurso. Mas o *topos* oratório utilizado por Sócrates serve também como *topos* filosófico, indicando os obstáculos à verdade nas formas públicas de elocução.

Apresenta-se um paradoxo nestas linhas iniciais da *Apologia*: o tempo da calúnia é o tempo longo, correspondendo à própria vida dos cidadãos, desde o momento de sua formação (18 b: *ek paídon paralambánontes*). Graças a esta persistência, a calúnia contra Sócrates atinge o seu objetivo (18 d). Todavia, o filósofo não dispunha também deste tempo "longo", que não é limitado pela prática dos tribunais (logo ele, que tinha sempre permanecido estranho aos tribunais e outros lugares públicos)? Por que, então, falhou nesta persuasão? Qual a origem de seu fracasso, se podia chamar como testemunhas de suas palavras, de seu dialogar, boa parte dos juízes (19 d)? Por que diante de sua fala, conhecida por todos, levou vantagem a fala dos outros, falsa? A delimitação do tempo, mais do que uma explicação para o problema da não persuasão do filósofo, levanta a questão mesma da persuasividade de seu discurso. Não parece que se possa encontrar uma única via, entre a persuasão possível no tribunal, caso o filósofo dispusesse das condições de uma fala "livre" (o tempo não limitado) e a persuasão impossível do filósofo na cidade.

É verdade, em todo caso, que a limitação do tempo permanece, para o Sócrates platônico, um empecilho à persuasão e à verdade. Mas é somente este o limite à persuasão ou entre discurso "público" (ou mais especificamente judiciário) e discurso filosófico a distância permanece insuperável? Por

---

11. Sobre o tempo de palavra no tribunal, cf. acima capítulo 4, pp. 111-112.

um lado, a aproximação do filósofo ao que é "comum" – que vai do tempo limitado da palavra no tribunal ao tempo livre da própria vida dos cidadãos – não parece produzir, como conseqüência, a conversão dos indivíduos à verdadeira liberdade do discurso filosófico. Por outro lado, porém, a atenção do filósofo à possível mudança das formas livres de decisão na cidade acabará por aproximá-las do que é prática da palavra filosófica. Esta possível reforma dos procedimentos judiciários não é apanágio de um Platão velho e realista. Encontramo-la já no final da *Apologia* (37 a), quando Sócrates alude, como vimos, ao seu eventual sucesso na persuasão dos juízes, no caso em que, nos processos que podem conduzir à pena capital, se concedesse mais tempo à defesa. E permanece assim também para o estrangeiro das *Leis*, segundo o qual "o tempo, a lentidão e a investigação repetida (*tò pollákis anakrínein*) trazem à luz o objeto da disputa" (VI, 766 e). Toda intenção de reforma jurídica que tenha por fim a determinação da verdade mira, mesmo se à distância, ao procedimento do "livre" discurso filosófico. Todavia, também agora o filósofo parece retomar temas da oratória, uma familiaridade freqüentemente insuspeitada[12]. Mas que seja realmente possível estabelecer a verdade no espaço judiciário, como parece transparecer nas passagens da *Apologia* e das *Leis*, fica menos claro em outros momentos. Basta mencionar o *Górgias* (455 a): procurando distinguir entre o campo da persuasão e o do ensino, Sócrates relaciona a retórica ao primeiro. Nos tribunais e nos outros lugares de encontro (*ókhlon*), o orador não instrui (não é *didaskalikós*) sobre o justo ou o injusto. Com efeito, não seria possível que ele "ensinasse" (*didáxai*) uma tal multidão (*ókhlon*), em tão pouco tempo (*en olígoi khrónoi*), sobre coisas tão importantes[13].

---

12. Já num discurso de Antifonte (V, 86) o orador pedia aos juízes: "concedei algo ao tempo, com o qual os que procuram a precisão dos fatos encontram as coisas mais justas (...); que, segundo justiça, se proceda a várias investigações (*hos pleistákis elénkhesthai*) (...). Com efeito, os múltiplos debates (*hoi gàr polloì agônes*) são os aliados da verdade e os piores inimigos da calúnia".

13. Górgias afirmará adiante (457 a-b) que o "retor" possui a capacidade de se tornar fidedigno sobre o que quiser "em breve", *émbrakhy*, diante da

Entre continuidade e contraste, esboçam-se deste modo critérios de elocução. O que é representado a partir da relação com as práticas civis sobrevive como característica de todo discurso. A fala "livre", própria ao discurso filosófico, permanecerá inseparável do tempo livre de quem exerce plenamente a cidadania. Quando, nas *Leis*, o Ateniense recorre a argumentos que aparentemente já foram mencionados, adverte: dispomos de tempo – *skholé* – e nada nos pressiona; podemos observar, de modo completo, tudo o que diz respeito às leis (*Leis*, VI, 781 d-e). "O que pressiona" – *tò katepeîgon* – evoca a constrição do tempo limitado pela clepsidra[14]. A conversa "livre" dos anciãos em Creta continua lembrando, na distância, o que parece ter impedido a persuasão socrática em Atenas.

4

A partir da não linearidade do discurso filosófico, justificada com a livre disposição do tempo, aparecem com clareza outros aspectos da "anti-retórica" filosófica – elementos de contraste, mas também termos gerais de distinção: o comprimento e o prazer dos discursos. Trata-se de termos recorrentes nos vários diálogos, módulos para falar do que não se "cuida". Não importa para os filósofos se se exprimem "de modo longo ou breve", diz Sócrates a Teodoro (*Teeteto*, 172 d). O estrangeiro, no *Político* (286 d), lembra que o comprimento dos discursos não deve ser regulado pelo

---

multidão. Interpreta-se geralmente *émbrakhy* como termo adverbial referido à elocução do orador (cf. escólio a Aristófanes, *Vespas*, 1120: *kathápax*; o *Thesaurus* de Stephanus indica: *haplôs*; em Platão, ver *Hípias Menor*, 365 d; *Teages*, 127 c); assim, por exemplo, Dodds (1959), *ad loc.* ("in a word"). Não se pode, todavia, desconhecer a referência, para esta possibilidade de persuasão do "retor", à impossibilidade para o filósofo de convencer "em breve tempo", como tinha sido antes afirmado.

14. *Teeteto*, 172 e, 187 d (*katepeígei*), passagens referidas explicitamente ao tempo determinado pela clepsidra para os discursos no tribunal. Veja-se, ainda, *Leis*, X, 887 b 1-5. Cf. também, acima, capítulo 4, pp. 110-113.

169

prazer; aliás, "dar prazer" não é nada mais do que a função própria da retórica (*Górgias*, 462 c). Mas a indiferença em relação a estes aspectos – comprimento ou prazer dos discursos – parece acontecer *pari passu* com a consciência da forma, da transgressão das regras, ou da proposição de normas para a elocução. Se se afirma a indiferença em relação ao comprimento é porque, sempre segundo o *Político* (286 e), se constata a circularidade da argumentação; ou, como acontece com o *Teeteto*, porque se vê o retorno não concludente da investigação aos mesmos argumentos (195 b-c; 196 b); ou ainda, ao contrário, porque diante de discursos longos requer-se a fala breve, a possibilidade do diálogo: como lembra Sócrates, a fala contínua nas reuniões públicas, o *demegoreîn*, é bem distinta da fala breve do diálogo nas reuniões privadas[15]. Se a livre expressão filosófica parece carecer de uma idéia possível de "adequação" da forma, isto não acontece na inconsciência da própria situação de discurso. Por um lado, o discurso apropriado (*prépon*) é o que dá conta da situação – o contrário da elocução de Sócrates, inábil no tribunal. Por outro, a fala socrática responde, de toda maneira, a uma idéia de adequação, palavra de velho, como diz na *Apologia*, à qual não convém ter cuidado com a forma. O que é propriamente característica de uma atenção "retórica" pelos discursos – a idéia de adequação, que pertence ao campo da aparência (*Hípias Maior*, 294 b ss.) – é utilizado contra a retórica, como cuidado formal com a elocução. Em outras palavras, uma adequação do discurso que é independente da forma, do comprimento e do prazer (*Político*, 286 e), sendo, porém, consciente disto.

O discurso filosófico chama a atenção para esta sua diferença, para a sua distância do cuidado pela forma e pela elaboração dos discursos. Não é, portanto, casual que ele

---

15. *Protágoras*, 336 b-c (*ho trópos tôn dialógon*, distinto de *tò demegoreîn*; cf. também *Teeteto*, 167 e-168 a, na "apologia de Protágoras"); e ainda, 329 a-b, 335 b, 338 a etc.; *Górgias*, 449 b-c, 461 d ss. etc. Em *Sofista*, 268 b-c, as breves elocuções do amante de disputas representam uma *mímesis* do sábio. Sobre a forma breve da elocução dos antigos sábios cf. Loraux, N. (1988), pp. 57 s. Sobre o problema dos "gêneros" na construção da filosofia platônica ver Nightingale (1995), *passim*.

possa se contrapor aos "refinamentos" da elocução sofista, assumindo, por oposição, as características baixas e vulgares, das quais parecia querer se afastar. Vil, rude, vulgar, sujo (*phaûlos, agroîkos, phortikós, syrphetós*): na sociedade culta os jogos da exclusão se sobrepõem, permanecendo constantes os atributos com os quais esta exclusão é realizada[16].

O que Sócrates deve dizer no tribunal sobre o período dos Trinta Tiranos são palavras *phortiká* e *dikaniká*, baixas e... "de tribunal", mas verdadeiras (*Apologia*, 32 a). Mas, para Cálicles, estes eram os temas habituais socráticos, não argumentos excepcionais: palavras *phortiká* e *demegoriká*, baixas e... "de assembléia", as que eram pronunciadas por Sócrates quando dizia que procurava a verdade (*Górgias*, 482 e; cf. 492 c; 494 d). O discurso socrático não se dedica às argumentações sutis (*kompseíai*) (*Fédon*, 101 c), argumentações que, ao contrário, são adequadas (*prépei*) às discussões sofistas, como precisa Laques (*Laques*, 197 d-e). Trata-se, agora, de sutilidades relativas às distinções de palavras e que indicam uma capacidade semelhante à de Lísias ao compor o seu discurso (*Fedro*, 227 c: *kekómpseutai*). Incapaz dos refinamentos sofistas, com um raciocínio "pesado" (*pakhéos*), Sócrates deverá dirigir ao seu interlocutor perguntas grosseiras (*phortikóteron ti erésomai*) (*Eutidemo*, 286 e). De repente, os que se ocupam somente com a "verdade" vêem-se distanciados das alturas em que circulam os homens "educados" e encontram-se na companhia indesejada da "ralé": é o que se pode dizer de quem procede à refutação, *élenkhos* (*Hípias Maior*, 288 d)[17]. Longe de tudo o que é "culto", o discurso filosófico pode mostrar-se como sinal de *agroikía*, falta de educação (*Górgias*, 461 c).

Os temas são revirados e retomados nos vários diálogos, indicando a apropriação contínua e irônica por parte do filósofo do que lhe é estranho, que parece extrínseco à relação de

---

16. Retomo aqui alguns temas desenvolvidos num artigo publicado em "Trans/Form/Ação", 19, 1996, pp. 177-183.

17. "Ralé" traduz aqui *syrphetós*: a escória, a sordidez. Ver a expressão de Cálicles, no *Górgias* (489 c): *syrphetós...doúlon kaì pantodapôn anthrópon medenòs axíon*. Cf. *Teeteto*, 152 c.

verdade, mas do qual o *logos* filosófico não pode fugir. O que é próprio à atenção retórica pelos discursos deve servir para que a retórica apareça na sua diversidade: adequação, lugar e modo de elocução. A "distância" é dada pela contraposição ou pela indiferença. Não se deve considerar quem chama a atenção para a forma, nem deve parecer que se dá atenção a um tal indivíduo (*Político*, 287 a). O filósofo *finge* não escutar a análise retórica. A não retórica socrática põe-se no campo da *simulação*.

Nesta alternância, entre presença e ausência, assimilação e recusa, podemos avistar algo mais. Não acontece a mesma coisa, ou algo semelhante, com o Sócrates poeta ou o Sócrates narrador? Mas se Sócrates no tribunal indicava, por si mesmo, que algo estava "além", talvez não ocorra o mesmo com a poesia ou a arte. Pois no princípio Sócrates narra: mesmo se o seu cuidado com as próprias palavras faz esquecer, no *Teeteto*, mas também em outros momentos, na medida em que procede o diálogo, a presença inicial do narrador.

5.

A ausência de constrições do discurso filosófico, a sua liberdade de expressão, tem o seu avesso: a fala excessiva, o amor pelos discursos que não se pode aplacar, ao qual Sócrates não pode renunciar nem mesmo por um dia, como adverte no tribunal (*Apologia*, 38 a). Mas também Teodoro ama discorrer, é *philólogos* (*Teeteto*, 161 a) e não é o único na cidade. Os sofistas, interlocutores de Sócrates, como Protágoras ou Polo, têm igualmente prazer em falar, assim como, mais em geral, os próprios atenienses, amantes dos discursos e loquazes[18].

---

18. O quadro é bastante negativo em *Górgias*, 515 e: Péricles tornou os atenienses "faladores", *laloí* (além de preguiçosos, covardes e avaros). Menos negativo, e em oposição aos lacedemônios, é o que se vê nas *Leis*, I, 641 e; cf. *Protágoras*, 342 e. Para Protágoras cf., por exemplo, *Protágoras*, 335 a ss.; para Polo, *Górgias*, 461 d-e. Crítica da misologia em *Fédon*, 89 d ss. Sócrates *philólogos*: *Fedro*, 236 e; cf. *Teeteto*, 146 a; filosofia e "filologia" são aproximadas em *República*, IX, 582 e.

Entre o amor socrático pelos discursos e o de Teodoro, ou dos velhos em geral – como Céfalo, na *República* (I, 328 d-e) –, há pelo menos uma diferença, que diz respeito ao prazer. Teodoro, *philólogos*, é velho e há muito abandonou os *psiloì lógoi*, os discursos nus, as argumentações puras (*Teeteto*, 161 a, 165 a). Fica clara, por isso, a sua afinidade e diferença em relação a Sócrates, segundo a sua disposição para a filosofia. É com um certo incômodo que Teodoro aceita o convite socrático para voltar à argumentação sobre o conhecimento, depois da digressão sobre o filósofo: "quanto a tais argumentos (ou seja, os que são tratados na digressão), Sócrates, não é para mim desagradável escutá-los (*ouk aedéstera akoúein*). Com efeito, é mais fácil segui-los para alguém da minha idade" (177 c). A investigação filosófica dispõe de liberdade, mas o seu prolongamento pode não ser agradável. Ao passar de um argumento para outro sem resultados, Sócrates nota o incômodo de tanta demora. "O homem que tagarela (*anèr adoléskhes*), Teeteto, corre o risco de ser realmente terrível (*deinón*) e desagradável (*aedés*)" (195 b). Mas o procedimento da filosofia não consiste nesta fala contínua sem resultados?

Se a retórica é caracterizada pela falta de tempo e pela constrição – a *askholía* e a *anánke* –, a filosofia pode se mostrar por meio da *skholé* e da *adoleskhía*, a fala sem limites, a tagarelice. Como vimos no caso da liberdade de tempo, *skholé*, inversão e transposição permanecem procedimentos que permitem "dizer" a filosofia. Num mundo onde todos amam falar, vai ser assim o *excesso* de palavra – e a sua inutilidade – que poderá caracterizar o procedimento do filósofo.

Como dizer o amor socrático pelas elocuções breves? Ninharias, "pedacinhos de discurso", que Hípias contrapõe aos belos discursos públicos, no tribunal e na assembléia (*Hípias Maior*, 304 a). Estes discursos dizem respeito à própria salvação do orador: o que seriam, em confronto, os temas socráticos, senão minúcias, tagarelices, bobagens (*smikrologíai, léroi, phlyaríai*) (304 b)? É sempre Hípias quem incita Sócrates, num outro momento, a "alargar as rédeas dos discursos", sem com isto se afundar no "mar de

173

discursos"[19]. Sócrates, diante de Hípias, retoma a caracterização da dialética filosófica: coisas pequenas e de nenhum valor (*elíthiá te kaì smikrà kaì oudenòs áxia pragmateúomai*) (*Hípias Maior*, 304 c). Mas é também Sócrates quem recusa uma definição dada por Hípias, pela vergonha de falar à toa (*lerôn*) (298 b). A crítica socrática, num jogo irônico bastante fácil diante do sofista mais ingênuo, responde a uma precisa caracterização do discurso filosófico, mas, por sua vez, indica cada aspecto e cada lugar da comunicação na cidade.

As reuniões cheias, em que se vêem sofistas que discorrem sobre a política, são descritas criticamente por um interlocutor anônimo de Críton no *Eutidemo*: os que aí se apresentam tagarelam (*leroúnton*), dedicam-se, com um esforço vão, a argumentos "sem nenhum valor" (304 e); são pessoas, e ocupações, ordinárias (*phaûloi*) e ridículas (*katagélastoi*) (305 a). Estas palavras são utilizadas aqui por um crítico dos "filósofos". Mas já Ctesipo, no mesmo diálogo, tinha caracterizado a discussão dos estrangeiros como vanilóquio (*paralereîn*) (288 b). No entanto, não só nas discussões públicas, nem somente nas apresentações dos sofistas, mas também nos piores banquetes fala-se em demasia. Recusando que Protágoras continue a comentar poesias, Sócrates apresenta a imagem das reuniões festivas nas quais as pessoas vulgares (*phaûloi* e *agoraîoi*), incapazes de conversar, convidam outros, flautistas e dançarinas, a se apresentarem enquanto bebem: ele e o seu interlocutor, ao contrário, sem lançar mão destas tagarelices e infantilidades (*léroi* e *paidíai*), deveriam conduzir "com a própria voz" o diálogo (*Protágoras*, 347 c-e). Sócrates identifica assim a audição e a visão dos cantos e danças com o comentário poético, que seria como falar por meio de outros.

A própria conversa socrática, porém, pode não aparecer diversamente deste contínuo tagarelar na cidade. Como vimos, o filósofo fala "casualmente" também no tribunal, porque recusa a bela disposição das palavras (*Apologia*, 17 b-c);

---

19. *Protágoras*, 338 a. Em *Parmênides*, 137 a, o "mar dos discursos" consiste na própria argumentação do velho filósofo.

174

por outro lado, esta é a característica do discurso filosófico, "livre", sem limitações externas, não sendo apresentado em lugares públicos como os tribunais (*Teeteto*; 172 d ss.; *Hípias Maior*, 304 c-d), exposto ao perigo das repetições e digressões (*Teeteto*, *loc. cit.*), sem necessidade de uma adequação exterior do *logos*, pois não submetido ao prazer (*Político*, 286 d). Mas o risco da *aporia* na investigação filosófica pode levar a considerar esta ausência de limites como *adoleskhía*, tagarelice, ou seja, "como quando alguém, por causa de sua estupidez, conduz os discursos para cima e para baixo, não conseguindo se convencer e sem se liberar de cada um destes discursos", segundo a definição oferecida no *Teeteto* (195 c)[20].

Diante da insistência das perguntas socráticas, é esta a reação dos sofistas: "coisas vãs e supérfluas" (*léroi kaì phlyaríai*), segundo Hípias (*Hípias Maior*, 304 b); "tagarelas" (*laleîs*), responde Dionisodoro ao filósofo (*Eutidemo*, 287 d), e mais tarde reitera: "dizes bobagens" (*phlyareîs*) (295 c); "bobagens" (*phlyaría*), retoma Trasímaco na *República*, e Cálicles o afirma várias vezes no *Górgias*[21]. O próprio Cálicles, além do mais, vai oferecer a descrição geral da atividade filosófica, uma atividade que deveria consistir numa a ocupação de jovens, sendo, portanto, transitória (*Górgias*, 484 c ss.). O político e o filósofo mostram-se ridículos uns aos outros quando trocam os seus papéis (484 d-e). Mas é a atividade política que dá dignidade aos cidadãos. Cálicles representa Sócrates fugindo do centro da cidade, pondo-se nos

20. Cálicles (*Górgias*, 511 a) acusa Sócrates de "revirar" os discursos "para cima e para baixo" (*áno kaì káto*). Mas no *Sofista* – retomando termos que são utilizados diferentemente em outros momentos, mas sempre para uma caracterização semelhante do filósofo – é a "loucura" do filósofo que o conduz "para cima e para baixo", "cambaleando" (*parà póda metabalòn emautòn áno kaì káto*) (*Sofista*, 242 a).

21. Trasímaco: *República*, I, 336 b; Cálicles: cf., por exemplo, *Górgias*, 486 c; 489 b: *phlyarón*; 490 c: *phlyarías*; 490 e: *phlyareîs*; 492 c: *phlyaría*; 497 a: *sophízei*; id: *lereîs*. Mas assim também Sócrates, em resposta a Polo (*phyarías*) (470 c). A inversão do atributo, por parte de Sócrates, acontece em 521 e (*tà kompsá*) (cf. ainda 519 a; 527 e). A filosofia é caracterizada como *phlyaría* já nas acusações de Aristófanes, segundo a *Apologia* 19 c, mencionado adiante, p. 176.

175

cantos, sussurrando com três ou quatro jovens; não uma fala livre, grande e digna (485 d-e), como a que se vê nos tribunais.

Mais uma vez, através do que indica o excesso e a inutilidade do *logos* (a *adoleskhía* e a *phlyaría*), é a palavra dos outros que permite dizer o discurso filosófico. Não se trata, porém, somente de Sócrates criticado e condenado, prefigurado nas palavras de seus acusadores. Já o jovem Sócrates escutava, com admiração, o velho Parmênides, que lhe indicava a ligação profunda entre filosofia e *distância*. Esta fala que se afasta do sensível permanece também distante da fala da multidão, que a crê inútil (*ákhrestos*) e a toma por tagarelice (*adoleskhía*) (*Parmênides*, 135 d). Falar a esmo, falar em excesso. Talvez já se possa ver aí a "não sabedoria" socrática, que não cala, nem se afirma por meio da fala oracular. Sócrates escutou Parmênides, que o incitava ao exercício (*gymnázein*) da filosofia: exercício da "distância" – do sensível e do vulgo –, como o exercício ao qual será submetido o jovem Teeteto; prática de um discurso chamado, porém, com o nome que lhe dava o vulgo, referido com palavras alheias. Também Sócrates ouviu estas palavras de crítica, visto que, conforme o que ele mesmo diz no *Fédon*, um autor de comédias o teria acusado de "tagarelar" (*adoleskheîn*) (70 c). Dura acusação, dirigida a Sócrates condenado a morte e pronto para morrer, a quem Cebes dizia de seu prazer se pudesse escutá-lo tratar da imortalidade da alma: não se "fala a esmo" sobre a morte, com esta por perto. A palavra da multidão, à qual se referia Parmênides, como a palavra da comédia? Sócrates mesmo vai dizê-lo na sua defesa (*Apologia*, 19 c): na obra de Aristófanes um certo Sócrates vai dizendo que "caminha pelo ar" (*aerobateîn*) e repete tantas outras bobagens (*állen pollèn phlyarían phlyaroûnta*). Sócrates lembra mais uma vez a imagem dos outros sobre si, reconstruindo do ponto de vista da comédia as acusações que lhe tinham sido dirigidas. "Caminho pelo ar e perscruto o sol" (*aerobatô kaì periphronô tòn hélion*), faziam-no proferir nas *Nuvens* (v. 225). Nesta comédia, o personagem Estrepsíades, arrependido de suas aventuras filosóficas, parecia previdente: "meu caro Hermes, não te irrites comigo, não me destruas. Perdoa-me, por causa das tagarelices (*adoleskhíai*) fizeram-me perder o siso. Dê-me

176

um conselho: devo apresentar uma denúncia contra eles ou tens um outro plano? Ótima sugestão! Não é o caso de entrar com processos: é preciso logo incendiar a casa dos tagarelas (*adoleskhôn*)" (vv. 1478-1485). E sobre o tema voltará o coro, no final das *Rãs* (vv. 1491 s.): "é agradável não permanecer sentado tagarelando (*laleîn*) com Sócrates". Pelo menos na comédia, esta parece ser a palavra "comum". Também Éupolis fala de Sócrates como um "falador miserável" (*ptokhòs adoléskhes*)[22]. E não é sem propósito lembrar que Isócrates vai atacar os amantes de discussões – *eristas* – acusando-os de "tagarelice", *adoleskhía*, e "pedantice", *mikrología* (*Contra os Sofistas*, XIII, 8).

Talvez não sejam, porém, atributos exclusivos destes *eristas*, se, de seus procedimentos, é preciso distinguir a verdadeira filosofia. Com efeito, o que, para o Parmênides do diálogo homônimo, era ainda o modo alheio de ver a fala filosófica, torna-se, em mãos socráticas, elemento característico, ao mesmo tempo na sua oposição à retórica e à arte da disputa. O *Sofista* especificará (225 d): esta arte não se distingue só pelo seu interesse pelo dinheiro, mas também pelo prazer em falar. Como chamar, então, o que lhe é oposto? " [...] O que a maior parte dos ouvintes não escuta com prazer, isto, a meu ver, não se chama nada mais do que 'tagarelismo', *adoleskhikón*". O modo pelo qual os outros designavam a filosofia torna-se o seu elemento de distinção: a sua *lexis* que não é uma *lexis*, uma "retórica" que não é "retórica". Se Platão transforma toda fala comum, pública, em retórica, ele toma desta fala a própria qualificação da distância do discurso filosófico.

---

22. Fr. 352 K. = 386 K.-A.; cf. fr. 353 K. = 388 K.-A. Também Pródico teria sido chamado "tagarela", *adoléskhes*, por Aristófanes: fr. 490 K. = 506 K.-A. Cf. ainda "tagarelar", *adoleskhein* em Álexis, fr. 180 K. = 185 K.-A. Cf. De Vries (1969), p. 233; Heitsch (1993), pp. 165-167. Para Sócrates na comédia cf. também Patzer (1994) (e as edições de estudos sobre a questão socrática: Patzer, 1987, e van der Waerdt, 1994). Para o cômico "socrático" ver Lanza (1997), *passim* (em particular pp. 213 ss.). Sobre o riso em Platão cf. Mader (1977). Uma nova atenção para os aspectos biográficos nos ataques dos comediógrafos em Canfora (2000), pp. 11 ss. Para a importância da comédia na "determinação" da filosofia cf., enfim, Brock (1990) e Nightingale (1995), pp. 172-192.

Não será, então, casual que esta forma caracterizante, que provém da fala comum, derive, antes de mais nada, do riso e da comédia: a zombaria da serva trácia, as *Nuvens* de Aristófanes. Sócrates pode, assim, afirmar que a tagarelice, *adoleskhía* (e estamos com Aristófanes), e a fala sobre as coisas celestes, *meteorología* (e assim juntos também com a serva trácia), são necessárias para elevar a mente (*tò hypselónoun*, que lembra o olhar para cima do astrônomo) e atingir a finalização da obra (*Fedro*, 269 e-270 a). E pode também asserir que na cidade em que as competências fossem atribuídas por meio da política (o domínio da retórica), quem procurasse ser comandante ou médico além da lei (em outras palavras, quem seguisse uma relação de conhecimento para além do que é decisão comum) seria considerado um sofista *meteorológos* (literalmente: que "fala dos astros", como Tales) e tagarela, *adoléskhes* (*Político*, 299 b).

A filosofia do ponto de vista da comédia? Sócrates não se propunha, afinal, a falar, no início da digressão do *Teeteto*, dos que pertencem "ao nosso coro", e, entre estes, dos corifeus (173 b-c)? A digressão não seria nada mais do que esta representação do filósofo, com palavras alheias, da sabedoria antiga e da comédia contemporânea? Ao olhar para os que "se dedicam à filosofia", Sócrates observa a si mesmo no lugar em que mais do que um autor de comédias já o tinha colocado e que Platão queria reservar aos escravos. Mas na base desta palavra *comum*, com qual "poética" indicar a palavra do filósofo, com qual "poética" fazê-lo falar?

Numa famosa imagem (*República*, VI, 488 a-489 c), Sócrates não se refere diretamente ao filósofo, mas ao verdadeiro comandante de um navio. Diante da turba – a tripulação do navio –, este comandante seria considerado alguém "que observa o céu", *meteoroskópos*, um tagarela, *adoléskhes*, e... inútil, *ákhrestos*. Juntando os dois primeiros termos, Platão cunha *meteoroléskhes*: ao mesmo tempo a *meteorología*, a observação de Tales (a distância da teoria), e a *adoleskhía*, a conversa filosófica (o diálogo, a dialética).

6

O *Teeteto*, na sua conclusão, não oferece uma resposta para a questão colocada. Como os interlocutores, nós também deixamos o diálogo sem "conhecer" o que é o "conhecimento". Não importa, Sócrates lembrará que o diálogo – e, portanto, também sua narração – não foi em vão. A aporia final dirige o olhar para o percurso feito, para um modo particular de pôr questões, de construir um discurso.

Sábio e não sábio: este último e mais conhecido paradoxo socrático é freqüentemente repetido nos diálogos platônicos. Era, talvez, necessária esta negação da sabedoria, para que houvesse a "filosofia" – uma fala livre e excessiva, além de distante. Um comportamento ou um discurso? Não sabemos bem nem mesmo o que aprendeu o jovem Teeteto, que, quando adulto, parece ter preferido, à filosofia de Sócrates, a matemática do velho Teodoro.

180

BIBLIOGRAFIA

ADRADOS, F. R. (1979-1987). *Historia de la Fábula Greco-Latina.* 3 vols. Madrid, 1979, 1985, 1987.

_____. (1984). "Les collections de fables à l'époque hellénistique et romaine". *La fable* (1984), pp. 137-186.

ALFONSI, L. (1950). "Talete e l'Egizio". *Rivista di Filologia e Istruzione Classica*, n. 28, pp. 204-222.

ALY, W. (1921). *Volksmärchen, Sage und Novelle bei Herodot und seinen Zeitgenossen* (1ª ed. 1921). Göttingen, 1969.

AMBROSINO, D. (1984-1985). "Aristoph. Nub. 218-234 (La 'Cesta' di Socrate?)". *Museum Criticum* XIX-XX, pp. 51-69.

APELT, O. (1920). *Platon Theätet.* Hamburg 1920³.

ASHERI, D. (org.) (1988-1990). *Erodoto. Le Storie.* vol. I, vol III. Milano.

BABUT, D. (1982). "Platon et Protagoras: l''Apologie' du sophiste dans le *Théétète* et son rôle dans le dialogue". *Revue des Études Anciennes*, n. 84, pp. 49-86.

BAKHTIN, M. (1968). *Dostoevskij. Poetica e stilistica.* Torino.

_____. (1979). *Estetica e romanzo.* Torino.

_____. (1988). *L'autore e l'eroe.* Torino.

BARKER, A. (1976). "The Digression in the *Theaetetus*". *Journal of the History of Philosophy*, n. 14, pp. 457-462.

BARNES, J.: cf. BURNYEAT, M. & BARNES. J. (1980).

BARZOWSKI, O. (1923).*s. v. Sieben Weise*. *RE* II. A-2. coll. 2242-2264.

BASTIANINI, G. & SEDLEY, D. N. (eds.) (1995). *Corpus dei papiri filosofici greci e latini (CPF)*, vol. III. Firenze.

BEARZOT, C. (1990). "Sul significato del divieto di *exo tou pragmatos legein* in sede areopagitica". *Aevum*, n. 64, pp. 47-55.

BERS, V. (1985). "Dikastic Thorubos". In: CARTLEDGE, P. & HARVEY, F. D. (orgs.). *Crux. Essays in Greek History presented to G. E. M. de Ste. Croix*. London, pp. 1-15.

BICKEL, E. (1921). "Gyges und sein Ring. Zum Begriff Novelle und zu Hebbels tragischer Kunst". *Neue Jahrbücher für das Klassische Altertum*, ns. 47 e 48, pp. 336-358

BLASS, F. (1898). *Die attische Beredsamkeit*. Leipzig.

BLUCK, R. S. (1964). *Plato's Meno,* edited with Introduction and Commentary. Cambridge.

BLUMENBERG, H. (1976). "Der Sturz des Protophilosophen. Zur Komik der reinen Theorie, anhand einer Rezeptionsgeschichte der Thales-Anekdote". In: PREISENDANZ, W. e WARNING, R. (orgs.). *Das Komische*. München, pp. 11-64.

_____. (1987). *Il riso delle donna di Tracia. Una preistoria della teoria* (ed. orig. Frankfurt am Main 1987). Bologna, 1988.

_____. (1996). *Tempo della vita e tempo del mondo*. Bologna.

BOBONICH, C. (1991). "Persuasion, Compulsion and Freedom in Plato's *Laws*", *Classical Quarterly*, n. 41, pp. 365-388.

BONNER, R. & SMITH, G. (1930). *The Administration of Justice from Homer to Aristotle*. Chicago.

BOSTOCK, D. (1988). *Plato's Theaetetus*. Oxford.

BRICKHOUSE, T. C. & SMITH, N. D. (1989). *Socrates on Trial*. Oxford-Princeton.

BRISSON, L. (1974). *Le même et l'autre dans la structure ontologique du Timée de Platon*. Paris.

_____. (1982). *Platon, les mots, les mythes*. Paris.

_____. (1987). "L'Égypte de Platon", *Les Études Philosophiques,* ns. 2-3. pp. 153-168.

_____. (1992). *Platon: Timée/Critias* (traduction inédite, introduction et notes). Paris.

BRISSON, L. & CALVO, T. (orgs.) (1997). *Interpreting the Timaeus – Critias. Proceedings of the IV Symposium Platonicum*, Sankt Augustin.

BROCK, R. (1990). "Plato and Comedy". In: CRAIK, E. M. (org.). *"Owls to Athens". Essays on Classical Subjects Presented to Sir Kenneth Dover*. Oxford, pp. 39-49.

Bruns, I. (1896). *Das literarische Porträt der Griechen im fünften und vierten Jahrhundert von Christi Geburt. Die Persönlichkeit in der Geschichtsschreibung der Alten.* Berlin (reed. G. Olms, Hildesheim, 1961).

Bühler, W. (ed.) (1982). *Zenobii Athoi proverbia*, vol. IV, Gottingae.

Burckhardt, J. (1898-1902). *Storia della civiltà greca.* Firenze, 1992.

Burkert, W. (1962). *Lore and Science in Ancient Pythagoreanism.* Cambridge Mass., 1972.

Burnyeat, M. (1990). *The Theaetetus of Plato.* Indianapolis-Cambridge.

Burnyeat, M. & Barnes, J. (1980). "Socrates and the Jury: Paradoxes in Plato's Distinction between Knowledge and True Belief", *The Aristotelian Society*, suppl. vol. 54, pp. 173-191; 193-201.

Calame, C. (1996). *Mito e storia nell'antichità greca,* Roma-Bari, 1999 (ed. original Lausanne, 1996).

_____. (2000). *Poétique des mythes dans la Grèce antique.* Paris.

Calvino, I. (1978). "I livelli della realtà in letteratura". *Una pietra sopra. Discorsi di letteratura e società.* Milano 1995, pp. 374-390.

Calvo, T.: cf. Brisson, L. & Calvo, T. (1997).

Cambiano, G. (1971). *Platone e le tecniche.* Roma-Bari, 1991.

_____. (1990). "Aristotele e gli oppositori anonimi della schiavitù". In: Finley, M. I. (org.) *La schiavitù nel mondo antico.* Roma-Bari, pp. 27-57.

Campbell, A. Y. (1931-1932). "Herodotus I, 47, and Theocritus Id. XVI. 60", *Classical Review,* 45, pp. 117 e s. ; e "Metra thalasses and kymata metrein", *Classical Review,* 46, p. 203.

Campbell, L. (1883). *The Theaetetus of Plato with a revised Text and Notes.* Oxford (1ª ed. 1861), 1883².

Canfora, L. (1992). "L'agorà: il discorso suasorio". In: Cambiano, G. ; Canfora. L. & Lanza. D. (orgs.). *Lo spazio letterario della Grecia antica,* vol. I, t. 1, Roma, pp. 379-395.

_____. (2000). *Un mestiere pericoloso. La vita quotidiana dei filosofi greci.* Palermo (trad. bras. Perspectiva, São Paulo, 2003).

Cassin, B. (1997). "Le arti della persuasione." In: Settis, S. (org.). *I greci,* vol. 2, II. Torino, pp. 817-837.

Cerri, G. (1991). *Platone sociologo della comunicazione.* Milano.

Classen, C. J. (1965), s. v. *Thales. RE* Suppl. X, coll. 930-947.

Cornford, F. (1935). *The Theaetetus and the Sophist of Plato translated with a running Commentary.* London.

Defradas, J. (ed.) (1985). *Plutarque. Oeuvres Morales,* vol. II. Paris.

183

DEGANI, E. (1993). "Aristofane e la tradizione dell'invettiva persona-le in Grecia". *Aristophane* (Entretiens sur l'Antiquité Classique XXXVIII). Vandoeuvres-Genève, pp. 1-36.

DEL CORNO, D. (1996). *Aristofane. Le nuvole.* trad. e introd. de D. Del Corno, edição de G. Guidorizzi. Milano.

DERRIDA, J. (1968). "La Pharmacie de Platon". In: BRISSON, L. (org.). *Phèdre.* Paris, 1989 (origin. em *Tel Quel* 32-33, 1968; depois em *La dissémination,* Paris, 1972).

DETIENNE, M. (1981). *L'invenzione della mitologia.* Torino, 1983.

_____. (org.) (1988). *Sapere e scrittura in Grecia.* Roma-Bari, 1989.

_____. (1989). *La scrittura di Orfeo.* Roma-Bari, 1990.

DETIENNE, M. & VERNANT, J. P. (1974). *Le astuzie dell'intelligenza nell'antica Grecia.* Roma-Bari, 1984.

DE VIDO, S. (1997). *Rappresentazione storiografica di nobiltà e di genos. Studi su Erodoto e Aristotele.* Scuola Superiore di Studi Storici. San Marino. Tese de doutorado.

DE VRIES, G. J. (1969). *A Commentary on the Phaedrus of Plato.* Amsterdam.

DIÈS, A. (1927). *Autour de Platon.* II. Paris.

DIJK, G.-J. van (1997). *Ainoi, logoi, mythoi. Fables in Archaic, Classical and Hellenistic Greek Literature.* Leiden-New York-Köln.

DODDS, E. R. (1959). *Plato Gorgias. A Revised Text with Introduction and Commentary.* Oxford.

DONINI, P. (1988). "Il Timeo: unità del dialogo, verisimiglianza del discorso". *Elenchos,* n. 9, pp. 5-52.

DOVER, K. J. (1968). *Aristophanes Clouds* (edited with an introduc-tion and commentary). Oxford.

ERLER, M. (1997). "Ideal und Geschichte. Die Rahmengespräche des Timaios und Kritias und Aristoteles Poetik". In: BRISSON, L. & CALVO, T. (orgs.) (1997), pp. 83-98.

FAUTH, W. (1970). "Zum Motivbestand der platonischen Gygesle-gende", *Rheinisches Museum,* n. 113, pp. 1-42.

FEHLING, D. (1985). *Die Sieben Weisen und die frühgriechische Chro-nologie. Eine traditionsgeschichtliche Studie.* Bern-Frankfurt am Main-New York.

FERRARI, F. (ed.). (1997). *Romanzo di Esopo.* Milano.

FESTUGIÈRE, A. J. (1973). *Les trois "Protréptiques" de Platon.* Paris.

FINLEY, M. I. (org.) (1990). *La schiavitù nel mondo antico.* Roma-Bari (ed. orig. London 1987).

FORTENBAUGH, W. W. (1977). "Aristotle on Slaves and Women". In: BARNES, J.; SCHOFIELD, M. & SORABJI, R. (orgs.). *Articles on Aristotle 2: Ethics and Politics.* London, pp. 135-139.

FRIEDLÄNDER, P. (1960). *Platon III. Die Platonischen Schriften. Zweite und Dritte Periode*. Berlin, 1960².

GAISER, K. (1984). *Platone come scrittore filosofico*. Napoli.

GARLAN, Y. (1984). *Les esclaves en Grèce ancienne*. Paris.

GARNSEY, P. (1996). *Ideas of Slavery from Aristotle to Augustine*. Cambridge.

GASTALDI, S. (1984). "Legge e retorica. I proemi delle 'Leggi' di Platone". *Quaderni di Storia*, n. 20, pp. 69-109.

GERNET, L. (1951). *Platon. Les Lois, Introduction*. Paris.

_____. (1960). *Démosthène. Plaidoyers civils IV. c. Euboulidès, Introduction*. Paris.

_____. (1968). "La notion mythique de la valeur en Grèce". *Anthropologie de la Grèce antique*. Paris, pp. 93-137.

GIANNANTONI, G. (ed.) (1983-1985). *Socraticorum reliquiae*. 4 vols. Roma.

GIANNANTONI, G. & NARCY, M. (orgs.) (1998). *Lezioni socratiche*. Napoli.

GIGON, O. (1986). *La teoria e i suoi problemi in Platone e Aristotele*. Napoli.

GILL, C. (1977). "The Genre of the Atlantis Story". *Classical Philology*, n. 72, pp. 287-304.

_____. (1993). "Plato on Falsehood – Not Fiction". In: GILL. C. & WISEMAN. T. P. (orgs.), *Lies and Fiction in the Ancient World*. Exeter, pp. 38-87.

GINZBURG, C. (1998). *Occhiacci di Legno. Nove riflessioni sulla distanza*. Milano.

_____. (2000). *Rapporti di Forza. Storia, retorica, prova*. Milano.

GIULIANI, L. (1997). "Il ritratto". In: SETTIS, S. (org.). *I Greci,*. vol. 2, II. Torino, pp. 983-1011.

GOLDSCHMIDT, V. (1947). *Les Dialogues de Platon. Structure et méthode dialectique*. Paris.

_____. (1979). "La teoria aristotelica della schiavitù e il suo metodo". In: SICHIROLLO. L. (org.). *Schiavitù Antica e Moderna*. Napoli, pp. 183-203.

GÖRGEMANNS, H. (1960). *Beiträge zur Interpretation von Platons Nomoi*. München.

_____. (1994). "Platon und die atlantische Insel. Die Entstehung eines Geschichtmythos". *Tagung Hellenische Mythologie*. Ohlstadt (Oberbayern), pp. 107-124 (e em *Hermes* 128, 2000, pp. 405-419)

GUIDORIZZI, G. (1996): cf. DEL CORNO (1996).

GUTHRIE, W. K. C. (1978). *A History of Greek Philosophy, V, The Later Plato and the Academy*. Cambridge.

GWYN GRIFFITHS, J. (1985). "Atlantis and Egypt". *Historia,* n. 34, pp. 3-28.

HALLIWELL, S. (1986). *Aristotle's Poetics.* London.

HANSEN, O. (1997). "The Gyges Legend and the ᵈKasal:Kur.= Underground Water Course". *Hermes,* 125, pp. 506-507.

HARRISON, A. R. (1971). *The Law of Athens,* 2 vols. Oxford.

HARTOG, F. (1980). *Le miroir d'Hérodote. Essai sur la représentation de l'autre.* Paris.

———. (1996). *Mémoire d'Ulysse. Récits sur la frontière en Grèce ancienne.* Paris.

HEATH, M. (1989). *Unity in Greek Poetics.* Oxford.

HEIDEGGER, M. (1927). *Sein und Zeit,* vol. 2. Frankfurt am Main, Klostermann, 1977 (ed. orig. 1927) (ed. italiana de P. Chiodi, Milano 1976[11]).

———. (1931-1932). *Vom Wesen der Wahrheit. Zu Platons Höhlengleichnis und Theätet,* vol. 34. Frankfurt am Main, Klostermann, 1988 (trad. italiana *L'essenza della verità. Sul mito della caverna e sul "Teeteto" di Platone,* Milano, 1997).

HEITSCH, E. (1988). *Überlegungen Platons im Theaetet.* Stuttgart, Akademie der Wissenschaften und der Literatur (Mainz).

———. (1993). *Phaidros.* Göttingen.

HIRZEL, R. (1895). *Der Dialog. Ein literarhistorischer Versuch.* 2 vols. Leipzig.

HOLZBERG, N. (org.) (1992). *Der Äsop-Roman. Motivgeschichte und Erzählstruktur.* Tübingen.

JAEGER, W. (1928). "Genesi e ricorso dell'ideale filosofico della vita" In: *Aristotele. Prime linee di una storia della sua evoluzione spirituale.* Firenze, 1935, pp. 559-617 (ed. orig. em *Sitzungsberichte der preussischen Akademie der Wissenschaften,* Phil. -hist. Klasse, 1928, pp. 390-421).

JEDRKIEWICZ, S. (1989). *Sapere e paradosso nell'Antichità: Esopo e la favola.* Roma.

———. (1997). *Il convitato sullo sgabello. Plutarco, Esopo ed i Sette Savi.* Pisa-Roma.

JOLY, H. (1974). *Le renversement platonicien. Logos, episteme, polis.* Paris.

JOUANNA, J. (1978). "Le médecin modèle du législateur dans les *Lois* de Platon". *Ktema,* n. 3, pp. 77-91.

KAHRSTEDT, U. (1936). *Studien zum öffentlichen Recht Athens,* vol. II. Göttingen.

KASSEL, R. (1971). *Der Text der aristotelischen Rhetorik. Prolegomena zu einer kritischen Ausgabe.* Berlin-New York.

KINDSTRAND, J. F. (1981). *Anacharsis. The Legend and the Apophthegmata.* Uppsala.

LA FABLE (1984). *La fable. Entretiens préparés par F. R. Adrados et présidés par O. Reverdin* (Entretiens sur l'Antiquité Classique XXX). Vandoeuvres-Genève.

LANZA, D. & LONGO, O. (orgs.) (1989). *Il meraviglioso e il verosimile tra Antichità e Medioevo*. Firenze.

LANZA, D. (1997). *Lo stolto. Di Socrate, Eulenspiegel, Pinocchio e altri trasgressori del senso comune*. Torino.

LAVENCY, M. (1964). *Aspects de la logographie judiciaire attique*. Louvain.

LEUTSCH, E. L. & SCHNEIDEWIN, F. G. (1839). *Corpus Paroemiographorum Graecorum*, 2 vols., Gottingae (reed. Hildesheim 1958).

LIPSIUS, J. H. (1905-1915). *Das attische Recht und Rechtsverfahren*. Leipzig (reed. Hildesheim- Zürich- New York 1984).

LONGO, O., cf. LANZA, D. & LONGO, O. (1989)

LORAUX, N. (1988). "Solone e la voce dello scritto". In: DETIENNE, M. (1988), pp. 51-81.

LORAUX, P. (1988). "L'arte platonica di aver l'aria di scrivere". In: DETIENNE, M. (1988), pp. 229-262.

LUZZATTO, M. J. (1988). "Plutarco, Socrate e l'Esopo di Delfi". In: *Illinois Classical Studies*, n. 13, pp. 427-445.

_____. (1996). "Esopo". In: SETTIS, S. (org.). *I Greci*, vol. I. Torino, pp. 1307-1324.

MACDOWELL, D. M. (1963). *Athenian Homicide Law*. Manchester.

MADER, M. (1977). *Das Problem des Lachens und der Komödie bei Platon* (Tübingen Beiträge zum Altertumswissenschaft, 47). Stuttgart-Berlin-Köln-Mainz.

MADVIG, J. N. (1871). *Adversaria Critica ad Scriptores Graecos et Latinos*. Copenhagen (reed. Hildesheim, 1967).

MARG, W. (ed.) (1982). *Herodot. Eine Auswahl aus der Neueren Forschung*. (Wege der Forschung XXVI). Darmstadt.

MARTIN, J. (1974). *Antike Rhetorik. Technik und Methode*. München.

MARTIN, R. P. (1993). "The Seven Sages as Performers of Wisdom". In: DOUGHERTY, C. & KURKE, L. (orgs.). *Cultural Poetics in Archaic Greece*. Cambridge, pp. 108-128.

MAZZARINO, S. (1947). *Fra Oriente e Occidente*. Milano, 1989.

_____. (1965). *Il Pensiero Storico Classico*, vol. I. Roma-Bari.

MCDOWELL, J. (1973). *Plato, Theaetetus*. Oxford.

MEIKSINS WOOD, E. (1988). *Contadini-cittadini & schiavi,* Milano, 1994 (London-New York 1988).

_____. (1996). "Schiavitù e lavoro". In: SETTIS, S. (org.). *I Greci*, vol. 1. Torino, pp. 611-636.

MERKLE, S., cf. Schauer, M. & Merkle, S. (1992).

MEULI, K. (1964). "Einleitung (zu geplanten Buch 1964)". *Gesammelte Schriften*, II. Basel-Stuttgart, 1975, pp. 1037-1043.

MEYER, T. (1962). *Platons Apologie*. Stuttgart.

MILLER, J. (1920). s. v. *Rhodopis*. *RE* II-A, coll. 957-958.

MOMIGLIANO, A. (1971). *Lo sviluppo della biografia greca*, Torino, 1974 (ed. orig. ingl. 1971).

MORGAN, K. A. (1998). "Designer History: Plato's Atlantis Story and Fourth-Century Ideology". *Journal of Hellenic Studies*, n. 118, pp. 101-118.

MORROW, G. R. (1939). *Plato's Law of Slavery in its Relation to Greek Law*. Illinois.

_____. (1960). *Plato's Cretan City* (1ª ed. Princeton 1960). Princeton 1993².

MOSSHAMMER, A. (1976). "The Epoch of the Seven Sages". *Californian Studies in Classical Antiquity*, n. 9, pp. 165-180.

MOTTE, A. (1981). "Persuasion et violence chez Platon", *Antiquité Classique*, n. 50, pp. 562-577.

NARCY, M. (1994). *Platon. Théétète* (traduction inédite, introduction et notes). Paris.

NEVOLA, M. C. (1988-1989). "Aristoph. Nub. 135-9 (ap. Plat., *Theaet.*, 161e)". *Museum Criticum* XXIII-XXIV, pp. 227-231.

NICOLAI, R. (1992). *La storiografia nell'educazione antica*. Pisa.

NIEHUES-PRÖBSTING, H. (1982). "Die 'Episode' im 'Theaitetos': Verschärfung der Begriffe von Rhetorik und Philosophie". *Archiv für Begriffsgeschichte*. vol. XXVI, pp. 7-24.

NIGHTINGALE, A. W. (1995). *Genres in Dialogue. Plato and the Construct of Philosophy*. Cambridge.

OEHLER, J. (1921). s. v. *Keryx*. *RE* XI-1, coll. 349-357.

PARADISO, A. (1991). *Forme di dipendenza nel mondo greco. Ricerche sul VI libro di Ateneo*. Bari.

PATZER, A. (1987). *Der historische Sokrates* (Wege der Forschung Vol. 585). Darmstadt.

_____. (1994). *Sokrates in der Attischen Komödie*, em *Orchestra. Festschrift H. Flashar*. Stuttgart-Leipzig, pp. 50-81.

PERRY, B. E. (1952). *Aesopica I*, Urbana. Illinois.

_____. (1965). *Babrius-Phaedrus. Introduction.* Cambridge Mass.

POPPER, K. (1986). *La società aperta e i suoi nemici*, vol. I. Roma.

POTTIER, E. (1907). s. v. *praeco*. In: DAREMBERG, C. & SAGLIO, E. (orgs.). *Dictionnaire des Antiquités Grecques et Romaines*. t. IV, 1. Paris, pp. 607-609.

RADERMACHER, L. (1951). *Artium scriptores* (Sitzungsberichte der Österreichischer Akademie der Wissenschaften, vol. 227). Wien.

RAUBITSCHEK, A. (1941). s. v. *Phryne*. *RE* XX-1, coll. 906-907.

REGENBOGEN, O. (1920). *Die Geschichte von Solon und Krösus. Eine Studie zur Geistesgeschichte des 5 und 6 Jahrhunderts* (ed. orig. 1920). Marg (1982), pp. 375-403 (= *Kleine Schriften*, München, 1961, pp. 101-124).

REINHARDT, K. (1940). *Herodots Persergeschichten* (ed. orig. 1940), em Marg (1982), pp. 327-332 (= *Vermächtnis der Antike. Gesammelte Essays zur Philosophie und Geschichtsschreibung*, Göttingen, 1960, pp. 133-174).

RHODES, P. (1981). *A Commentary on the Aristotelian Athenaion Politeia*. Oxford.

RISPOLI, G. (1988). *Lo spazio del verisimile*. Napoli.

ROHDE, E. (1897). *Psiche*. 2 vols. (1897²), ed. italiana Roma-Bari, 1989.
_____. (1901). *Kleine Schriften*, I. Tübingen – Leipzig.

ROSCALLA, F. (1989). *Paradeigma ed eikos nella costruzione del discorso platonico*. In: LANZA, D. & LONGO, O. (1989), pp. 57-83.

ROSSETTI, L. (1980). "Ricerche sui 'dialoghi socratici' di Fedone e di Euclide". *Hermes*, n. 108, pp. 183-198.

RUE, R. (1993). "The Philosopher in Flight: the Digression (172c-177c) in Plato's *Theaetetus*". *Oxford Studies in Ancient Philosophy*, XI, pp. 71-100.

RUNCIMAN, W. G. (1962). *Plato's Later Epistemology*. Cambridge.

RUTHERFORD, R. B. (1995). *The Art of Plato. Ten Essays in Platonic Interpretation*. Cambridge Mass.

SANTONI, A. (1983). "Temi e motivi di interesse socio-economico nella leggenda dei 'Sette Sapienti'". *Annali della Scuola Normale di Pisa*, n. 13, pp. 91-160.

SASSI, M. M. (1986). "Natura e storia in Platone". *Storia della Storiografia*, n. 9, pp. 104-128.
_____. (1988). *La scienza dell'uomo nella Grecia antica*. Torino.
_____. (1993a). *Platone, Apologia*. Milano.
_____. (1993b). *Fisiognomica*. Em CAMBIANO, G.; CANFORA, L. & LANZA, D. (orgs.). *Lo spazio letterario della Grecia antica*. vol. I, t. II. Roma, pp. 431-448.
_____. (1997). *Sulla conoscibilità di Dio secondo Timeo*. In: FABRIS, A. et al. (orgs.). *Logica e teologia. Studi in onore di V. Sainati*. Pisa, pp. 229-234.

SAUNDERS, J. (1972). "Notes on the *Laws* of Plato". *Bulletin of the Institute of Classical Studies*. Suppl. 28.

SCHAUER, M. & MERKLE, S. (1992). "Äsop und Sokrates". In: HOLZBERG, N. (org.) "*Der Äsop-Roman*". *Motivgeschichte und Erzählstruktur*. Tübingen, pp. 85-96.

SCHLAIFER, R. (1936). "Greek Theories of Slavery from Homer to Aristotle". *Harvard Studies in Classical Philology*, n. 47, pp. 165-204 (em M. I. Finley, *Slavery in Classical Antiquity*, Cambridge, 1968²).

SCHMID, W. (1929). *Geschichte der Griechischen Literatur*. München.

SCHNEEWEISS, G. (1975). "Kroisos und Solon. Die Frage nach Glück". In: *Apophoreta für U. Hölscher s. 60 Geburtstag*. Bonn, pp. 161-187.

SCHUBERT, P. (1997). "L'anneau de Gygès: réponse de Platon à Hérodote". *L'Antiquité Classique*, n. 66, pp. 255-260.

SEDLEY, D. N. cf BASTIANNI, G. – SEDLEY, D. N. (1995).

SETTIS, S. (org.) (1996a) (1996b) (1997). *I Greci*, vol. 1 (1996). vol. 2, I (1996). vol. 2, II (1997). Torino.

SISSA, G. (1986). *L'aveu dans le dialogue. L'aveu. Antiquité et Moyen Age*. Rome, pp. 53-67.

SLINGS, S. R. & STRYCKER, E. de (1994). *Plato's Apology of Socrates. A literary and philosophical study with a running commentary. Edited and completed from the Papers of the late E. de Strycker, S. J.*, Leiden-New York-Köln.

SMITH, N. D. (1983). "Aristotle's Theory of Natural Slavery". *Phoenix*, n. 37, pp. 109-122.

SMITH, N. D., cf. BRICKHOUSE, T. C. & SMITH N. D. (1989).

SNELL, B. (1952). *Leben und Meinungen der Sieben Weisen*. München.

SPENGEL, L. (1828). *Synagoge Technon sive Artium scriptores ab initiis usque ad editos Aristotelis de Rhetorica libros*. Stuttgart (reed. Osnabrück 1974).

SPYRIDONIDOU-SKARSOULI, M. (org.) (1995). *Der Erste Teil der fünften Athos-Sammlung Griechischer Sprichwörter*. Berlin--New York.

STE. CROIX, G. E. M. de (1981). *The Class Struggle in the Ancient Greek World*. London.

STERNBACH, L. (org.) (1887-1889). *Gnomologium Vaticanum* (Wiener Studien 9-11, 1887-1889). Berlin, 1963.

STRYCKER, E. de, cf. SLING, S. R. & STRYCKER, E. de (1994).

SUZUKI, M. (1998). *O Gênio Romântico. Crítica e História da Filosofia em Friedrich Schlegel*. São Paulo.

THIEL, D. (1993). *Platons Hypomnemata. Die Genese des Platonismus aus dem Gedächtnis der Schrift*. Freiburg-München.

THOMAS, R. (1989). *Oral Tradition and Written Record in Classical Athens*. Cambridge.

TRABATTONI, F. (1994). *Scrivere nell'anima. Verità, dialettica e persuasione in Platone*. Firenze.

UHDE, B. (1976). *Erste Philosophie und Menschliche Unfreiheit. Studien zur Geschichte der Ersten Philosophie*. Wiesbaden.

190

Van Der Waerdt, P. A. (org.) (1994). *The Socratic Movement.* Ithaca-London.

Vegetti, M. (1988). "Nell'ombra di Theuth. Dinamiche della scrittura in Platone". In: Detienne, M. (org.). *Sapere e scrittura in Grecia.* Roma-Bari, 1989, pp. 201-227.

———. (1995). *La medicina in Platone.* Venezia.

Vernant, J. P., cf. Detienne, M. & Vernant, J. P. (1974).

Vidal-Naquet, P. (1964). "Atene e l'Atlantide. Struttura e significato di un mito platonico". *Il cacciatore nero.* Roma, 1988, pp. 233-256 (ed. orig. Paris 1981).

———. (1981). "La storiografia greca sulla schiavitù. Alcune riflessioni". *Il cacciatore nero.* Roma, 1988, pp. 169-192. (ed. orig. Paris 1981)

———. (1990). *La démocratie grecque vue d'ailleurs. Essais d'historiographie ancienne et moderne.* Paris.

Villela-Petit, M. (1991). "La question de l'image artistique dans le *Sophiste*". In: Aubenque, P. (org.). *Études sur le Sophiste de Platon.* Napoli.

Vlastos, G. (1941). "Slavery in Plato's Thought". *Platonic Studies.* Princeton, 1973, pp. 146-163 (originalmente em *Philosophical Review*, 1941, pp. 289-303).

Voegelin, W. (1943). *Die Diabole bei Lysias.* Basel.

Volkmann, R. (1885). *Die Rhetorik der Griechen und Römer.* Leipzig.

Wallace, R. W. (1985). *The Areopagos Council to 307 B. C.* Baltimore-London.

Wankell, H. (1976). *Komm. zu Dem., Kranzrede.* Heidelberg.

Wehrli, F. (1951). "Der Arztvergleich bei Platon". *Museum Helveticum*, n. 8, pp. 177-184.

Weil, R. (1959). *"L'Archéologie" de Platon.* Paris.

West, M. L. (1984). *The Ascription of Fables to Aesop in Archaic and Classical Greece* em *La fable* (1984), pp. 105-128.

Wieland, W. (1982). *Platon und die Formen des Wissens.* Göttingen.

Wilamowitz-Moellendorff, U. von (1879). "Phaidon von Elis". *Hermes,* n. 14, pp. 187-193; 476-477.

———. (1918–1920). *Platon: Sein Leben und seine Werke.* vol. I, Berlin 1959[5] (1ª ed. 1918); vol. II: *Beilagen und Textkritik.* Dublin-Zürich, 1969[3] (=1920[2]).

———. (1926-1936). *Griechisches Lesebuch.* 2 vols., reed. Zürich-Berlin 1965-1966.

Wolff, F. (1991). *Aristote et la politique.* Paris.

———. (1992). "Eros e Logos: A Propósito de Foucault e Platão". *Discurso* 19, pp. 135-164.

_____. (1998). "Etre disciple de Socrate". In: GIANNANTONI & NARCY (orgs.), pp. 29-79.

YUNIS, H. (1996). *Taming Democracy. Models of Political Rhetoric in Classical Athens*. Ithaca-London.

ZANKER, P. (1995). *Die Maske des Sokrates. Das Bild des Intellektuellen in der antiken Kunst*. München.

ÍNDICE DAS FONTES

A

Acusilaus
FGrHist, 2 F 23 a – 51 n. 44

Aelianus
Varia Historia, 3,28 – 39 n. 24

Aeschines
I, 34 – 87; 80 – 87; 166 – 116 n. 13; 166 s. – 115 n. 12; 170 – 115 n. 16; 119 n. 21; 176 – 119 n. 21; 178 s. – 119 n. 21
II, 4 – 87; 153 – 87; 179 – 119 n. 22
III, 2 – 87; 193 – 119 n. 21; 205 s. – 116 n. 13; 119 n. 21

Aeschylus
Agamemnon, 717 ss. – 52 n. 46; 958 – 35 n. 19

Aesopus – 20-22; 37-40; 47; 112 e n.2
fab. 65 (ed. E. Chambry) = 72 (ed. C. Halm) = 40 (ed. B.E. Perry, ed. A. Hausrath - A. Hunger) – 47 s. e nn. 36-38
Vita Aesopi – 26 s. e nn. 6 e 9; 68-73 – 35 n. 19

Alexander Aphrodisiensis
De fato, 6,19 (171,11 Bruns) – 58 n. 1

Alexis
fr. 180 K. = 185 K. -A. – 177 n. 22

Amipsias
frr. 7-12 K.= 7-12 K.-A. (*Connos*) – 37 n. 21; fr. 9 K.= 9 K.-A. – 43 n. 30; fr. 11 K.= t. II K.-A. – 43 n. 30; fr. 38 K. = 39 K.-A. (*Incerta fabula*) – 43 n. 30

Anaximenes *v. Rhetorica ad Alexandrum*

Anonymi in Hermogenem
Prolegomena in librum Peri heureseos, ed. C. Walz, *Rhetores Graeci*, vol. VII, 64, 10 ss. – 123 e n. 26

Anonymus Seguerianus ("Cornutus")
Ars Rhetorica, ed. C. Hammer (post L. Spengel), *Rhetores graeci*, 6, 224 – 124 n. 29

Antiphon
I, 8 – 118 n. 18
V, 11 – 118 n. 18: bis; 86 – 124 n. 29; 168 n. 12; 90 – 124 n. 29
VI, 7 – 124 n. 29; 9 – 118 n. 18; 124 n. 29

Antisthenes
Fragmenta (ed. Decleva Caizzi), frr. 19-21 (*Cyrus*) – 52 n. 45; frr. 22-28 (*Herakles*) – 52 n.

45; *Physiognomonikos* – 58 n. 1

Apsines (Valerius)
Ars rhetorica, ed. L. Spengel, *Rhetores graeci*, I, 2, ca 12 – 123 n. 27

Apuleius
Metamorphoses, X,7,2 – 120 n. 23

Aristides (Aelius)
Orationes (ed. B. Keil), 36, 85 – 59 n. 2

Aristophanes
Acharnenses, 37-39 – 86
Aves, 264 – 163 n. 7; 471 – 27 n. 8; 1009 – 27 e n. 10; 1567 s. – 43 n. 30; 1671 – 163 n. 7
Nubes – 36; 176 ss. 112-115 – 156 n. 28; 171-174 – 163 n. 7; 180 – 27 e n. 10; 188 ss. – 36 n. 20; 200 ss. – 39 n. 24; 225 – 176 e n. 22; 225 ss. – 36 n. 20; 333 – 36 n. 20; 360 – 36 n. 20; 1478-1485 – 177
Ranae, 1431 ss. – 52 n. 46; 1491 s. – 177
Thesmophoriazusae, 279 ss. – 59 e n. 3
Vespae, 375 s – 42 n. 28; 560-575 – 119 n. 22; 121 n. 25; 566 – 27 n. 8; 622-625 – 86; 121 n. 25; 626 – 86 n. 8; 978 – 119 n. 22; 1259 s. – 27 n.8
Fragmenta: 253 K.= 264 K.-A. – 43 n. 30; 490 K.

= 506 K.-A. – 177 n. 22;
672 K.= 691 K.-A – 36 n.
20

scholia in Aristophanem
Vespae, 1120 – 169 n. 13
Aves, 1567 – 43 n. 30

Aristoteles et Corpus Aristotelicum
Athenaion Politeia, 67,1 –
112 n. 8; 118 e n. 19
De anima, I, 1, 403 a 16 –
124 n. 29
De generatione animalium
756 b 6 – 135 n. 2
De mundo, 398 a – 43 n. 30
Ethica Eudemia VIII, 1249
b 6-14 – 69 n. 22
Ethica Nicomachea I, 1095
b 19-20 – 79; IV, 1128
a 4-7 – 75 n. 33; 1128 a
19-22 – 75 n. 34; VIII,
1161 a 32 ss. – 61 n. 7;
1161 a 34-35 – 69 n. 22
Metaphysica – 13 n. 1
I, 982 a 17 ss. – 69 n. 22; 982
b 29-30 – 64 n. 16; 995 a
10-12 – 76 n. 35
Meteorologica, 355 b 20-25
– 35 n. 19; 356 b 11 – 135
n. 2
Oeconomica, I, 5, 1344 b
18 – 63 n. 12
Poetica – 75 n. 33; 135; 156
VII, 1451 a 12 s. – 135 n. 3
IX, 1451 a 36 ss. – 135 e n.
2; 1451 b 2 – 135 n. 2;
1451 b 5-7 – 135 n. 3;
1451 b 9 – 135 n. 3
XXIII, 1459 a 24-28 – 135
n. 2
Politica – 66-69
I, 1254 a 8 – 71 n. 27; 1255

b 12-15 – 61 n. 7; 1255
b 13 – 67; 1255 b 22-37
– 68 s. e n. 22; 1258 b
10-11 – 69 n. 22; 1258 b
34-35 – 76 n. 35; 1259 a
7-19 – 49 e n. 40; 1260 a
40 – 67; 1260 b 3-5 – 66;
1260 b 5-7 – 67
II, 1268 b 6-11 – 118 n. 17;
1269 a 36 ss. – 63 n. 12
III – 131 n. 37
IV, 1299 a 25-27 – 69 n. 21
VII, 1325 a 24-27 – 68;
1326 b 12-14 – 69 e n.
21; 1330 a 26 – 63 n. 12;
1336 a 40 ss. – 68 n. 20;
1336 b 4-12 – 69 n. 20;
1336 b 34-35 – 75 n. 32
VIII, 1337 b 4 – 76; 1337 b
15-17 – 76 n. 35; 1337 b
19-21 – 76
Rhetorica – 76 s.; cap. IV,
passim; 156
I, 1354 a 2 – 108 n. 4; 1354
a 11-16 – 109; 1354 a
15-16 – 113; 128 e n. 34;
1354 a 16-18 – 124 e n.
29; 1354 a 18-24 – 114;
1354 a 31 ss. – 128; 130;
1354 b 16 ss. – 129; 1354
b 27 - 1355 a 2 – 129 s.;
1355 a 8 – 108 n.5; 1355
a 29 ss. – 76 s.; 1355 b 8
s. – 108 n. 4; 1355 b 25
– 108 n. 4; 1355 b 35-39
– 109; 1356 b 3 – 108 n.
5; 1373 b 18 – 67 n. 19
II, 1378 a 20-21 – 124 n. 29;
1402 a 17-28 – 155 n. 28
III, 1404 b 5ss. – 75 n. 32;
1404 b 15-16 – 75; 1414
a 8 ss. – 130; 1414 a
8-11 – 76 n. 35; 1414 a

12-14 – 130; 1415 a 22-23 – 123 n. 28; 1415 b 5-6 – 130 s.; 1415 b 5-8 – 123 n. 28; 1415 b 22-24 – 131; 1418 b 1 – 76 n. 35; 1419 b 6-10 – 75

Sophistici elenchi, 1654 a 25-31 – 77 n. 36

Topica, I, 1, 101 a 21 – 76 n. 35; VIII, 14, 164 b 8 – 57

fragmenta (ed. V. Rose): fr. 487 (*Delphorum Politeia*) – 26 n. 5; frr. 573 e 611,33 (*Samiorum Politeia*) – 26 n. 5

Athenaeus, V, 218 c – 43 n. 30; XIII, 590 e-591 e – 121 n. 24; 596 b s. – 58 n. 2

C

Cicero

De fato, 10 – 58 n. 1

De inventione, I, L, 94 – 126 n. 33; LI, 97 – 126 n. 33

De oratore, II, 318 ss. – 123 n. 28

Orator, 130 s. – 126 n. 33

Tusculanae disputationes, I, 113 s. – 52 n. 46; IV, 80 – 58 n. 1

Clemens Alexandrinus

Stromata, I,102, St. 66 (v. Acusilaus) – 51 n. 44

Corpus Hippocraticum, *De prisca medicina*, I,3 – 36 n. 20

Corpus Paroemiographorum Graecorum (ed. E.L. Leutsch - F.G. Schnei-

dewin):

Gregorius Ciprius Leidenses, *Paroimiai*, Centuria II, 76 – 35 n. 19

Macarius, *Paroimiai kata stoicheion*, Centuria IV, 64 – 35 n. 19

Zenobius, *Epitome…*, VI, 48 – 35 n. 19

Appendix Proverbiorum…, Centuria IV,58 – 35 n. 19

Crates

fr. 21 K. = 25 K.-A. (*Lamia*) – 21 n.

Cratinus

fr. 59 K.= 63 K.-A. (*Drapetides*) – 21 n.; frr. 85-94 K. = 92-101 K.-A. (*Kleoboulinai*) – 25 n. 3; fr. 177 K. = 188 K.-A. (*Pylaia*) – 150 n. 22

D

Demetrius

De elocutione, 7 – 66

Demosthenes

III, 4 – 87 n. 10

V, 15 – 87

VI, 26 – 87 n. 10; 87 n. 12

VIII, 30 – 87 n. 12; 77 – 87 n. 12

X, 44 – 89 n. 14

XIII, 3 – 87

XVIII, 3-4 – 119 n. 20; 9 – 115 s. nn.12 e 13; 125; 9 s. – 124 n. 29; 34 – 115 s. nn. 12 e 13; 124 n. 29; 125 n. 30; 53 – 125 n. 30; 126 ss. – 125 n. 30; 143 – 87 n. 10

XIX, 112-113 – 88 n. 13;
213 – 115 n. 12; 125 n. 31
XXI, 194 – 87 n. 10
XXIII, 67-69 – 118 n. 18
XXIV, 151 – 117 e n. 15
XXV, 95 – 87
XL, 50 – 124 n. 29; 61 – 116
n. 13; 124 n. 29
XLIV, 45 – 112 n. 7
XLV, 6 – 88 n. 13
LII, 1-2 – 119 n. 20; 2 – 116
n. 13
LVII – 125; 1 – 121 n. 25;
7 – 116 n. 13; 121 n. 25;
33 – 115 s. nn.12 e 13;
121 n. 25; 125; 59 – 121
n. 25; 59 s. – 116 n. 13;
60 – 121 n. 25; 63 – 116
n. 13; 121 n. 25; 125; 66 –
116 n. 13; 121 n. 25; 125
LVIII, 23 – 116 n. 13; 119
nn. 21 e 22; 125 n. 31; 31 –
87 n. 11; 41 – 119 nn. 21
e 22; 69 – 119 nn. 21 e 22
Proemia, 4 – 87 n. 11

Dio Chrysostomus
Orationes, III, 1 ss. – 52 n.
47

Diodorus Siculus
I, 64,14 – 58 n. 2; IX, 26 ss.
– 25 n. 3; 26,2 – 50 n. 41

Diogenes Laertius
Vitae Philosophorum, I, 34 –
47 n. 37; II, 19 – 59 n. 3;
27-28 – 43 n. 30; 42 – 25
n. 3; 46; 105 – 58 n. 1

Duris
FGrHist, 76 F 74-77 – 50 n.
41; 76 F 78 – 59 n. 3; 76

F 85 – 50 n. 41

E

Ephorus
FGrHist, 70 F 182 – 50 n.
41

Eupolis
fr. 146 K. = 157 K.-A. – 36
n. 20; fr. 352 K. = 386
K.-A. – 36 n. 20; 177 e
n. 22; fr. 353 K. = 388
K.-A. – 177 n. 22; fr.361
K. = 395 K.-A. – 36 n. 20

Euripides
Antiope – 156 n. 29

Eusebius
Praeparatio Evangelica,
XII, 29 – 31 n. 16; 29,
12 – 40 n. 26

H

Herodotus – 21-24 ; 50-53
I, 8-12 – 50 n. 42; 13,1 – 24 n.
2; 25,2 – 24 n. 2; 29 – 24;
29-33 – 22; 23 n.1; 46,2
– 24 n. 2; 47,3 – 35 n. 19;
74 – 50 n. 41; 75 – 50 n.
41; 96-100 – 22; 13 n.1
II, 134 s. – 26 e nn. 5 e 6; 48
n.2; 143 – 40 n. 25
III, 153-160 – 58 n. 1
IV, 94-96 – 22; 23 n .1; 51 e
n. 43
V, 23,2 – 34 n. 17

Hesychius
s.v. *taús* – 40 n. 26

Homerus – 86
Ilias

II, 96 – 86 n. 9; 144 s. – 87
IX, 573 – 86 n. 9
XXII, 161 – 42 n. 28
XXIII, 234 – 86 n. 9
Odyssea
X, 556 – 86 n. 9
XVII, 322 s. – 62 e n. 10

Hyperides
In Demosthenem, col. 12 –
87 n. 12

I
Iamblichus
Protrepticus, 14 – 31 n. 16;
40 n. 26

Isaeus
V, 5 – 116 n. 13; 119
VI, 59 – 116 n. 13; 124 n.
29; 62 – 119 n. 21; 65 –
119 n. 21; 124 n. 29

Isocrates – *126*
Areopagiticus, VII, 63 –
126; 77 – 126 n. 32
Antidosis, XV, 19 – 89 n.16;
20 – 88 n. 13; 90 n. 16;
104 – 126 n. 32; 270
ss. – 90 n. 16; 122 n. 25;
272 – 90 n. 16; 122 n. 25
Busiris, XI, 8 – 40 n. 25;
36-37 – 40 n. 25
Contra sophistas, XIII, 8 –
177
Helenae encomium, X, 29 –
126
Panathenaicus, XII, 74 –
126 n. 32; 161 – 126 n.
32; 233 – 87 n. 12; 264
– 87 n. 12

L
Lucianus
Anacharsis, 19 – 120 s. nn.
23 e 24; 123; 21 – 120 n.
23

Lycurgus
In Leocratem, 11 – 124 n.
29; 11-13 – 119 n. 21; 12-
13 – 122 n. 25; 16 – 116
n. 13; 122 n. 25; 125 n.
31; 33 – 116 n. 13; 119
n. 21; 46 – 119 n. 21; 125
n. 31; 90 s. – 119 n. 21; 98
ss. – 119 n. 21; 141 – 116
n. 13; 119 n. 22; 149 s. –
116 n. 13

Lysias
III, 1 – 118 n. 18; 44 – 116
n. 13; 46 – 116 n. 13; 125
n. 31
VII, 41 s. – 116 n. 13; 119 n.
22; 121 n. 24; 42 – 119 n.
21
IX, 1-3 – 119 n. 20; 124 n.
29
XXVI, 6 – 112 n. 7
Fragmenta: fr. 89 (ed. T.
Thalheim) = fr. 6 (ed. L.
Gernet) – 87

M
Marcus Aurelius
Ad se ipsum, X, 23 – 39 n.
23

Maximus Tyrius
Dissertationes, 25,3 – 58 n. 1

P
Pausanias
VIII, 24,13 – 25 n. 3

Phaedo

Zopyrus (testimonia in Giannantoni, 1983-1985, III,A,11) – 52 n. 46; 58 e n. 1

Phaedrus

Fabulae aesopiae, III,3 – 25 n. 3

Pherecrates

Agrioi – 43 n. 30; fr. 185 K. = 199 K.-A. – 43 n. 30

Philodemus

Rhetorica, II, 258, col.V a 2 (ed. S. Suddhaus) – 124 n. 29

Pindarus – 36

Isthmia, VIII,12 – 36 n. 20
Olympia, XIII, 45 s. – 35 n. 19
Pythia, III, 22 – 36 n. 20; 60 – 36 n. 20; X, 62 – 36 n. 20
Fragmenta: 292 ed. B. Snell-H. Maehler (= fr. 249 ed. A. Turyn) – 36 n. 20

Planudes (Maximus)

Prolegomena in Hermogenis librum Peri heureseos, ed. C. Walz, Rhetores Graeci, vol. V, 365, 20 ss. – 120 n. 23; 123 e n. 26

Scholia in Hermogenis librum Peri ideon, ed. C. Walz, Rhetores graeci, vol. V, 552, 7 s. – 122 s. e n. 26

Plato

Alcibiades I
107 a-c – 103 n .25; 114 b-e – 151 n. 24; 120 e ss. – 51 n. 45; 122 a-b – 58 e n. 1
Apologia – 81; 83 s.; 90-97; 157-162; 166-169
17 a – 158; 17 a-18 a – 84 e n. 5; 17 a-b – 158; 17 b – 96 e n. 19; 159 s. e n. 5; 17 b-c – 174; 17 c – 160: bis; 162; 170; 17 c-18 a – 161; 17 c-d – 94; 17 d – 157; 18 a – 94; 18 b – 36 n. 20; 167; 18 d – 167; 19 a – 167; 19 b – 118 n. 18; 19 b-c – 36 n. 20; 19 c – 175 n. 21; 176; 19 d – 167; 20 d – 96 e n. 19; 20 e – 94; 21 a – 94; 22 a – 96 e n. 19; 22 b – 96 e n. 19; 23 d – 36 n. 20; 24 a – 96 e n. 19; 27 b – 94 e n. 18; 27 c – 118 n. 18; 28 d – 96 e n. 19; 30 c – 94; 32 a – 171; 32 b – 91 e n. 17; 34 c-35 d – 115 n. 11; 116 n. 13; 119 n. 22; 35 c-d – 115; 35 d – 117 n. 16; 37 a – 168; 37 a-b – 111; 38 a – 172; 40 d – 52 n. 47
Charmides – 29 n. 12
153 a-d – 133 s.; 156 d-157 c – 51 e n. 43
Cratylus
411 b – 163 n. 7
Critias – 136; 142 s.
107 a-e – 142; 108 d – 137; 142; 110 a – 142; 144
Epistulae
II, 311 a – 52 n. 47; VII, 331 b-c – 65 n. 17

199

Euthydemus – 14 n. 3

272 c – 37 n. 21; 274 a – 52 n. 47; 276 b – 98; 276 d – 98 e n. 20; 286 e – 171; 287 d – 175; 288 b – 174; 294 b – 35 n. 19; 295 c – 175; 295 d – 37 n. 21; 303 a – 98 n. 20; 303 b – 98; 303 c – 98 e n. 20; 304 e – 174; 305 a – 174

Gorgias – 54 n. 48

449 b-c – 170 n. 15; 454 b – 108 e n. 3; 454 e-455 a – 151 n. 24; 455 a – 168; 455 b-c – 103 n.25; 456 a-457 c – 108 e n. 4; 456 d-457 a – 77 n. 36; 457 a – 106; 457 a-b – 168 n. 13; 459 a – 105; 461 c – 171; 461 d ss. – 170 n. 15; 461 d-e – 172 n. 18; 462 c – 170; 463 b – 82 n. 3; 106 n. 2; 465 b – 72 n. 31; 465 c – 38 n. 22; 470 c – 175 n. 21; 470 d – 144 n. 17; 470 d-e – 151 n. 24; 470 e – 52 n. 47; 471 e-472 b – 144 n. 17; 471 e-472 c – 151 n. 24; 473 e-474 a – 91 n. 17; 474 a – 31 n. 31; 478 e – 65 n. 17; 482 e – 171; 483 e-484 a – 52 n. 46; 484 c ss. – 175; 484 d-e – 45 n. 31; 175; 485 d – 162; 485 d-e – 176; 486 a – 156 n. 29; 486 b – 163 n. 7; 486 c – 175 e n. 21; 487 c – 76 n. 35: bis; 489 b – 175 e n. 21; 489 c – 171 n. 17; 490 c – 175 e n. 21; 490 e – 175 e n. 21; 492 c – 171; 175 e n. 21; 494

d – 171; 497 a – 175 e n. 21: bis; 511 a – 175 n. 20; 511 b – 46 n. 35; 515 e – 172 n. 18; 518 a – 72 n. 31; 519 a – 175 n. 21; 520 a-b – 38 n. 22; 520 b – 129 n. 36; 521 e – 175 n. 21; 522 a – 98; 522 b-c – 98; 523 b-c – 111 n. 6; 526 e-527 a – 163 n. 7; 527 a – 134 n. 1; 527 e – 46 n. 35; 175 n. 21

Hippias Maior – 136 s.; 143 s.

281 c – 51 n. 44; 285 b-286 b – 52 n. 45; 136 s.; 286 a – 134 n. 1; 137; 286 a-c – 137 n. 5; 288 d – 157; 171; 294 b ss. – 170; 298 b – 174; 304 a – 173; 304 b – 173; 175; 304 c – 174; 304 c-d – 175; 373 b – 34 n. 17

Hippias Minor

365 d – 169 n. 13; 368 c-d – 137 n. 4; 368 e – 137 n. 4

Laches

179 c – 134 n. 1; 187 d – 45 n. 33; 197 d-e – 171

Leges – 61-66; 70-75; 100-103

I, 635 b ss. – 73; 640 a 4 s. – 100; 640 b 2 – 100 n. 22; 640 c 2 – 100 n. 22; 640 c 6 – 100 n. 22; 641 e – 172 n. 18

II, 659 a – 99; 659 a 5-6 – 101; 659 b 1-2 – 101; 659 d – 71 n. 28; 671 a 4-11 – 101; 671 a 5 – 100 n. 22; 671 d 5 ss. – 100 n. 22; 671 c 6-7 – 100; 671 d 5 ss. – 100 n. 22; 672 c

4 – 100

III, 682 a 4-5 – 144 n. 18; 683 a-684 a – 143 s. e n. 17; 685 c-d – 51 n. 43; 690 a ss. – 64 n. 15; 694 a-698 a – 51 e n .43; 695 c-696 a – 52 n. 47; 699 d-e – 143; 700 a 7 ss. – 101; 700 c – 65 n. 17; 101; 700 d 2 – 101; 701 a – 102 s. e n. 23; 702 a-b – 143

IV, 718 a-724 b – 70; 720 a ss. – 71 e n. 25; 720 b – 71 s. e n. 26; 720 b-c – 71 n. 26; 720 c – 45 n. 33; 72; 720 d – 72

V, 726 a – 64 n. 16; 740 d-e – 65 e n. 18

VI, 757 a – 61 e n.7; 766 d ss. – 102 e n. 23; 166 n. 10; 766 e – 103 n. 24; 168; 768 a 1-2 – 102; 768 a-b – 131 n. 37; 768 b 2-3 – 102; 776 c-778 a – 62 ss.; 776 d-e – 62; 776 e-777 a – 62 e n. 10; 777 b – 63; 777 c – 63; 777 c-d – p 63; 777 e-778 a – 63 s.; 781d-e – 169

VII, 793 e – 65 e n. 17; 801 e-802 a – 41 n. 27; 810 e-811 a – 140 n. 11; 816 d-e – 74

IX, 855 d-856 a – 103 n. 24; 114 n. 9; 855 e – 103 e n. 24; 871 d – 103 n. 24; 872 d – 134 n. 1; 876 b-d – 102 s.

X, 886 b 10-e 2 – 114 n. 10; 887 b 1-5 – 169 n. 14; 887 d – 134 n. 1: bis; 888 a – 66

XI, 935 a 1 – 115 n. 11; 937 d-938 c – 114 n. 9; 938 a – 106 n. 2

XII, 948 b – 111 n. 6; 948 b ss. – 114 e n. 9; 949 a-b – 125 s. e n. 13; 118 n. 17; 949 b 2-3 – 124; 957 b 5-6 – 118 n. 17; 966 b – 72 n. 31

Lysis – 29 n. 12

205 c-d – 51 n. 45; 205 d – 134 n. 1; 211 e – 52 n. 47; 216 c – 163 n. 7; 221 d – 134 n. 1

Menexenus

235 e – 37 n. 21

Meno

97 a-b – 150 n. 22; 151 n. 24

Parmenides – 13 n. 1; 14 n. 3

134 d – 64 n. 16; 76 n. 35; 135 d – 176; 137 a – 174 n. 19

Phaedo – 14 n. 3; 16

60 c-61 b – 27 e n. 7; 41 e n. 27; 63 a-b – 64 n. 16; 66 d – 94 n. 18; 66 e – 46 n.35; 70 b – 141 n. 13; 70 c – 176; 79 c – 163 n. 7; 89 d ss. – 172 n. 18; 92 c-d – 156 n. 29; 92 d – 141 n. 13; 101 c – 171; 114 d – 141 n. 13

Phaedrus – 108; 153-156; 161

227 c – 171; 235 a – 165 n. 8; 236 e – 172 n.18; 237 a – 160; 245 b – 94 n. 18; 245 c – 34 n. 17; 259 e – 153; 260 a – 153; 262 c – 105; 265 b-c – 64 n. 16; 265 d ss. – 155; 266 d

201

– 153; 266 d-267 a – 129 n. 35; 267 a-d – 154; 267 c – 128 n. 34; 269 e-270 a – 178; 270 b – 106 n. 2; 270 b ss. – 155; 272 a – 123 n. 27; 272 c – 154; 272 d-e – 154; 272 e – 154 s.; 165 n. 8; 272 e-273 a – 108 n. 3; 155; 273 b-c – 155; 273 e – 64 n. 16; 274 e-275 b – 139 n. 10

Philebus
14 a – 21; 55 e – 106 n. 2; 57 c-58 c – 76 n. 35

Politicus
262 d – 63 n. 13; 268 e – 134 n. 1; 286 a – 45 n. 33; 286 d – 169; 175; 286 e – 170 bis; 287 a – 172; 289 c ss. – 64 n. 15; 71 n. 27; 299 b – 178; 304 c-d – 143 n. 15; 304 d – 70 n. 23; 305 b-c – 117 n. 16

Protagoras – 14 n. 3
312 c-d – 34 n. 17; 315 a-b – 35 n. 18; 316 c-317 c – 82 n. 3; 317 a – 41 n. 27; 105 n.; 319 b-d – 103 n. 25; 320 c – 134 n. 1; 325 c ss. – 65; 327 d – 43 n. 30; 329 a-b – 170 n. 15; 334 c – 99; 335 a ss. – 172 n. 18; 335 b – 170 n. 15; 335 c – 99; 335 d – 43 n.30; 336 b-c – 170 n. 15; 336 c – 45 n. 33; 338 a – 170 n. 15; 174 e n. 19; 339 d-e – 99; 339 e – 163 n. 7; 341 a – 34 n. 17; 342 e – 172 n. 18; 343 a – 24; 51 n. 44; 347 c-e – 174; 347 d – 35 n. 19

Respublica – *14 n. 3; 54 n. 48; 60*
I, 328 d – 134 n. 1; 328 d-e – 172; 334 a – 46 n. 35; 335 e – 51 n. 44; 336 b – 175 e n. 21; 340 e – 76 n. 35; 350 e – 134 n. 1
II, 359 d-360 c – 50 e n. 42; 365 c – 46 n. 35; 365 d – 35 n. 19; 365 e – 52 n. 45; 376 e ss. – 142 n. 15: bis; 377 c – 134 n. 1: bis; 381 e – 134 n. 1
III, 399 b – 65
IV, 438 a – 94 n. 18; 439 e-440 a – 46 n. 35
VI, 488 a-489 c – 178; 492 b-c – 98; 506 c – 150 n. 22
VII, 517 a – 45 n. 31; 518 a – 94 n. 18; 529 b – 163 n. 7; 531 e – 45 n. 33
VIII, 548 b – 70 n. 23; 549 a – 63 e n. 14; 566 c ss. – 52
IX, 571 e – 94 n. 18; 579 a – 61 n. 6; 82 n. 3; 582 e – 172 n. 18
X, 600 a – 50 e n. 41; 607 a – 41 n. 27; 612 b – 50 e n. 42; 621 b – 133

Sophista – *65 s.*
225 d – 177; 229 e-230 e – 65 s.; 230 a – 34 n. 17; 234 c – 152 n. 26; 242 a – 175 n. 20; 242 c – 13 e n. 1; 134; 263 e – 149 n. 21; 268 b-c – 170 n. 15

Symposium – *14 n. 3*
176 e – 35 n. 19; 215 e-216 a – 45 n. 34; 219 b – 43 n. 30; 219 e-220 e – 134

Theaetetus – 9-17, *passim*; 28-33; 146-152; 165 s.;

179 s.

143 b-c – 14; 145 d – 28; 145 e – 165 n. 9; 146 a – 172 n. 18; 146 c-147 c – 29; 147 d-148 e – 29; 148 e – 165 n. 9; 148 e-151 d – 29 n. 13; 149 a – 32; 152 c – 32; 171 n. 17; 154 d – 34 n. 17; 155 d – 29 n. 13; 156 a-c – 46 n. 35; 160 c – 31 n. 15; 161 a – 172; 173; 161 e-162 a – 32; 162 d-e – 156 n. 29; 165 a – 173; 167 e-168 a – 170 n. 15; 170 a – 31 n. 15; 170 d – 31 n. 15; 172 a-b – 33; 172 b – 33; 82

- *digressio* – 26 n. 4; 31-55, *passim*; 57-60; 79-83; 110 s.; 115 s.; 162 ss.; 172 c-177 c – 31; 172 c-d – 34; 172 d – 111; 164: bis; 169; 172 d ss. – 175: bis; 172 d-173 b – 34; 64 n. 16; 172 e – 112; 118; 169 n. 14; 172 e-173 b – 42; 173 b – 34; 43 n. 30; 173 b-c – 178; 173 c – 34 s.; 173 c-e – 35; 173 e – 80; 82 s.; 158 e n. 1; 173 e -174 a – 36; 174 a-b – 37; 164; 174 c – 37; 174 c-d – 49; 74; 174 d-175 a – 38 s.; 174 e – 41 n. 27; 175 a-b – 39 s.; 175 b-c – 40; 175 c – 40 n. 26; 150; 159 e n. 3; 175 d – 79; 163; 175 e – 35 n. 18; 43; 175 e-176 a – 41; 176 a – 43; 176 a-b – 41; 44; 176 b – 134 n. 1; 176 c-e – 44; 177 a – 45; 177 b – 41; 163; 177 b-c – 33; 45; 177 c – 173

177 d – 33; 178 b-e – 31 n. 15; 184 c – 76 n. 35; 186 c-d – 149 n. 21; 186 e – 147; 187 a – 147; 187 b – 148; 187 c – 148 n. 20; 187 d – 148; 169 n. 14; 190 a – 149 n. 21; 191 c ss. – 29 n. 13; 195 b – 173; 195 b-c – 170; 195 c – 175; 196 b – 170; 197 d ss. – 29 n. 13; 200 c-d – 148; 200 e – 150; 201 a – 148 s.; 201 a-b – 106 n. 3; 201 a-c – 151 s. e nn. 24 e 25

Timaeus – 14 n. 3; 40 n. 25; 51 e n. 44; 136-146; 156

19 b – 140; 19 d-e – 140; 20 d – 51; 138; 20 e – 134 n. 1; 138; 21 a – 138; 21 d – 138 e n. 7; 22 a – 139; 22 b – 134 n. 1; 139; 23 b – 139; 23 d – 139; 26 c – 134 n. 1; 137; 140; 26 e – 140; 144 e n. 17; 29 c-d – 141; 30 b – 141 n. 13; 40 e – 141 n. 13; 51 d-e – 150 n. 22; 53 d – 141 e n. 13; 53 e – 141 e n. 13; 56 b – 141 e n. 13; 57 d – 141 e n. 14; 68 b – 141 n. 13

(Plato)

Axiochus, 367 c-e – 50 n. 42; 52 n. 46; 368 b – 50 n. 42; 371 a ss. – 50 n. 42

Hypparchus, 225 c – 159 n. 4

Theages, 127 c – 169 n. 13

Scholia in Platonem

Hippias Maior, 288 b – 150 n. 22

Laches, 187 b – 59 n. 3
Theaetetus 173 d – 35 n. 19;
200 e – 150 n. 22

Commentarium in Platonis Thea-etetum – 12 e 13 n.1

Plautus
Poenulus, 432 – 35 n .19

Plinius
Naturalis Historia, VII,151 –
25 n. 3

Plutarchus
Vitae:
Alcibiades, 1,3 – 58 n. 1
Aristides, 4,2 – 88 n. 13
Lycurgus, 16,6 – 58 n. 1
Solon, 4 – 25 n. 3
Moralia:
Consolatio ad Apollonium,
108 f – 52 n. 46
Convitum Septem Sapien-tium – 25; 149 d-e – 25
n. 3; 150 a – 25 n. 3; 151
a-d – 35 n. 19; 153 e – 35
n. 19
Vita Decem Oratorum, 844
f – 87
Fragmenta (ed. F.H. San-dbac): fr. 133 – 52 n. 46

Pollux
VIII, 117 – 122 s. e n. 26

Proclus
In Platonis Timaeum Com-mentaria (ed. E. Diehl),
26 e = I, 197,19 s. – 140
n. 12

Q
Quintilianus
Institutio oratoria, IV, 1,12 –
123 n. 28; 1,49 – 89 n. 16
V, *Prohoemium*, 1 – 124 n.
29
VI, 1,7 – 120 n. 23; 2,20 –
124 n. 29; 2,24 – 123 n.
27
IX, 2,16-18 – 89 n. 16
X, 1,107 – 126 n. 33

R
Rhetorica ad Alexandrum
10, 1430 a 23 s. – 108 n. 5; 18,
1432 b 11 ss. – 88; 1432
b 15-1433 b 16 – 88 s.;
29, 1436 a 33 ss. – 123
n. 28; 36, 1441 b 33 ss.
– 123 n. 28

Rhetorica ad Herennium
II, 43 – 126 n. 33

S
Seneca
Epistulae Morales, 44,4 –
39 n. 23

Sextus Empiricus
Pyrrhoniae hypotyposes, I,
216 – 31 n. 15
Adversus Mathematicos,
VII, 60 ss. – 31 n. 15

Sophocles
Oedipus Tyrannus, 130 s. –
36 n. 20
Fragmenta (ed. S. Radt): fr.
388 (*Lemniai*) – 150 n.
22; 737 – 36 n. 20

Stobaeus
3, 22,33 – 39 n. 24

Strabo
17, 1,33 – 58 n. 2

T

Tertullianus
Ad nationes, II, 4, 18-19 –
59 n. 2

Themistius
Orationes, 26, 311c-d – 123
e n. 26

Theon (Aelius)
Progymnasmata, 74,2 - 75,8

– 58 n. 1; 75,2-9 – 52 n.
46

V

Valerius Maximus
VII, 1,2 – 25 n. 3

X

Xenophon
Apologia, 14-15 – 91; 15 –
94
Cyropaedia, I, 1,2 – 39 n. 23
Hellenica, I, 7,12-15 – 90
Memorabilia, I, 1,18 – 91
n. 17; 6,2 – 59 n. 3; IV,
4,2 – 91 n. 17; 4,4 – 116;
117 n. 16; 6,7 – 28 n. 11

Paulo Butti de Lima

Formado em filosofia pela Universidade de São Paulo, realizou sua pós-graduação na Scuola Normale Superiore de Pisa, Itália, e na Scuola Superiore di Studi Storici da República de San Marino, onde lecionou desde 1993. Em 2002, passou a ensinar história do pensamento político clássico na Universidade de Bari. Foi professor convidado pela USP e pela EHESS de Paris. É autor de *L'inchiesta e la prova* (Einaudi, Turim, 1996).

Este livro foi impresso em Cotia,
nas oficinas da Meta Brasil,
para a Editora Perspectiva.